近代日本における学校園の成立と展開

田中　千賀子　著

風　間　書　房

目次

序章

はじめに

　学校教育の課題として、自然環境の位置づけを高める政策が進行している。二〇〇六年の教育基本法全部改正では、第二条第四号に教育の目標として、「生命を尊び、自然を大切にし、環境の保全に寄与する態度を養うこと」と記され、環境教育に関する規定が教育基本法に登場した。加えて文部科学省は「環境を考慮した学校施設（エコスクール）」の整備を推進している(1)。このエコスクールが「学校園あるいは教材園の施設をより自然性豊かな生態園とする」ものだと定義されることは(2)、従来の学校園などの施設を、生物が生息できる空間、つまり「学校ビオトープ」に転用しようという動きとして捉えられる(3)。

　自然環境の保全などを課題とする実践への期待が高まり、学校ビオトープなどの新たな概念が学校に取り入れられていく一方で、従来の学校園などの施設がなぜ存在してきたのか、あるいは存在してこれたのか、という問いがうかぶ。現在の実践を客観的に評価し、理論的に支えるためにも、こうした過去の施設の意義や目的を明確にし、これが定着してきた歴史をふまえる必要があるのではないか。

そこで本書は、一九〇五年の「学校園施設通牒」と、ここに成立する学校園に着目する。日本の近代教育が始まって以来はじめて、通牒をもって学校教育における自然物の意義を明示して、整備を推進した動きとしてこれを重視し、ここに成立する学校園の概念とのちの展開を明らかにしていきたい。

第一節　学校園施設通牒

学校園施設通牒は、一九〇五年一一月一日に文部省の普通学務局、実業学務局の両学務局長より連名で各地方長官に出された。一九〇五年一一月八日の『官報』においては「学校園ノ施設ニ関スル通牒」と題され[4]、『文部省例規類纂』においては「学校児童生徒ノ自然物観察研究及品性陶冶養成ノ為学校園施設方」と題されて集録されている[5]。両タイトルにおいては「施設」という表現が用いられる。本書では、この通牒を「学校園施設通牒」とよぶ。今日では施設という言葉は、日常語としても、学校や行政の用語としても、「施設設備」、「施設の拡充」というかたちで、建物などの構築されたものをさすが、一方で構築物と区別して、構築する行為そのものを指す際にも用いられる[6]。後者の意味をふまえ、両タイトルは「学校園を実施していく方法について」と理解できる。全文は次のとおりである。

学校ノ児童生徒ヲシテ動植物ノ愛護育成ニ従事セシメ天然ノ風光ニ浴セシメ努メテ自然ニ接触セシムルハ高尚ナル趣味ノ助長、品性ノ陶冶、美的観念ノ発暢、労働勤勉ノ習性ヲ養成スル等ノ点ニ於テ頗ル有効ト認メ候而シテ学校園ノ施設ハ此等ノ目的ヲ達スルニ優良ナル一方法ニシテ欧米諸国ニ於テハ既ニ之ヲ実施シテ好果ヲ収メツヽアリ本邦ニ於テモ近年其必要ヲ認ムルニ至レルカ如キモ其施設ノ尚微々タルハ頗ル遺憾トスルトコロニ候依テ学校ニ於テハ土地ノ情況ニ応シ便宜ノ方法ニヨリ成ルヘク学校園ノ施設ヲナシ以テ自然物ノ観察研究ト品性ノ陶冶養成ニ資シ教育ノ効果ヲ円満ナラシメ候様致度依命此段及通牒候也
追テ別冊学校園及ライン氏教育百科全書中学校園ニ関スル部分ノ抄訳御参考ノタメ及送付候条御管内郡役所（島庁）市役所、師範学校、中学校、高等女学校、実業学校及県（府）教育会、（公私立図書館）等ニ御配布相成度此段申添候也

これによって日本の法令・例規類のなかに学校園が初めて位置づいたことは特筆すべきである。第一章でも論じるとおり、学校の施設設備、とりわけ校舎の整備は、日本の近代教育が始まって以来の課題であった。一八九〇年代に校舎の規格化が進み、一九〇〇年代にはすべての学校に対する体操場の必置が定められたが、(7) 実際には、一九〇〇年代の就学率の上昇に応じた校舎の整備さえ困難な状況であったことをふまえれば、体操場もまた同様の傾向にあったと予想できる。こうしたなか、あえて一九〇五年に学校園が推奨された理由はなんだったのか。学校園にこめられた当時の教育課題がここに浮かび上がってくるはずである。

この問いに応えるために、学校園設置の目的にまずは着目したい。通牒の分析は、第五章において逐条的に釈義をおこなうが、ここではタイトルからも容易に読み取れる「自然物観察研究」という知識教授上の目的と、「品性陶冶養成」という道徳教育の目的について確認しておく。「品性」は、現在では人間形成に関わる広義の道徳教育の用語として珍しい言葉ではないが、当時の修身教授の基本となっていた教育勅語には用いられていないものである。

一八九〇年一〇月の小学校令第一条に、「小学校ハ児童身体ノ発達ニ留意シテ道徳教育及国民教育ノ基礎並其生活ニ必須ナル普通ノ知識技能ヲ授クルヲ以テ本旨トス」とあるとおり、このとき「道徳教育」は小学校教育の目的として明確に位置づいた。実際には、稲垣忠彦のいうように、一八九一年の小学校教則大綱以降の教科課程が、「国民的徳性の陶冶」と「国民的実用知・技術の教授」という二軸で構成され、このうちの「国民的特性」は、一八九〇年一〇月の教育勅語の影響の下で「臣民の道徳の基本は忠孝である」と捉えられてきた道徳観がしめていた。そしてこうした道徳観が修身、歴史、理科、地理等の教科内容の規定に影響を及ぼし、ヘルバルト主義を媒介とする教授定型と結びついたことが指摘される(8)。

このとおり、この時期の教育実践を読み解くためには、道徳教育とのかかわりを論じる視点が不可欠であるが、学校園の先行研究においては知識教授の方法としての側面が強調され、道徳教育との関連に焦点が当てられてこなかった。とりわけ品性は、ヘルバルト教育学において主要な目的とされた道徳教育と関わる語句だが、これが学校園施設通牒で確認できることが重要であり、当時の道徳教育の基本であった修身教授とどう関わるのかについては考察の余地が残されている。

現在も、学校教育法第二十一条第二項に「学校内外における自然体験活動を促進し、生命及び自然を尊重する精神並びに環境の保全に寄与する態度を養うこと」と明記されているとおり、自然体験活動は「精神」や「態度」の養成に寄与できる点に意義が認められる。学校の自然物に期待されるのは、観察や栽培による学習効果の向上だけでなく、作業を通して得られる道徳性の涵養があることは明確だ。

日本の近代教育が始まって以来はじめて、こうした自然物の道徳教育上の機能に着目し、意図的に整備を試みたことの端緒が、学校園施設通牒の時期にあると仮定できるのではないか。学校園の実践を考察するにあたって、この観点をふまえることが本書のねらいのひとつである。

重視したいもう一つの観点が、周辺地域との関係である。通牒の本文において「土地ノ情況ニ応シ便宜ノ方法ニヨリ成ルヘク学校園ノ施設ヲナシ」と記されるとおり、学校園はその周辺地域の状況に応じて運営されることが認められている。いうまでもなく、学校園という施設整備のためには一定の面積が必要であり、その土地を確保するためにも周辺地域との関係を考慮せざるをえない。こうした場所としての制限が、学校園の機能や形態に影響を与え、教育内容にまで及ぶことは必然的である。その作用を論じることではじめて現実的な教育実践の実態を明らかにできるだろう。本書では、とくに第七章以降の東京市の事例において、関東大震災後の復興事業の動向に留意しながら、この点を重点的に考察する。

主な事例として取り上げるのは、初等教育における施設である。通牒のタイトル、本文では、学校園は「児童生徒」のための施設として記される。また、本文の追而書では参考書配布先に「師範学校、中学校、高等女学校、実業学校」という中等教育レベルの学校が網羅的に示されており、幼稚園や高等教育機関をのぞいた初等中等教育の児童生徒全般を対象にすることが明示されている。確かに中等教育機関での整備の例は、学校沿革史などでも多々散見されるものであり、考察の余地は充分あるが、第三章以降で確認するとおり、学校園施設通牒に中心的に関わった文部省学務局の針塚長太郎、東京高等師範学校の棚橋源太郎の焦点が初等教育にあったことをふまえ、本書では、初等教育における事例に対象を絞っていきたい。

検討する時期は、主に一八九〇年代から一九三〇年代である。日本において近代教育が始まって以来、学校園や関連する屋外施設が学校に位置づいてきた経緯を確認し、一九〇五年の学校園施設通牒を経て、広く普及を遂げたとされる大正新教育の時期までを主な対象とする。

第二節　先行研究の検討

(1) 学校園に関連する研究

学校園に関する研究は、その管理や維持のための方法を論じる傾向にある。これに対し、安藤聡彦、関啓子らは、実態及び歴史に関する研究、とりわけカリキュラムと学習空間を結ぶ研究を唱え、「学校園としてのフィールド：環境教育研究への文化論的アプローチを求めて」と題して現在の学校園の実態を明らかにすることを試みた(9)。本研究は、こうした問題関心を共有し、これを歴史的な手法をもってアプローチするものである。

歴史上の学校園が直接の研究対象とされることは少なくないが、学校園の概念にまでふみこんで考察した研究は、新井孝喜の「明治後期小学校における学校園の歴史的研究―その教育的意義の変遷―」を除いてほぼみられない。新井は、学校園施設通牒を含む明治二〇年代後半から四〇年代までの学校園の数点の事例を検討し、学校園施設通牒の影響や直観教授の実践研究の進展を背景に、明治後期に学校園が普及していたことを明らかにした(10)。また学校園の教育的意義が「学校環境の整備、作業を通じた訓育、実物教材の提供」であったことも指摘している。

一九五〇年代から一九八〇年代にかけてなされた他の学校園研究が、大正期の新教育のもとで展開された個別事例を扱うものが多いなか(11)、明治後期において既に学校園が普及していたことを教育史上に位置づけたことによる新井の成果は大きい。ただし、学校園普及の実態や背景を充分に論じるには、時期や対象の範囲が狭隘であることは否めない。確かに直観教授の進展は学校園推進の理由として重要であるが、材料提供の意味での必要性は明治初期よりすでに唱えられてきたのであり、それがなぜ一九〇五年のこの時期に通牒を出すまでに至ったのかは不明瞭だ。先に述べたとおり、「品性陶冶養成」という広義の道徳教育の目的とともに、推進の背景を読み直すことで、この理由が説明できると考える。確かに新井も学校園の教育的意義として「作業を通じた訓育」という方法上の効果を認めているものの、こうした意義が含み込まれていく前後の考察にまでふみこんでいない。「自然物観察研究」、「品性陶冶養成」という二つの目的に留意し、明治初期から大正期までの事例を通史的に再考察することで、一九〇五年の学校園施設通牒のもとで成立する学校園の概念が初めて明らかになると考える。

(2) 教育史研究における学校園

近年教育史研究において、学校の施設に対する関心は高まっている。佐藤秀夫は、「物的条件の最たるものといえる校地・校舎・校具」を、教育史研究の範囲に含み、学校における固有の社会・文化を読み解くことの必要性を説いた。[12]比較的学校建築を対象とする研究が多いが、[13]学校農場、学校林といった自然物に着目するものもみられる。[14]学校園を主題に扱う研究はわずかだが、学校園や関連施設の存在が無視されてきた訳ではなく、次に示すとおり、教授法やカリキュラムを論じるなかで言及されてきた。

稲垣忠彦は、「明治期公教育の質的検討」を試みるために、明治期における教育実践の実態と理論に注目した。[15]「明治前半期」において、一八八一年の「小学校教則綱領」とそれに基づく「開発主義」教授法の教授理論と方法が成立するなかで、開発主義が生徒に実物を提示し、それに関する問答によって授業をすすめていく形式として把握されたことを明らかにした。稲垣が「明治前半期」には、生徒に提示する実物として「遊歩場」、「学校近傍ノ地景」、「児童ノ小世界ナル郷里ニ繁茂セル動植物」が想定されていたことを明らかにしたとおり、学校の体操場や学校の外の自然環境等が注目されていた(16)。また中野光は、大正自由教育の源流を「明治三〇年前後」に見出し(17)、この時期に従来の「管理主義的訓練」や「画一的注入教授」に対する批判がおこったこと、その代表人物として、樋口勘次郎、棚橋源太郎、牧口常三郎らをあげている。また、樋口や棚橋が一九〇〇年の小学校令からつづく「官製カリキュラム」を批判し、日本の帝国主義的発展に応える立場から、初等教育における実科教育の内容、方法論の研究を進展させたことを明らかにした。このとき棚橋が「直観教授」、「郷土科」の特設を構想するなかで観察場所を学校の外に求めていたことや、牧口が「学校の庭」を挙げていることが指摘される(18)。

このとおり、教育史研究において学校園や関連施設は、主に知識教授の方法の画期に登場した一つの教材として取り上げられる傾向がある。しかし、学校園の概念を解明するためには、当時用いられた施設が、学校園でなければならなかった理由にまでふみこんで考察する必要がある。そのためにも、当時の教育方法研究の前線で、「官製カリキュラム」批判とともに実践に取り組んでいた棚橋源太郎の学校園について、彼の思想的背景までもふまえて再考察することが意味をもつ。

（3）学校施設に関する歴史的研究

学校施設の歴史については、建築設計の分野などから注目されてきた。教育史の手法をふまえた横断的な研究も充実されつつある。[19] これらは単に校舎だけでなく、校地、校具などとの関連性についても同時に検討しており、学校園に言及するものもある。建物や敷地の変遷に、学校園が物理的な影響を受けることは必然的であり、これらの動向に留意することが不可欠である。

建築設計の分野においては、学校建築に関して包括的な研究がなされている。菅野誠は学校建築に関する正確な記録を残すことを目的として、広範囲にわたる資料の集積と解析を試みた。近世から現在までの学校建築の動向を図像史料とともに概観している。[20] 青木正夫は「建築設計研究」として建築の計画過程を総合化する客観的方法を探るなかで、歴史研究に着目して学校建築を検討対象にした。[21] 注目すべきなのは、青木が一九〇〇年小学校令以降における「小学校建築の定型化から拡充への時代」に、[22]「運動場」の拡張と「学校園や学級園」の設置がみられたことを指摘している点である。[23] さらに学校園施設通牒の存在にも言及し、その本文も引用しながら設置の「目的」について説明している。資料集的な性格が強く、実際の普及状況や背景に関する考察の余地があるものの、明治後期の学校園普及の可能性を示唆する重要な指摘である。

また喜多明人は、一八九五年の『学校建築図説明及設計大要』[24] を検討して、「学校の屋外環境の主流」が、生徒を授業の緊張感から解放し、休息の場となることを図った「樹木を多用する庭園・中庭的なもの」であったとする。[25] さらに大正期においては、「児童中心主義、自学自習教育・研究」の進展が、指導内容・方法だけでなく施設設備面にまで改善を求める動きを示すようになったことを指摘した。そして一九二五年の東京市訓導協議会によって作成された「小学校特別教室」には「博物施設」として「学校園設備」があり、従来の衛生的見地とは異なる視野から「教育空間」の創造が目指されていたという。[26]

一九〇〇年代において学校園が「各学校に作られるようになった」と青木が言いきるには、それを証明する資料が乏しく、実際の状況を一層明解にしていく必要があるが、一九〇〇年代の体操場の整備を推進する動向が、物理面において学校園が定着していくための重要な指標であったことは確かだろう。また喜多による大正期に対する指摘も実証が充分とはいいがたいが、大正期の新教育の進展が、学校園の更なる普及を促進したという仮説を提示してくれる。これらの研究が示唆する学校園の普及と定着の動向について、より実証的で内在的な分析を加えていくことが必要である。安藤、関らのいう「カリキュラムと学習空間を結ぶ研究」として、本書は学校園施設通牒に関連する事例を中心に、具体的に実態を明らかにしていきたい。

第三節　本書の課題と構成

学校園施設通牒のもとで成立する学校園の概念とその展開を明らかにするために、一九〇五年を中心として、明治期から大正期までの時期にみられる学校園や関連施設を検討の対象とする。主な資料は、学校園施設通牒本文を中心に、公文書、学校文書、教育関係雑誌などの文書史料である。次の五つの課題を設け、各章を対応させていく。

第一の課題は、学校園施設通牒以前の関連する屋外施設の系譜を整理することである。そのために、近代教育の始まる学制期以降の状況を概観する。まず第一章「明治初期における学校の施設」において、近代教育普及の過程で施設がいかに構想されていたかを確認する。そして第二章「学校園につながる屋外施設の系譜」において、学校施設関連法令の整備がすすむ一八九〇年代を対象にして、体操場整備などと連動した屋外の施設に着目し、この系譜を整理する。

第二の課題は、学校園施設通牒に直接関連する事例において、実際に期待された役割と機能や形態を検討することである。学校園の推進を中心的に担った、文部省実業学務局の針塚長太郎と東京高等師範学校の棚橋源太郎を主に取り上げる。針塚長太郎は、文部省実業学務局の立場で、学校園施設通牒と同時に出された参考書『学校園』を執筆した人物である。学校園推進の背景の解明には、文部省実業学務局の立場から必要性を述べた針塚の主張を検討することが意味をもつ。学校園の具体像を描き出すために、針塚の注目した兵庫県立農学校の辻川巳之介の実践を、第三章「初等教育における「農業ノ趣味」と学校園―兵庫県立農学校の辻川巳之介による実践から―」にて取り上げる[27]。また、棚橋源太郎は、東京高等師範学校において直観教授の研究に取り組み、教科教授法の進展に寄与した人物として知られる[28]。明治後期の学校園普及の要因とされた直観教授の進展には、棚橋の研究がまさに関連している。学校園施設通牒で掲げられた広義の道徳教育上の目的をふまえて、棚橋の構想を再検討することで、普及のさらなる一側面が明らかになると考える。具体的には第四章「東京高等師範学校附属小学校における棚橋源太郎の「学校植物園」」において検討する。

第三の課題は、学校園施設通牒のもとで成立する学校園の概念を明らかにすることである。第五章「一九〇五年の学校園施設通牒における学校園の成立」において、針塚長太郎や棚橋源太郎という学校園を推進する主体の構想や思想的背景に着目し、学校園に期待された役割と機能や形態を明らかにする。学校園施設通牒本文の考察については、審議過程や制定過程を明確にすることが重要だが、こうした史料を確認できなかったため、通牒に直接関わる人物である針塚長太郎と棚橋源太郎の構想や実践を読み解くことに重点をおきたい。

第四の課題は、学校園施設通牒後の展開を明らかにするために、大正期の学校園を中心に検討することである。新教育と関わりが深い個別事例に対する位置づけを明確にしつつ、具体的な事例を検討する。第六章「東京高等師範学校附属小学校における学校園」では、学校園施設通牒以前の同校での取り組みと比較し、学校園施設通牒の影響について考察する。第七章以降は、東京高師附小と同地域である東京市に焦点を絞り、第七章「東京女子高等師範学校附属小学校の作業教育と学校園」、第八章「関東大震災復興事業における小公園と東京市公立小学校の学校園」において、それぞれ考察していく。

第五の課題は、学校園と周辺地域の関係性に焦点を当て、現在の屋外施設につながる要素を明らかにすることである。学校園を論じる視点として重要なのは、周辺地域との関連性である。学校園施設通牒においても、実施の方法として、土地の状況に応じて「便宜ノ方法」をとるよう明示された。この課題は全章を通じて取り組むものであるが、とりわけ第七章以降の東京市という都市部の特徴を明らかにしたい。都市計画の歴史でみれば、一九一八年の内務省都市計画課設置、一九一九年の都市計画法の制定、一九二三年の関東大震災とその後の復興事業と、この時期は都市計画の進展期でもある。こうした周辺地域の動向が学校園に与えた影響について、第八章「関東大震災復興事業における小公園と東京市公立小学校の学校園」、第九章「公園・緑地計画における学校園」において、明らかにしていきたい。

こうした学校園施設通牒のもとで成立する学校園を中心に据えた構成によって、これをとりまく複雑な背景や期待された効果などの解明が可能になり、はじめて学校園の成立と展開の実像を明示できると考える。

注

（1）『環境教育に活用できる学校づくり実践事例集』文部科学省、二〇一一年。

（2）環境を考慮した学校施設に関する調査研究協力者会議『環境を考慮した学校施設（エコスクール）の整備について』環境を考慮した学校施設に関する調査研究協力者会議、一九九六年。

（3）学校ビオトープとは、学校に設置されたビオトープの呼称である。なおビオトープとは生態学の学術用語として提唱されたもので、『生物学辞典』では「小生活圏ともいい、生活環境と訳すこともあるが、いずれも一般的な意味にとられるおそれがある。生活圏の地域的な基本単位（Dahl, 1927; Friedrichs, 1927）。環境や棲み場として媒質・気候・土壌などの条件の主要な性質を均一的にそなえ、明確に識別されるような個々の地域のことである」とされる（『岩波　生物学辞典』第四刷、岩波書店、一九六〇年、八二六頁）。ただし近年においては、自然環境の復元・創造された地域に対してビオトープという名称が用いられるようになったとされ、そこには一九六〇年代後半の深刻な環境問題と自然保護、環境保全に関する市民運動の系譜とさらに保護・保全から、復元へと向かう志向があらわれているという（杉山恵一「ビオトープ造りに関する諸問題について」杉山恵一監修、自然環境復元研究会『自然復元特集二　ビオトープ―復元と創造―』信山社出版、一九九三年、一八頁）。さらに日本生態系協会会長の池谷奉文は、この背景に一九九二年六月の国連環境開発会議で「生物多様性保全条約」が策定されたことをうけて、日本においても地域全体の自然生態系とともに野生生物を保全しようとする理念が掲げられたことを述べ、それに応えるものとしてビオトープをネットワーク化させて活用していく必要性を述べている（池谷奉文「ビオトープとは」前掲『自然復元特集二　ビオトープ―復元と創造―』三―一一頁）。

（4）『官報』第六七〇九号、一九〇五年一一月八日。「学事」の項目において学校園施設通牒について、「学校園ノ施設ニ関シ今般文部省普通実業両学務局長ヨリ各地方長官ニ左ノ通牒ヲ発シ尚ホ普通学務局ノ発行ニ係ル学校園及ライン氏教育百科全書抄訳「学校園」ト題スル冊子ヲ各地方官公衙及学校等ニ配布セリ（文部省）」と記し、全文を掲載している。

（5）文部省編纂『文部省例規類纂』帝国地方行政学会、一九二四年、五〇六―五〇七頁では、「学校児童生徒ノ自然物観察研究及品性陶冶養成ノ為学校園施設方（明治三十八年十一月一日巳発普二六四号、各地方庁へ普通、実業両学務局通牒）」とある。

（6）『日本国語大辞典』（縮刷版第五巻、一九七四年、小学館、五四八頁）は「施設」について「①こしらえ設けること。ある目的のため、建物などの設備をすること。またその設備」として、まず構築する行為をあげ、その設備としての構築物と区別している。つづいて「②特に、保護者のない児童などを入所させ養護する養護施設をいう。」という意味を挙げる。諸橋轍次『大漢和辞典』（修訂第二版第二刷第五巻、一九九一年、六八〇頁）は史記や漢書の用例により「こしらへまうける」と語釈して、構築する行為のみの意味とする。中村元『仏教語大辞典』（縮刷版、一九八一年、東京書籍、八二一頁）は「施設（せせつ）」の説明として、「①想定すること」、「②実在はしないが、何ものかを設定すること」、「③真言密教でいう三十二種の脈管の一つ」、「④教えの立て方」、「⑤仮定」、「⑥禅僧が修行僧を導くために設けるさまざまな方法・手段のこと」、「⑦事をなすこと」と、サンスクリット・パーリ語経典から漢訳仏典への翻訳語として定着して中国や日本の仏教論書で定着していった用例を挙げているが、これらは施し設ける行為を意味するものである。このように学校園施設通牒で用いられている「施設」は、構築された施設よりも施設を構築する行為を意味する言葉として読解できる。

（7）初出論文、佐藤秀夫「学校文化の起源三　校舎と教室の歴史」『月刊百科』第一九三号、平凡社、一九七八年一〇月。後に佐藤秀夫『教育の文化史二　学校の文化』阿吽社、二〇〇五年、一五一―一六二頁。

（8）稲垣忠彦『増補版　明治教授理論史研究―公教育教授定型の形成』評論社、一九九五年、三七六頁。

（9）環境教育研究の分野においても実践内容と施設の両者に焦点を当てた理論研究の不足を指摘している（安藤聡彦、関啓子、新田和子、原子栄一郎「学校園としてのフィールド：環境教育研究への文化論的アプローチを求めて」『環境教育学研究　東京学芸大学環境教育実践施設研究報告』第一〇号、二〇〇〇年三月）。関らは、アメリカ、イギリスの二つの事例調査から、これらの学校が地域社会との接点に位置する場合に、地域社会が求めているものを反映して、内容的に多様に展開しうるものであったことを明らかにした。さらに学校園が教育的意図からする空間の再設定によって作り出されたものであっても、今日の自然や都市環境への社会的関心と学校教育との接点上に生み出されるものであることに注目している。

（10）新井孝喜「明治後期小学校における学校園の歴史的研究―その教育的意義の変遷―」『関東教育学会紀要』第一九号、一九九二年一一月。歴史的概説を記したものに、細谷俊夫監修『教材園造園技術図解大事典』全教図、一九六八年、二八―三一頁がある。

（11）学校園を直接分析の対象とするものは、問題関心から個々の事例を取り上げるものが少なくない。一九五〇年代の研究には、大正期の新教育をとらえ直そうとする視点から、実践の場であった学校園を対象とするものがみられる。板垣進悦は、一九二八年に刊行された学校園に関する著作等を引用しながら、第一次世界大戦後の労作教育とともに設置が求められてきた学校園に着目し、戦後の「新しい教育」における「自主的な学習活動」の形態に即応する施設として学校園の設置の必要性を述べている。板垣は一九五三年一月に東京都内の小学校八〇校、中学校五〇校を対象におこなった学校園の調査結果を考察している。（板垣進悦「小・中学校における学校園の一考察」『東京学芸大学研究報告』第七集、東京学芸大学、一九五六年一月、一九五―二〇二頁）。西田政善は、「新時代に即した生活教育の場」となりえる「広義の学校園」に期待を寄せ、大正期の森歓之介等による学校園に関する著作を対象にして、学校園を広義に捉えるものと狭義に捉えるものがあったことを整理した（西田政善「学校園の改善に関する考察（第一報）」『造園雑誌』日本造園学会、一九六一年、五―二頁）。斎藤功、松本真典、小島忠治らは、「戦後の新教育の立場から」学校園が捉えられている状況を論じた（斎藤功、松本真典『環境緑化活動と学校園の経営』明文堂、一九五六年）。さらに梅根悟、勝田守一、宇佐美寛らは一九〇三年にアメリカのL. H. Baileyの著作"The nature study"をBailey, L.H. 著、宇佐美寛訳『自然学習の思想』（世界教育学選集）明治図書出版、一九七二年として刊行し、従来「自然科」と訳されてきた'nature study'を「自然学習」としている。このなかで農業教育との関連する学校園についても述べている。また一九七〇年代後半頃からは、自然環境の破壊への危惧とともに、学校園の必要性が説かれる。岡本義春は、一九七一年の論文において理科教育のための教材提供の場として学校園を論じ、さらに一九七七年の論文において、理科教材の出発点としての自然の重要さとその自然が失われていることへの危惧を述べたうえで、「理科教育環境整備」の一環として学校園の必要性を説いた（岡本義春「学校園に関する研究―一― 理科教育と教材園について」『理科教育研究年報』第二号、大阪教育大学理科教育研究施設、一九七一年。岡本義春、米田健、玉崎純一「学校園に関する研究（第Ⅱ報）大阪市立小学校の実態調査を基にして」『大阪教育大学紀要』第二六巻第三号、大阪教育大学、一九七八年）。また木俣美樹男、宮本透、河口徳明の研究では、自然環境の破壊への危惧とともに学校園を論じ、「人類と自然との関係史・生活文化史」を体験として学ぶことを重視し、その野外教育の場として学校園の必要性を説いた（木俣美樹男、宮本透、河口徳明「学校園の研究Ⅰ―自然への文化史的視点―」『東京学芸大学紀要第六部門産業技術・家政』第三七巻、東京学芸大学、一九八五年一二月）。

(12) 前掲、佐藤秀夫『教育の文化史二　学校の文化』。

(13) 渡邊隆信、宮本健市郎、山崎洋子、山名淳らの共同研究では、新教育運動期のイギリス、アメリカ、ドイツの事例について、学校建築を中心に検討している。ここでは新教育運動の動向とともに、教育制度や内容と、学校建築、附属施設、周辺環境などとの相関関係を明らかにすることが試みられた。とりわけ山名淳は、「ドイツ田園教育舎」を対象に研究を発表し、学校化からの解放をねらった新教育期のドイツ田園舎の達成や限界を指摘している（渡邊隆信、宮本健市郎、山崎洋子、山名淳「新教育運動における学校空間構成の改革」（教育史学会第五四回大会コロキウム発表、二〇一〇年一〇月一〇日）。山名淳『ドイツ田園教育舎研究―「田園」型寄宿制学校の秩序形成―』風間書房、二〇〇〇年）。

(14) 石原秀志は、学校教育における人間形成の場としていかに機能を果たしえるかという観点から「教育農場」を研究の対象にし、大正自由教育期における教育農場での「農業的作業」に教育上の意義を見出した。「教育財」、「陶冶財」として、農場を創設・運営・利用していく方式の全体が「教育農場」だと定義し、恵泉女学園や自由学園、北海道家庭学校の事例を対象にして、大正新教育のなかで展開された労作教育との結びつきを明らかにしている（石原秀志『教育農場の研究―その理念、歴史、ならびに展望―』野村学芸財団、一九八二年）。また竹本太郎は学校林の研究として、明治期から現在に至るまでの広範囲な時期を対象に詳細な検討を行った。従来の学校林の研究が、戦後の国土復興を目的に始まる学校植林に関わって学校林を論じ、その主な論点が「緑化」や「教育利用」にあったのに対し、竹本の研究においては「財産」の視点が組み込こまれた。その結果「学校基本財産」としての学校林の設置が明治期より導入されていたことを明らかにした。とりわけ学校林の設置が全国的に普及する契機となる一八九五年の「学校植栽日」の導入過程やその後の展開のなかで、植樹が「野外活動の一つ」として期待されている様子からは、学校教育のための施設としても学校林が注目されていた様子がうかがえる（竹本太郎「明治期における学校林の設置」『東京大学農学部演習林報告』第一一一号、二〇〇四年、一〇九―一七七頁。竹本太郎「大正期・昭和戦前期における学校林の変容」『東京大学農学部演習林報告』第一一四号、二〇〇五年、四三―一一四頁。竹本太郎「昭和戦後期・現代における学校林の再編」『東京大学農学部演習林報告』第一一六号、二〇〇六年、一二三―九九頁）。

(15) 前掲、稲垣忠彦『増補版　明治教授理論史研究―公教育教授定型の形成』。

(16) 同前、九九頁。

(17) 中野光『大正自由教育の研究』黎明書房、一九六八年、一五頁。

(18) 前掲、中野光『大正自由教育の研究』五一―六六頁。なお樋口勘次郎は実物教授と実地訓練の機会として、一八九六年には「飛鳥山遠足」をおこなっている（前掲、中野光『大正自由教育の研究』二一―二八頁）。

(19) 小林正泰『関東大震災と「復興小学校」―学校建築にみる新教育思想―』勁草書房、二〇一二年。学校空間研究者グループ編『学校空間の研究―もう一つの学校改革をめざして―』星雲社、二〇一四年。高久聡司『子どものいない校庭―都市戦略にゆらぐ学校空間―』勁草書房、二〇一四年。

(20) 菅野誠『日本学校建築史―「足利学校」から現代の大学施設まで』文教ニュース社、一九七三年。

(21) 青木正夫『学校』（吉武泰水編『建築計画学』第八巻）丸善、一九七六年。

(22) 佐藤秀夫によれば、一九〇〇年代以降は「小学校建築の定型化から拡充への時代」であったとされる。佐藤は、公教育制度上の状況変化に応じて学校建築が規格化していったこと、一八九〇年の第二次小学校令以降学校建築の規格化が一挙に推進したこと、さらに屋外施設については、一九〇〇年の第三次小学校令ですべての小学校で「体操場」が必置になったことと、「体操」における訓育的機能の強化がこれに関連していることを指摘した（前掲、佐藤秀夫『教育の文化史二　学校の文化』）。なお、体操場については次の通り研究が蓄積されている。谷釜了正「運動場の定型化の要因―小学校屋外運動場設置基準の法制化の過程（明治五―三二年に関する一考察）―」『体育学研究』第二四巻第四号、日本体育学会、一九八〇年三月。大久保英哲「近代学校体育創始期の小学校運動場の実態について―明治一六―一七年岩手県学校設置開申書三八三通の分析から―」『体育学研究』第三五巻第一号、日本体育学会、一九九〇年六月。野嶋政和「明治末期における都市公園の近代化と学校体育」『ランドスケープ研究』第五九巻第二号、日本造園学会、一九九六年三月。河野泰治「環境教育と園庭・校庭の面積規模に関する史的考察」『久留米工業大学研究報告』第二五号、二〇〇一年など。

(23) 前掲、青木正夫『学校』一六六―一六七頁。さらに松島由貴子らのように図像史料によって校庭の変遷を考察するなかで、校庭の構成要素として学校園があったことを指摘するものもある（松島由貴子、沈悦「近代以降の公立小学校の校庭変遷に関する考察」『日本造園学会誌』第五号、日本造園学会、二〇〇三年三月）。

(24) 文部大臣官房会計課『学校建築図説明及設計大要』一八九五年。

(25) 喜多明人『学校施設の歴史と法制―公教育条件としての学校施設の課題―』エイデル研究所、一九八六年、一〇三頁。

(26) 前掲、喜多明人『学校施設の歴史と法制』一〇四―一〇七頁。

(27) 辻川は針塚の協力の下で一九一二年には著書『実用学校園』を刊行している。

(28) 前掲、新井孝喜「明治後期小学校における学校園の歴史的研究―その教育的意義の変遷―」。

第一章　明治初期における学校の施設

はじめに

本章では、明治初期における学校の普及状況を概観することを通して、学校園に関連する屋外施設の構想を確認していく。明治初期の学校の敷地を論じた数少ない研究に西村公宏のものがある(1)。図像史料をもとに開成学校という著名な例を用いて、現在の千代田区神田錦町あたりの護持院原から、開成学校を経て東京大学法理文学部に至るまでの変遷を明らかにしたもので、明治初期の高等教育機関の代表的な一例を示した。本章では、第一節において、全国的な学校設置の動向を確認し、こうした具体例の位置づけを検討する。第二節においては、明治初期に普及が図られた小学校の屋外施設を確認する。具体的には学制以降、学校の設置に積極的であった山梨県をとりあげる。本県は、山梨大学の前身である「徽典館」が幕府直轄の昌平坂学問所の分校であったことなどから、教育史研究においても注目されてきた(2)。また建築に関する資料が小学校レベルの事例までも確認できるため、学校建築史の分野からも注目される地域である。

第一節　全国的な学校の設置と施設

（1）学校建築に関する指針と学校園

明治初期、学校園という用語は海外事例をとりあげた翻訳、紹介等の雑誌記事で確認できる。一八七八年の雑誌『教育新誌』の記事「学校園」では、「遊戯」や「操練運動」等のために「学校園（スクールガルデン）」等を設けるように述べられる。(3) また一八八〇年の記事「独逸学校新誌抄　学校園ノ説」では、「実業」や「博物学」等を教えるために学校園を設けるよう述べられる。(4) しかしこれから確認していく学校建築に関する指針等に、学校園という用語はみられず、一八七三年の「文部省制定小学校建設図」の図面では、校舎のみしか記されない。(5) 優先すべき事項が校舎の設計であり、屋外施設に対する意識が低かったことが予想される。

関沢勝一らは、「文部省制定小学校建設図」より具体性をもった指針は、一八八二年の『文部省示諭』の「小学校ノ建築」(6) や、各県で作成された「学校建築法」(7) だとする。(8) 関沢らは、一八七五年の長野県の「長野県学校建築心得」に始まり、明治一〇年代を中心に各府県において示された学校建築に関する指針である「学校建築法」や「学校建築心得」等を「学校建築法」と総称し、さらに「小学校ノ建築」や「学校建築法」に影響を与えたのは、一八七四年四月に文部省が刊行した『学校通論』(9) だと指摘する。この原著はアメリカの教授書である一八七二年の“School Economy”(10) であり、一八七三年八月には箕作麟祥が訳している。

『学校通論』では、「学校ノ地」（School-Grounds）に「花園」（flowers）や「並木」（shade-trees）の設置が必要とされるが、観察等のための用途は確認できない。「学校ノ地」における「遊戯場」(play-ground)の設置も、遊戯、体操のために求められている。この書籍にならって、「学校建築法」等の植物に関する記述は、校地の選定条件として、また遊戯場等の整備条件として、主に防風や遮光等の衛生の観点から樹木が必要だとすることが共通している。『文部省雑誌』の海外事例に関する記事や[11]、一八七六年の「学校建築法ノ議」[12]でも同様である。

学校建築に関する記述は、一八八一年の伊沢修二の『学校管理法』、一八八四年の生駒恭人の『学校管理法』、一八八六年の西村貞『小学教育新編』等の学校管理法を説明した書籍でも確認できる[13]。これらにはJames Currie の著作が大きく影響を与えている[14]。Currie の原著でも翻訳書でも、「遊園」(play ground)を整備して、「花辺」(a flower-border)を設けるように述べられる。ただしこれまでの記述と異なるのは、それを「実物教授の材料」(materials for object-lessons)として用いようとしていることである。一八八四年に刊行された生駒恭人の『学校管理法』でもこれと同様の記述がみられる。一八八一年五月文部省達第一二号小学校教則綱領の第三条、第四条では、小学校の中等科に「博物」、「物理」が課され、高等科に「化学」、「地文学」、「生理」、「物理学」が課された。板倉聖宣によれば、ここで「博物図」等を用いて「実物を通じて問答を行ない、ものの区別と名称/用途などを教える」という博物教育がおこなわれたこと、さらにこの実践が一八八六年五月文部省令第八号「小学校ノ学科及其程度」の第三条で高等小学校に課される教科である「理科」に通じるものであったと指摘される[15]。博物教育において実物の必要性が論じられるなか、学校管理法等における「花辺」等の説明にも、実物教授に関わる記述が現れてきたのである。

一方で、実物教授に関する文献等では学校内の植物は材料としての対象にならず、教授法と屋外施設との連携がとれていなかった様子がうかがえる。この時期の代表的な教授法に関する書籍として、一八八四年に刊行された若林虎三郎、白井毅の『改正教授術』がある。地理に関して「遊歩場」が実物として挙げられるものの、地理、博物ともに学校内の植物を対象としている記述は確認できない[16]。こうした実物は学校以外に求められたようで、雑誌記事「庶物指教」では、教授の材料は校外の「植物園」や「山野」に設定されている[17]。また小学校の外にある植物園等をもって、作文の題材や博物として用いようとしていた例もある[18]。

このとおり明治初期においては、学校園は雑誌記事では紹介されたが、文部省等による指針で実際に計画を促す様子はみられなかった。他方で学校内の植物は、校舎の設計が重視されるなかで主に衛生の観点から樹木の必要性が説かれ、小学校内の実物教授の材料は、学校内ではなく学校外の植物園等を用いようとしていた。

(2)　校舎の整備

明治初期において、学校の屋外施設に関する規定がわずかであったことも起因して、教育史や学校建築史の研究では主に校舎が検討の対象とされてきた[19]。小学校の設置の傾向としては、学制前後の時期において近世以前の施設の転用をする例が多かったことが明らかにされている。屋外施設を考える前提として、まずはこの流れを先行研究をもとに整理しておきたい。

各府県の小学校の設置方法は寺子屋・私塾を学区制に基づいて小学校として再編するものが最も多く[20]、校舎については一八七五年の時点で全体の約四〇%が寺院を転用し、三三%が民家を使用したものであったとされる[21]。これに対して新築校舎は一八七五年の時点で全体の一八%にすぎなかった[22]。新築の場合も、学制発布と同時に新築されるものは少なく、寺院等の仮校舎の使用を経た後にされたり、転用校舎の使用と同時に別の場所に新築されたりする例が多かった。なかには山梨県や長野県などの一部の地域では、西洋建築の移入にともなって「擬洋風建築」を新築する例もみられる[23]。このように明治初期における小学校形態は、転用、新築といった過程によって把握することができる。

このような校舎整備の状況は教育機関ごとに異なるが、概ねの傾向として、第一に周知のとおり近世以前の宗教施設や教育施設を転用し、建物をそのまま、あるいは改修して用いたものと、第二に新築したものであったといえる[24]。近世施設の敷地の転用が多数を占めていた明治初期の学校の屋外施設を確認するためには、近世以来のいかなる施設を転用していたかを教育機関ごとに整理する必要がある。

(3) 学校の設置

明治維新のなか、一八六八年六月に幕府直轄の教育機関であった昌平坂学問所が昌平学校となり、一八六九年六月に昌平学校は開成学校と医学校を大学校分局とする大学校となり、同年一二月には「大学」と改称された。中央の教育官庁としての役割ももった大学によって一八七〇年二月「大学規則」、「中小学規則」が出され、この影響をうけた学校設置の試みが府藩県においてもおこなわれた。

中等教育については、高等教育への準備教育機関として東京府中学校や京都府中学校等の少数が機能を果たした。府県では一八七一年一月の太政官達をうけて[25]、郷学校を開設する例がみられる[26]。さらに学制の規定によって制度は整えられるがこれに準拠して設けられた中学校は少数であり、この基準に満たない変則中学やその他の私塾が多くを占めていた。公立中学校も各府県で徐々に設置されているがこれも変則中学が多い。公立中学校の特徴として近世以前の藩校を引き継いでいることが挙げられ、内容においても、設備においてもその傾向がみられるという[27]。

初等教育については、学制発布に先立って学校を設置した数少ない例として京都府、静岡藩、東京府での小学校設置の計画がある。京都府においては、[28]番組小学校の設置が計画され、一八六九年の時点で四四校では新規に校舎が建てられ、まれに旧藩邸などの既存建築が転用されていた。[29]静岡藩においては、一八六八年一二月に静岡藩によって創立された徳川家兵学校（一八七〇年より沼津兵学校）の予備教育機関として徳川家兵学校附属小学校（一八七〇年一月より静岡藩小学校）を開校している。[30]この校舎は、一八六八年一〇月より授業を開始した代戯館という教育施設を引き継いでいる。代戯館は沼津城西南隅、外濠内の屋敷二戸を改造して仮校舎としていた。さらに静岡藩小学校は一八七〇年四月には沼津城丸馬出門外に新築した洋風瓦葺二階建の新校舎へ移っている。藩内にはこの静岡藩学校をモデルとした小学校が設立された。東京府においては、一八七〇年六月に東京府に六つの小学校と一つの中学校が設立されたが、京都の小学校とは対照的に寺院を転用して校舎とした。[31]ただしこれらは主に士族子弟の養育のためのものであり、全国の学校のモデルとなることを図って設立されたものである。このように、学制に先立って設立された小学校の事例においては、新築や旧藩邸の教育施設の転用をみることができるが、これらは全体の中では数少ない、あるいは恵まれた事例であったといえよう。

一八六九年二月の「府県施政順序」では「小学校ヲ設ケル事」が指示された。第二節で検討する山梨県でも、一八七一年には既存の郷学を小学校として位置づけようとする動きがみられる。[32]一八七一年九月には文部省が設置され、一八七二年にはすべての国民の就学を図る学制が制定され、主に小学校を中心とした学校の整備が進んだ。これらの小学校校舎の設置は、すでに述べたとおり、近世の寺院や民家の転用を経た後に新築するものが多数を占めている。

このとおり、明治初期において全国的に設置が進んだのは初等教育機関であり、中等教育機関や高等教育機関については学校の設置さえ不十分な状況であった。このような学校教育の普及状況を鑑みても、西村公宏の研究が対象にした開成学校のような高等教育機関の例は、全体の一部にすぎなかったことがわかる。

(4) 開成学校の屋外施設

開成学校の事例は明治初期の学校としては稀な例であるが、屋外施設に焦点をあてて改めて考察しておきたい。一八七〇年に大学は閉校されるが、医学校(一八七四年より東京医学校)と開成学校(一八七四年より東京開成学校)は存続し、これらを合併して一八七七年四月に東京大学が設立される。東京医学校はすでに一八七六年に本郷の旧加賀藩上屋敷跡に移転しており、現在の東京大学本郷キャンパスがこれにあたる。[33]ここには「育徳園」という近世の庭園が存在する。東京大学設立と移転にともなって校舎の改築や新築がおこなわれていくが、庭園の配置などについて大きな変化はみられない。[34]『東京大学百年史』でも、「池を中心とする育徳園、その東の馬場、馬場の東に沿う道並びに育徳園の北限を区切る切通し、これらの存在が各校舎の敷地の位置と形状を決定づけていたことが窺える」[35]として、育徳園の位置や形態がほとんど変えられないまま、これに合わせて校舎の配置がおこなわれていったことがわかる。

また東京大学設立に際して、一八七七年四月に小石川御殿地の旧幕府の「小石川御薬園」が「東京大学法理文三学部附属植物園」として東京大学の附属になる。[36]現在の東京大学大学院理学系研究科附属植物園がこれにあたる。この経緯を詳細にいえば、小石川御薬園は、一八六八年には東京府の所轄、一八六九年には大学校の所属、一八七一年には文部省の所轄、一八七五年には博物館の附属になるという過程を経て東京大学附属の植物園となった。[37]近世以前の「御薬園」、「薬園」という名称に代わって「植物園」という名称が用いられ始めたのは、一八七五年に博物館の附属になって以来である。これについて『東京帝国大学理学部植物学教室沿革　附理学部附属植物園』では、「本来の薬草栽培のみならず一般植物をも植ゑて教育の資に供せんとするの意向に基けるもの、如し」と述べる(38)。つまり主に薬草栽培として利用していた近世の施設が、「教育に資する」ために一般植物まで植えるような、近世の薬園とは異なる施設となったことを、内容と名称の変化に留意しながら述べているのである。

先述の西村公宏は、東京大学の前身とされる開成所が設立される以前の敷地も対象にして、「護持院原」、「開成所」、「大学南校」、「開成学校」、「東京大学法理文学部」に区分して敷地の変遷を図像史料とともに検討した。ここで「植物園」が一八六八年から一八七二年の大学南校の時期にみられることを明らかにしている。さらに一七二四年から一八六一年の住民の散策の地でもあった護持院原の植栽が一八七七年から一八八五年の東京大学法理文学部の時期にまで保存されていたことや、西村が「擬洋風庭園」と称する「カーブの園路の有する庭」が一八六二年から一八六七年の開成所の時期に成立していたことなども明らかにしている(39)。

このとおり近世の教育施設を引き継いだ明治初期の東京大学には、近世の護持院原の樹木を引き継ぐもの、「擬洋風庭園」、さらには学校教育上の利用が見込まれた植物園などが混在していたことが示されている。ただし、くりかえしになるが、近世以前の藩校や武家屋敷などの施設を転用したことによって、近世の庭園が近代の学校にまで残されているのは、中等教育機関や高等教育機関の一部の例である。

第二節　山梨県都留郡における屋外の施設

本節では、各地の学校施設の転用から新築までの経緯を具体的に確認するために山梨県の事例をとりあげる。明治初期の建築には「藤村式」と呼ばれる擬洋風建築がある。これは山梨県令であった藤村紫朗の推進した様式であり、[40]明治初期の山梨県下でも藤村式の校舎が多く新築された。[41]ここでは山梨県のなかでもとりわけ、郷学「興譲館」の施設を転用して小学校校舎とした谷村学校の事例や、擬洋風建築の新築校舎として著名な尾県学校の事例を含む都留郡を対象とする。

（1）山梨県における学校の設置

山梨県において一八七三年に権令、一八七四年から一八八七年までの間、県令を務めた藤村紫朗は、山梨県の教育に尽くした人物として評され、[42]一八七三年より学校設置を推進する達などを多数出してきた。一八七三年五月の達「小学校創建心得」では、[43]校舎を「新築又ハ寺院等ヲ以テ之ニ充ツル」ように指示し、児童数を考慮して施設を設けるための「其仕構大略」が示されている。ここには教室の規模や、「入学人名録」の書式の雛型、校費の大略などが示されている。一八七六年一一月二八日の布達では、[44]小学校の創設について「一時仮ニ寺院等ヲ用ヒ略普及ニ至リ候処」、教授法の改正や生徒数の増加にともなって「校舎新築不致テハ難叶」として、「洋風模擬ノ構造」か「日本風ノ構造」かに関わらず、「校舎ノ位置其宜キヲ得、新鮮ノ空気ヲ流通シ、教場等其体裁ニ適ヒ、所属村々ノ生徒ヲシテ悉皆入学セシムルニ差支ナキ丈ケニサヘ建設」すればよいとしている。つまり、寺院転用等によって学校が普及し、校舎を新築する際には、擬洋風か日本風かを問わず新築を進めていくという内容であり、位置や新鮮な空気などへの言及もみられる。ここまでの布達では、校舎の広さ等の体裁や、校舎の通気性などの条件が比較的丁寧に示されるが、庭園はもちろん屋外施設に関する記述はみられない。

学校建築の基準に関する詳細な指示は、一八七七年五月二日の達乙第七六号により示された。ここでは「別冊学校建築法」をもって「校舎新築ノ向ハ右ニ照準経営スベシ」と述べられている。この学校建築法が山梨県下の校舎新築に影響を与えたという指摘もあり、その例として、一八七八年に擬洋風建築として新築された都留郡の尾県学校に「生徒控室」を設けられたことが挙げられている。(45)

山梨県の学校建築法では、庭園そのものに関する規定はないが、屋外の整備については次の記述が確認できる。(46)土地について第二条第二項で「土地高燥ニシテ眺望ニ富ミ、新気流通シ、或ハ西北ニ樹木アル処」とある。校舎の周囲について「校舎ノ周囲ニ樹木ヲ植ヱ其呼出スル所ノ酸素ヲ以テ場内ノ空気ヲ清潔ニスルヲ要ス」とある。遊歩場について第二十五条で「遊歩場ハ柵ヲ以テ之ヲ囲繞シ、又其場中ニモ柵ヲ設ケテ男女ヲ区別スベシ。其広サハ生徒百名ニ二百坪位ノ割合ニ設ケ、土地ヲ平坦ニシ水気ヲ除却シ、樹木ノ点綴、及ビ鞦韆・跳躍・互高低木馬等ノ運動器械ヲ具フベキ位置ニ注意スベシ」とある。樹木を設けることの必要性が説かれるが、これは土地の乾燥性、通気性、空気の清潔さ等の衛生面に対する記述である。つまり、ここでは庭園によって美観に配慮することや、自然物による知識教授上の活用や道徳教育上の効果に着目するような構想には至っていないことがわかる。

（2）徽典館

徽典館は、現在の山梨大学の前身である。寛政年間中に、甲府に勤める幕府の武士である勤番士の子弟教育を図って設けられた甲府学問所からはじまる。甲府勤番支配近藤淡路守政明及び永見伊予守為貞によって発想され、初代教授方を富田富五郎がつとめ、施設は富田の長屋の一室を仮用していた。[47] 入学希望者増加に対応して一八〇三（享和三）年には校舎建設の計画が立ち、一八〇九（文化六）年に完成している。[48] この甲府学問所が一八四三（天保一四）年に江戸昌平坂学問所の分校として再編され、徽典館と称されるようになった。徽典館の所在地は甲府城「追手門前」であった。[49]『甲府城総合調査報告書』には、「後の徽典館学問所」と説明がついた「甲府勤番支配役宅」の図が掲載されており、屋敷の前に前庭が設けられていることが確認できる。

徽典館は明治維新後まもなく廃業に近い状態に至ったが、一八六八年には、明治政府が設置した鎮撫府によって再発足の指示がなされ、[50] 一八六九年には小学・中学の制を立てている。[51] 一八七三年に私学開智学校となったがのちに廃止され、一八七四年には師範講習学校として再生し、一八七五年に山梨県師範学校となり、一八八一年に総合学校となった山梨学校の師範学科となり、一八八二年に山梨学校は旧名に復して徽典館と称された。明治維新期の学問所からの転用の際、校舎以外に関しては文書においては面積が示される程度であり、庭園や樹木などに関する記述はみられない。

校舎新築の計画は一八七五年より始まる。一八七四年の師範講習学校の校舎は、旧徽典館の老朽化にともなって甲府市内の長禅寺を仮用していた。[52] 一八七五年には校舎新築のために「二千二百有余坪」の敷地を得て、一八七五年七月に新校舎が「錦町中央」に竣工され、同年一一月には敷地を「二千五百六十三坪」拡張して「生徒の遊歩場」が加えられた[53]。校舎は小宮山弥太郎が設計をおこなった藤村式の擬洋風建築で、本館は木造三階建て、総棟数七棟で総建築面積は七二〇坪であった[54]。写真では校門に続く柵と校舎の間に樹木が直線的に配置されていることがわかる（図表1）。また『山梨大学学芸学部沿革史』に掲載されている「（明治十六年焼失）徽典館敷地及建物平面図」では、校門に続く柵とそれに沿った樹木が東側に配置されていること、校舎と柵の間にはほとんど空間がないことがわかる[55]。この配置からは理科教授のために設けるような植物園として使用することの意図はみられず、むしろ擬洋風建築に附随して設けられた装飾的な役割の強いものであると考えるほうが妥当である。一方で平面図からは、校舎の裏から西側にある「河」との間に「運動場」と記された敷地があることや、その面積が校舎と同じくらいであったことがわかる。ここには運動という学校教育上の活用方法が示されている。

第二回目の新築は一八八四年におこなわれる。一八八三年一月の出火により寄宿舎以外の施設が全焼したため、校舎完成までの間、「太田町公園内にあった四県聯合共進会の建物であった直快社」を仮用し、一八八四年に校舎が竣工された。新校舎は「教室坪数三百六十九坪、事務所控室所等百四十坪、白堊二層、中央に八角三層の高楼をもつ」建物であった[56]。「明治二十五年度頃」の平面図によれば、東側に位置する校門や柵と校舎との関隔が広くなり、その分西側の校舎と河川までの空間が狭くなっているが、河川よりさらに西に敷地が拡張され、寄宿舎等が設けられていることがわかる。

徽典館の俯瞰図である銅版画は一八八四年以降の新校舎の図だとされ[57]、本館裏手に池が見られる（図表2）。『山梨大学学芸学部沿革史』によれば[58]、一八七八年に文部省が従来不振であった理科教育の振興を図ったことをうけ、理科の教授において実験が加わったという。これに伴って作られたのが、日本列島を模した「活地図」と呼ばれる池であり、遊歩場西の二五〇坪の地に整備された。つまり、第二回目の新築より前に、教育上活用するための池が整備されていたのであり、これが美的な景観形成のための施設とは異なることがわかる。さらに沿革史ではこの池の他に、一八七八年に「市民のために、動植物の標本及びその生活状態、人生との関係を示そうとして、前から準備していた教育博物場」があり、これを一八七八年に「展覧に供した」と述べている。

一八八六年四月、雑誌『教育時論』には、「徽典館の植物園」と題した記事が載せられており、「徽典館（即山梨師範学校）にては徽の庭園（ママ）に植物園を設け自然分類の法によりて規則正しく植物を植付けけんの企にて目下着手中なれば遠からず出来すべく又館の後園に若干畝の圃を設け師範生徒をして其内の小部分を受け持たしめ受業時間の間合に自ら剥き来耜を報じ肥料をも施して諸種の野菜物等を耕作せしめらるると云ふ」と記されている(59)。「徽の庭園に植物園を設け」たものが一八七八年の教育博物場と同一のものであるかは確認できないが、一八八六年には「自然分類の法」に基づいて、正確な植物の栽培を教えるための植物園が存在していたことは確かである。また「館の後園に若干畝の圃を設け」たものは、一八七八年の「活地図」の付近にあったと考えられるが、「圃」として設けられたこの屋外施設は、自ら野菜などを耕作するためのものであり、一八七八年より造られた理科教授のための施設とはまた異なるものだといえる。

俯瞰図からは、第二回目の新築によって広くなった校舎の前庭に歩道が整備され、それに沿って様々な種類の樹木が配置されていることがわかる。擬洋風建築に見合った庭園が校門付近に整備されようとしていたのである。

このとおり徽典館には、学校教育上の活用が図られた屋外施設として、一八七五年の第一回目の新築時に「生徒ノ遊歩場」、「運動場」があり、一八七八年には理科教授のための「教育博物場」があり、一八八〇年には「活地図」と

図表１　1875年山梨県師範学校新築校舎(60)

校門に続く柵と校舎の間に樹木が直線的に配置されている。

図表２　1884年以降新築校舎の俯瞰図(61)

本館裏手に「活地図」と呼ばれる池が見られる。

しての池があった。一八八四年の第二回目の新築時には、これらに加えて前庭には擬洋風ともいえる庭園も整備された。近世以来の前庭や、こうした新たな施設を含み込んで、特殊な黴典館の屋外施設が形成されていた。

(3) 山梨県都留郡の小学校

山梨県では一八七三年以降藤村県令によって学校の設立が積極的に推進されたが、「明治九年第一大学区山梨県管下公学校表」によれば、校舎については全体の八二%である二三六校が寺院の転用であり、新築は全体の約一五%である四四校にすぎなかった(62)。

一八七一年の学制発布後、同年の山梨県では黴典館の管理のもと既存の郷学を小学校として位置づけようとする動きがあった。山梨県において近世に設立された郷学は八代郡「由学館」、都留郡「興譲館」、巨摩郡「西野郷学校」の三校、明治維新後に創設されたものは一八七〇年の北巨摩郡「博文堂」、一八七一年の八代郡「日新館」の二校であった(63)。つまり代官支配下の領民の子弟に対する近世の教育施設をもって維新後に小学校となりえたものは、わずか三校にすぎなかったのである。五校の郷学校のうち、郷学校の校舎を転用して小学校の施設にあてた例として都留郡の興譲館(一八七三年より谷村小学校)がある。都留郡には二校の擬洋風建築が建てられている。山梨県都留郡の小学校の施設は図表3のとおりである。一八七八年までに都留郡内に設立された八一校の小学校の施設のうち、転用前の形態では寺院が五〇校、民家が五校、神社が一校、旧陣屋が一校であり、寺院を中心とした従来の施設を転用して校舎としているものが八割以上であったことがわかる。また、新築校舎も一三校みられる。擬洋風の校舎が一八七六年に「上野学校」、一八七七年に「瑞穂学校」、一八七八年に「尾県学校」、一八七九年に「谷村学校」が建てられてい

図表３ 「1876年山梨県都留郡の小学校」(64)

創設年	学校名	創設当初の施設	新築年	本校・分校
1873年	谷村	旧陣屋：郷学校興譲館	1879（擬）	本校
	吉窪	民家		
	初狩	寺院		
	金井	寺院　※桂林寺より紅西院	1893年	本校
	大幡	新築　※民家武井高頼宅：寺子屋	1874年	本校
	小沼	旧寺	不明	本校
	瑞穂	新築	1877（擬）	
	明見	新築		
	上吉田	新築		
	新屋	新築		
	花咲	民家		
	猿橋	新築		
	真木	新築		
	野田	寺院		
	大野	寺院		
	犬目	寺院		
	鳥澤	新築		
	上野	新築	1876（擬）	
	四方津	寺院		
	梁川	寺院		
	桐原	寺院		
	三吉	寺院		
	鹿留	寺院　※民家渡辺多五造宅		小沼の分校
	久礼地	新築		
	平栗	民家	1875年	本校
	法能	新築　※寺院専徳寺：寺子屋	1897年	本校
	川口	民家		
	大石	寺院		
	夏狩	寺院　※長慶寺：寺子屋	1880年	小沼の分校
	葛野	寺院		
	畑倉	寺院		
	宮谷	寺院		
	十日市	寺院　※自得院—小篠神社	1878年	小沼の分校
	船津	寺院		
	藤崎	寺院		
	小澤	寺院		
	桑窪	寺院		
	大倉	寺院		
	鶴川	新築		
	大椚	寺院		
	大橋	新築		
1875年	小立	民家		
	新田	寺院		
	鶴島	寺院		
	澤松	寺院		
	松山	寺院		
	小菅	寺院		
	西原	寺院		
	丹波	寺院		
	浅利	寺院		
	強瀬	寺院		
	篠立	寺院		
	和田	寺院		
	田野倉	寺院　※法福寺：寺子屋	1879年	谷村の分校
	昇	寺院　※東陽院	1888年	谷村の分校
	川合	寺院		
1876年	鴨澤	寺院		
	成澤	寺院		
	左界	寺院　※泉福院	1904年	鹿留の分校
	誉索	寺院　※神社（御岳神社）	1880年	法能の分校
	盛里	寺院　※阿弥陀堂：寺子屋	1901年	法能の分校
	濱澤	寺院		
	栗谷	寺院		
	桜井	寺院		
	久保	寺院		
	長幡	寺院		
	善ノ木	寺院		
	開地	寺院　※真福寺	1897年	法能の分校
1877年	※尾県	民家山本八郎兵衛宅	1878（擬）	谷村の分校
1878年	※川茂	寺院浄泉寺：寺子屋	1887年	谷村の分校
1878年	※政伝	神社三輪神社：寺子屋		

（擬）は擬洋風建築。※は中野八吾による情報

る。[65] 藤村紫朗によって一八七三年以降出された学校設置を推進する達等の影響が都留郡にもみられる。谷村地区は、谷村学校とその分校である尾県学校に擬洋風の校舎が建てられていることもあり、小学校建築に関する多くの資料が残されている。

(4) 興譲館と谷村学校

興譲館は、現在の山梨県都留市の谷村第一小学校の前身である。一八四二(天保一三)年より代官佐々木道太郎らによって学校設置の計画がなされ、一八五一(嘉永四)年に開校された。[66] 興譲館は一八七一年に小学校として文部省に具申され、[67] 一八七三年には谷村学校として開業している。[68]

山梨県都留郡は、小山田越中守信有が一五三二(天文元)年に谷村城を構え、その後三代にわたって都留郡守護として、また武田家の重臣として支配してきた地であり、谷村は郡内の政治・経済の中心地であった。武田家の滅亡とともに一五八二(天正一〇)年には小山田氏の郡内支配が終わる。一五八二年から続く徳川氏の甲斐経略ののち、鳥居元忠が支配し、その後多くの交代があった。勝山城は一五九四(文禄三)年に当時谷村を支配していた朝倉氏重が築いた。[69] そして一七〇四年の秋元喬知の転封とともに都留郡は天領となった。勝山城は桂川を隔てた対岸の峰上にあって山城としての役目を担い、谷村城は勝山城の南西に位置して館の役目を担い、南東に城下町があった。これらの城は一七〇四年に郡内が天領になったことにより廃城となり、城郭や武家地がほとんど畑となるなど、郡内地域が変化していった。秋元家重臣であった高山源五郎の一千八十坪の屋敷跡には陣屋や長屋が建てられ、この陣屋の一部を校舎として一八五一年に興譲館が開校された。[70]

一八五一年の興譲館開校時の校舎所在地については、「本町字西家中（今ノ校地ノ壱部）」[71]、「都留郡谷村字仲谷代官陣屋ノ傍」[72]とある。さらに一八七三年の谷村小学校設立時の校舎は、興譲館を修繕したものであった[73]。この仮校舎は一八七七年には谷村裁判所として用いられることになり、新校舎の設置までの間は長安寺を用いていた。新校舎は一八七八年に「字西家中ノ地六百八十八坪」の地に建てられた。

新校舎は「藤村式校舎」と呼ばれる擬洋風建築であった[74]。擬洋風の校舎は一九一三年まで使用されるが、その間、一八九二年に「第一附属室ヲ建築」し、校地を「家中川以西川沿岸」まで拡大し、一九〇三年には「第二附属室ヲ増築」した。さらに一九〇六年には「家中川以西桂川沿岸ニ至ル地七段壱畝弐拾七歩」を買い入れて校地を再度拡大している。

谷村学校の記念誌『写真で綴る百年のあゆみ』に掲載されている、一八七八年の竣工当時の写真では[75]、校門につながる柵に沿って樹木が植えられている様子がうかがえる。同記念誌に掲載されている一八七九年から一九七二年までの二〇枚の敷地図と[76]、一八七九年の平面図とを照らし合わせると、庭園を設けられるほどのスペースはみられる。しかし、記念誌、学校沿革誌[77]、『教授資料　谷村町郷土誌』などの建築に関する記述で屋外施設は言及されない。擬洋風の校舎が建てられた「字西家中ノ地六百八十八坪」の地にあたる場所は、一七〇〇年頃の「秋元家但馬守様御家中御絵図」[78]（図表4）では空地になっており、屋敷に附随して設けられるような庭園がすでに存在していた可能性は低い。つまり校門周辺の樹木は、擬洋風校舎の新築にともなって植樹されたものであると考えられるが、植樹に関する計画はみられず、これが明確な目的をもって意図的に設けられたとは認めがたい。

図表４　秋元家但馬守様御家中御絵図、ミュージアム都留所蔵、1700年頃

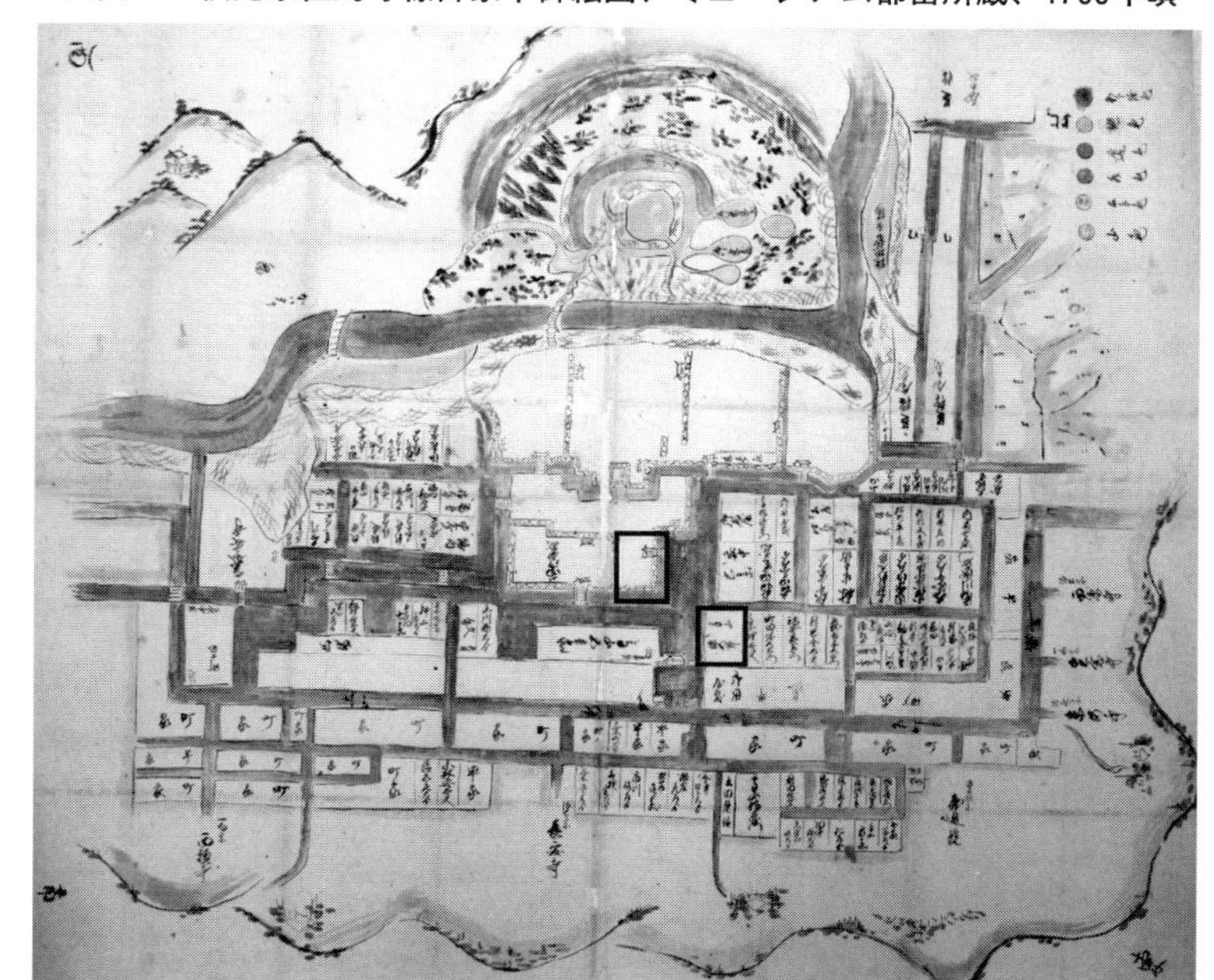

太線の囲いの左側は1878年新築の谷村学校の所在地であり、右側は「高山源五郎の屋敷」である。囲いの左側の右下は「字西家中ノ地六百八十八坪」の地にあたる場所だが、空地になっている。

（5）谷村学校の分校

谷村学校には分校があり、「谷村小学校分校」として設立された学校は全部で四校であるが[79]、そのうち独立していった小学校に昇学校、田野倉学校、尾県学校がある。なかでも尾県学校は一八七八年に擬洋風の校舎を新築している。

昇学校は、一八七三年に寺院東陽院を仮校舎に、谷村学校分校として創設され、一八七五年に独立した[80]。一八八七年三月に校舎を焼失し、同年七月に新校舎が建てられ、新校舎建設中は、現保寿院庫裏を借用していた。また同年五月に禾生第一尋常小学校となった[81]。新校舎の規模は「七間　六間三尺」（四四、一坪）で、敷地は「百五拾坪」であった。

田野倉学校[82]は、一八七四年に寺院法福寺を仮校舎として、谷村学校分校として創設され、一八七五年に独立し、校舎の新築は一八七九年に行われている。このときの校舎の規模は「六間三尺四間」（二五、二坪）であり、敷地は「百五拾坪」であった。

尾県学校は一八七四年に民家山本八郎兵衛宅を仮校舎として、谷村学校分校として創設され、一八七六年に独立した。(83) 一八七八年に擬洋風の校舎が新築され、このときの校舎の規模は「七軒四面」（ママ）（七間四方＝四九坪）、敷地は「弐百四拾壱坪」と三つの学校のなかでも広く、校舎との比率をみても校舎以外の面積が多くとられていることがわかる。

これら三校の校舎新築時の敷地面積、校舎面積については「事務引継目録」のうち「学校家屋及数地取調」を参考にしている。(84) この項目には就学者数、訓導数と給与金額、校舎の費用に関することなどがあるが、敷地内の庭園、植物等に関わる記述はみられない。ただし、尾県学校については別の資料で「庭」、「樹木」に関する記述がみられる。『尾県学校人足記』では、(85)「丑三月一二日　一三人　人足当前ノ亥、学校庭土平シ、前道土平シ」とある。「寅ノ三月一三日　学校樹、金山ヨリ松コギ植ル、熊吉」、「同　一四日　学校樹、中谷利右衛門様分植木コギ、又天狗山」とある。一八七七年（丑三月）には、「学校庭」、一八七八年（寅三月）には「学校樹」という記述を残していることは重要である。「目的は明らかでないものの、学校樹」を植えるという作業が、単に校舎建築時のついでになされたわけではないことが現れているからである。この時期の小学校において屋外施設に、関心が向けられていたことは注目に値する。

おわりに

明治初期において特に設置が進んだ小学校のほとんどは、寺院や民家を転用して校舎としていた。そして美的な景観形成のための庭園を有する近世の施設を転用するものは、東京大学などの一部の高等教育機関の例であった。一八六八年の開成所や一八七七年の東京大学、一八七八年の山梨県の徽典館では、教授材料を提供するための屋外施設として、植物園等が存在した。一方、同時期の小学校では、山梨県都留郡の尾県学校において一八七七年にかろうじて「学校樹」等を植え、「学校庭」の土を整えることが意識されていたにとどまる。同郡の谷村学校では、一八七八年の校舎新築時に写真において確かに樹木が植えられている様子がみられるものの、文書からは庭園や樹木に関する記述はみられず、庭園としても、学校教育上の効果をねらう施設としても、十分な整備がなされていたとはいえない状況であった。つまり明治初期の小学校においては、たとえ樹木や庭園があったとしても、学校園施設通牒での構想のように、自然物による学校教育上の効果をふまえ、意図的に整備を図るまでには至っていなかったのである。

再論すれば、明治初期においては、近代学校の知識や学校園という用語は日本にもたらされていたが、まだ近世以来の庭園や薬園を転用するか、新築校舎に付随して植栽をするという段階であった。学校教育の目的に学校園が、正面から位置づけられる以前の段階であったのである。

注

(1) 西村公宏「明治初期における開成学校（一八六八―一八七六）等のランドスケープデザインについて」日本造園学会『ランドスケープ研究』第六二巻五号、日本造園学会、一九九九年三月。

(2) 初出論文、神邉靖光「教育令期における県立総合学校　山梨学校・徽典館と岐阜県華陽学校」『兵庫教育大学研究紀要　第一分冊　学校教育・幼児教育・障害児教育八』兵庫教育大学、一九八七年。後に、神邉靖光『明治前期中学校形成史　府県別編Ⅰ』梓出版社、二〇〇六年。

(3) 「学校園（スクールガルデン）」『教育新誌』第三四号、汎愛社、一八七八年一〇月。

(4) 近藤鎮三訳「独逸学校新誌抄　学校園ノ説」『文部省雑誌』第一八号、文部省、一八八〇年二月（佐藤秀夫編『文部省雑誌』（明治前期文部省刊行誌集成第六巻）、歴史文献、一九八一年）。

(5) 菅野誠『日本学校建築史』文教ニュース社、一九七三年、九五―九七頁。

(6) 国立教育研究所第一研究部教育史料調査室編『学事諮問会と文部省示論』国立教育研究所、一九七九年、一六―二五頁。

(7) 「長野県学校建築心得」一八七五年、「兵庫県公立小学校建築法」一八七七年、「宮城県小学校建築心得」一八八三年など（菅野誠『日本学校建築史』文教ニュース社、一九七三年、一一〇―一一九頁）。

(8) 関沢勝一、新川亮馬、馬渡龍「『学校通論』（原著School Economy）が明治初期の「学校建築法」に与えた影響に関する考察」『日本建築学会計画系論文集』第五二七号、日本建築学会、二〇〇〇年一月。関沢らは「文部省制定小学校建築図」よりも具体性をもっていた『学校通論』に当時の学校建築の様子を把握する資料としての有効性を認めている。

(9) ウイケルスハム著、箕作麟祥訳『学校通論』文部省、一八七四年、第一冊一丁オ―二八丁ウ。

(10) James Pyle Wickersham, "School Economy: a treatise on the preparation, organization, employments, government, and authorities of schools", Lippincott, 1864, pp.1-15.

(11) 「英国小学校建築規則」『文部省雑誌』第二〇号、文部省、一八七四年一一月。「米国教育日誌抄訳　学校建築及ヒ教員ノ事」『文部省雑誌』第二四号、一八七四年一二月。「独乙教育論適訳　学校論」『文部省雑誌』第四号、文部省、一八七五年三月。近藤鎮三訳「独乙教育論抄　小児教育ノ本意」『文部省雑誌』第六号、文部省、一八七六年三月。

(12)「第一大学区府県教育議会成議案」「学校建築法ノ議」『文部省雑誌』第六号附録、文部省、一八七六年六月。佐藤秀夫によれば学校建築の規定化の最も早い例とされる（佐藤秀夫『教育の文化史二　学校の文化』阿吽社、二〇〇五年、一五五頁）。

(13) 伊沢修二『学校管理法』白梅書屋、一八八二年、九九―一〇三頁。西村貞『小学教育新編』第三巻、一八八六年、第二版、四七丁オ―五五丁オ。生駒恭人『学校管理法』金港堂、一八八四年、七八―一〇三頁。

(14) James Currie "The principles and practice of early and infant school-education". T. Laurie, 1857. 翻訳書は伊沢らの『学校管理法』等に遅れて出されている（惹迷斯加来著、和久正辰訳『初等教育論（加氏）』牧野書房、一八八五年、四七一―四七五頁）。なおCurrieの著書は『文部省雑誌』にも頻繁に紹介されている。

(15) 板倉聖宣『増補日本理科教育史』仮説社、二〇〇九年、一五〇―一五一頁。

(16) 若林虎三郎、白井毅編『改正教授術』普及舎、一八八四年、第二巻一八丁ウ―三七丁オ、第三巻一丁オ―三八丁ウ。

(17) 山田行元「庶物指教」『文部省雑誌』第一二九号、文部省、一八八〇年九月。

(18) 関徳編『幼学便覧』上、吉岡宝文軒、一八七八年、一五丁オ―一六丁ウ。文学社編『小学作文全書』第一六巻上、文学社、一八八三年、一三丁オ―一四丁オ。「浅草の花園」『教育報知』第四三号、教育報知社、一八八六年一一月。

(19) 前掲、菅野誠『日本学校建築史　「足利学校」から現代の大学施設まで』。前掲、青木正夫『学校』。前掲、喜多明人『学校施設の歴史と法制』。前掲、佐藤秀夫『教育の文化史二　学校の文化』等。学校建築史の研究では、学制期に量的な普及がなされた小学校の校舎や建築物として価値が認められる洋風校舎を主な検討対象としてきたのであり、教育史の視点から全体像を把握して整理をしようとするものはみられない。一方教育史の研究では教育機関ごとの学校設置の動向を概観しているが学校の建築や庭園の内容を明らかにしていない。

(20) 日本近代教育史事典編集委員会編『日本近代教育史事典』平凡社、一九七一年、八三頁。

(21)　文部省『文部省第三年報附録』第二冊、文部省、一八七五年、一六三—一七五頁。前掲、青木正夫『学校』一〇八、一〇九頁。前掲『日本近代教育史事典』八三頁。

(22)　前掲、青木正夫『学校』一〇八頁。

(23)　同前、一〇九—一二六頁。一九〇一年の春日小学校や明治中期の大阪の小学校では「藩校イメージ」や「和風意匠」の新築校舎が建てられたことも明らかにされている（藤森照信『都市　建築』岩波書店、一九九〇年、二六二頁。川島智生「明治中期の大阪市小学校校舎における和風意匠について」日本建築学会『日本建築学会計画系論文集』第四九二号、一九九七年二月）。

(24)　『学制百年史』では、日本の学校建築が二つの系統から発展していると述べ、「一つは従来の寺子屋式と称すべきもので、寺院や神社、民家や、有力者の住宅・能舞台などを借り受け、または改造して造ったもの、他の一つは西洋式ともいうべきもので、洋学の移入に伴って輸入された校舎の形式である」としている（文部省『学制百年史』帝国地方行政学会、一九七二年、五四六頁）。ただしこの二つの系統は必ずしも「寺子屋式」と「西洋式」という名称に代表されるものではなく、むしろ学校設置の初期段階においては多様な近世以前の施設の転用が主流であり、その後ようやく新築がおこなわれてきたという経緯に着目して、学校建築の発展過程を再検討していく必要があろう。

(25)　第九百二十八号、明治三年一二月一五日、太政官、諸県へ「諸県郷学校ノ儀追テ一定ノ規則相立候先高壱万石ニ付現米壱石五斗宛用度ニ可充置事」。

(26)　前掲『日本近代教育史事典』三七〇頁。

(27)　国立教育研究所編『日本近代教育百年史』第三巻、国立教育研究所、一九七四年、六七六—六八一頁。

(28)　前掲『日本近代教育史事典』八一頁。

(29)　京都の番組小学校については先行研究の蓄積があり、とりわけ明治初期の学校建築については大場修が図像史料の検討とともに詳細に論じている（大場修「京都旧番組小学校の校舎プラン　小学校校合の地方史Ⅱ」『日本建築学会計画系論文集』

第五一二号、一九九八年一〇月。大場修「京都番組小学校の転用校舎　明治朔の小学校校舎に関する地方史研究　その一二」『学術講演梗概集　F・二　建築歴史・意匠』二〇〇六年七月等)。大場の研究は学校建築以外を対象としたものではなく、京都の番組小学校の屋外の施設については考察の余地が残されている。

(30) 大野虎雄『沼津兵学校附属小学校』大野虎雄、一九四三年。一九八三年。

(31) 前掲『日本近代教育史事典』八二頁。

(32) 山梨県編『山梨県史通史編五　近現代一』山梨県、二〇〇五年、七二、七三頁。

(33) 東京大学総合研究資料館特別展示実行委員会編『東京大学本郷キャンパスの百年』印象社、一九八八年。

(34) 東京大学百年史編集委員会編『東京大学百年史　通史一』東京大学、一九八四年、八八三、八八四頁。

(35) 前掲『東京大学百年史　通史一』八七八頁。

(36) 東京帝国大学『東京帝国大学理学部植物学教室沿革　附理学部附属植物園』東京帝国大学理学部植物学教室、一九四〇年、三五頁。

(37) 同前、一三頁。

(38) 同前、一三頁。

(39) 前掲、西村公宏「明治初期における開成学校(一八六八―一八七六)等のランドスケープデザインについて」。

(40) 荻原頼平編『甲斐志料集成』第七巻、甲斐志料刊行会、一九三三年、三三六頁。

(41) 植松光宏『山梨の洋風建築―藤村式建築百年』甲陽書房、一九七七年。また明治初期の小学校として著名な長野県の開智学校の建築も藤村式建築の影響をうけたとの指摘もある(前掲、藤森照信『都市　建築』二六二、四六六頁)。

(42) 前掲、神邉靖光「教育令期における県立総合学校　山梨学校・徽典館と岐阜県華陽校」。

(43) 山梨県立図書館編『山梨県史(山梨県史料)』第三巻、山梨県立図書館、一九六〇年、一三〇―一三二頁。

(44) 前掲、藤森照信『都市　建築』二三六頁。

(45) 同前、二二六頁。
(46) 山梨県立図書館編『山梨県史（山梨県史料）』第六巻、山梨県立図書館、一九六三年、二二〇―二二三頁。
(47) 山梨県教育委員会編『山梨県教育百年史』第一巻、山梨県教育委員会、一九七六年、六頁。
(48) 同前、六頁。『日本教育史資料』では「甲府城追手門ノ南三町程ニアリ（今ノ西山梨郡錦町）」が校舎所在地とある（文部省『日本教育史資料』第七巻、文部省、一八九二年、七〇一頁）。
(49) 前掲『日本教育史資料』第七巻、七〇一頁。
(50) 前掲『山梨県教育百年史』三三―三五頁。
(51) 前掲、神邉靖光「教育令期における県立総合学校　山梨学校・徽典館と岐阜県華陽学校」。
(52) 同前。
(53) 学芸学部沿革史編集委員会（丸田銓二朗）編『山梨大学学芸学部沿革史』山梨大学学芸学部、一九六四年、二九頁。
(54) 前掲、植松光宏『山梨の洋風建築』七〇頁。
(55) なお、明治初期の徽典館と敷地の平面図については一次史料を確認することができなかったため、前掲『山梨大学学芸学部沿革史』三三八頁に掲載されている、近年書き起こしたと考えられる図像を用いて検討した。
(56) 前掲、『山梨大学学芸学部沿革史』三七、四一頁。
(57) 植松公宏所蔵「徽典館俯瞰図」（前掲『山梨大学学芸学部沿革史』三三頁より転載）。植松によれば一八八四年新築校舎の図だとされる（前掲、植松公宏『山梨の洋風建築』七四、七五頁）。
(58) 前掲『山梨大学学芸学部沿革史』三二―三三頁。
(59) 「徽典館の植物園」『教育時論』第三五号、開発社（雄松堂書店復刻版、以下に同じ）、一八八六年四月。
(60) 前掲『山梨大学学芸学部沿革史』口絵「山梨県師範学校錦町時代（二）」より転載。
(61) 同前、三三頁より転載。

(62) 前掲『山梨県史（山梨県史料）』第六巻、一九六―二〇七頁。
(63) 前掲『日本教育史資料』第七巻、七二二―七二九頁。
(64)『文部省第四年報』をもとに作成した（文部省『文部省第四年報』第二冊、文部省、一八七六年、一六六―一七九頁）。設立当時の施設、名称、校舎新築年、本校分校の分類については中野八吾の『寺子屋と塾』を参考にした（中野八吾の『寺子屋と塾』中野八吾私家版、一九七五年、一三七―一四二頁）。また表中の『文部省第四年報』と異なる中野の記述部分については※印をつけた。また表中の（擬）印は擬洋風建築である（前掲、植松公宏『山梨の洋風建築』一二七―一三二頁を参考）。
(65) 前掲、植松公宏『山梨の洋風建築』一二七―一三二頁。
(66) 前掲『日本教育史資料』第七巻、七一六頁。
(67) 前掲『山梨県史（山梨県史料）』第二巻、六二八―六三一頁。
(68) 一八七三年に開業した谷村の小学校について、山梨県立図書館編『山梨県史（山梨県史料）』の「明治六年小学校開業日表」では、校名「谷村」と記されている（山梨県立図書館編『山梨県史（山梨県史料）』第三巻、山梨県立図書館、一九六〇年、一七一頁）。一方一八七六年度の統計が載せられている『文部省第四年報』の「山梨県公立小学校表」、『山梨県史（山梨県史料）』の「明治九年第一大学区山梨県管下公学校表」では、名称「谷村学校」と記されている（前掲『文部省第四年報』第二冊、一七七頁、前掲『山梨県史（山梨県史料）』第七巻、山梨県立図書館、二〇五頁）。本論文では谷村学校と統一して記す。
(69) 創史社編『日本城郭体系』第八巻、新人物往来社、一九八〇年、四四九―四五一頁。
(70) 都留市史編纂委員会編『都留市史資料編（二）都留郡村絵図・村明細帳集』都留市、一九八八年、六頁。
(71) 山梨県南都留郡谷村尋常高等小学校『教授資料　谷村町郷土誌』一九一五年、一〇頁。
(72) 前掲『日本教育史資料』第七巻、七一六頁。
(73) 前掲『教授資料　谷村町郷土誌』一〇頁。谷村第一小学校所蔵『学校沿革誌』では「一　田谷村陣屋ヲ仮用シテ小学校ヲ創設ス」とある。
(74) 前掲、植松光宏『山梨の洋風建築』二二九、二三〇頁。
(75) 都留市立谷村第一小学校『写真で綴る百年のあゆみ』都留市立谷村第一小学校、一九七三年、一〇頁。
(76) 前掲『写真で綴る百年のあゆみ』巻末付図。
(77) 谷村第一小学校所蔵『学校沿革誌』。
(78) 「秋元家但馬守様御家中御絵図」ミュージアム都留所蔵。前掲『都留市史資料編（二）都留郡村絵図・村明細帳集』一一頁の「谷村城下絵図」と照合すると、一七〇〇年頃の様子であると考えられる。
(79) 前掲、中野八吾『寺子屋と塾』一三七―一四二頁
(80) 禾生村青年団『禾生村郷土誌』禾生村青年団、一九四八年、二三―二五頁。
(81) 禾生第一小学校百周年記念事業編集委員会『百周年記念誌　禾生第一小学校・付与縄小学校』禾生第一小学校創立百周年記念事業実行委員会、一九七四年。
(82) 前掲『禾生村郷土誌』二六頁。
(83) 同前、二五―二六頁。
(84) 都留市蔵旧禾生村役場文書二　明治一四年「事務引継目録」一号（前掲『都留市史資料編（五）近現代』より引用）。
(85) 尾県郷土資料館所蔵文書『尾県学校人足記』。

第二章　学校園につながる屋外施設の系譜

はじめに

佐藤秀夫は、公教育制度上の状況変化に対応して、学校建築の規格化が一挙に推進されたのが、一八九〇年一〇月勅令第二百十五号小学校令、一八九一年四月文部省令第二号小学校設備準則とそれ以降の改正とし、学校建築が一時的ではなく恒常的に問題とされるようになった時期とする。(1)屋外施設に注目してみると、一八九〇年の小学校令では、第十七条に「小学校ニ於テハ校舎校地校具体操場ヲ備ヘ又農科ヲ設クル小学校ニ於テハ農業練習場ヲ備フヘキモノトス」、第十九条に「校舎校地校具体操場農業練習場ノ設備ニ関スル規則ハ文部大臣定ムル所ノ準則ニ基キ府県知事ニ於テ土地ノ情況ヲ量リ之ヲ定ムヘシ」とあり、「小学校設備準則」では第六条に「体操場ハ成ルヘク校舎ニ傍フテ備フルヲ要ス」、第七条に「農業練習場ハ成ルヘク校舎ニ遠サカラサルヲ要ス」とある。つまり、一八九〇年の小学校令では、「体操場」や「農業練習場」などの屋外施設について、整備の基準が明記されるのである。

本章では、この一八九〇年の小学校令以降の時期を主な対象にし、学校建築に関する指針、学校管理法を解説する書籍、教育雑誌に散見される記述等をもとに、屋外施設の系譜を整理する。

第一節　体操場の整備の影響

(1) 体操場の整備

一八九二年の文部大臣官房会計課による『小学校建築図案』は、これまでの学校建築図が校舎のみの平面図であったのに対し、校舎以外の敷地を含めた図が載せられ、体操場の条件も述べられる。[2] 同年の雑誌『教育報知』でも、これに関する記事が図案とともに掲載される。[3] 一方で、一八九五年の文部大臣官房会計課による『学校建築図説明及設計大要』では、体操場の設置を求め、一八九一年一一月に改正された「小学校設備準則」に基づいて小学校の建築について説明しているが、参考として掲載された小学校建築の実例には、体操場等に関する記述や設計図はみられない。[4] 体操場の整備に対する認識がまだ揺れ動いている段階だといえよう。

また、体操場の整備に関する記事自体は増えるものの、植物等に関する条件は、第一章で確認したような衛生などの観点を述べるものと変化はなく、「学校園」という用語もみられない。[5] 学校管理法を説明する書籍で、施設の整備について述べた箇所も同様である。[6] 文部省が体操場の普及を試みはじめた時点では、学校園の設置を推奨する動きはまだ確認できないのである。

(2) 「植物園」や「庭園」の系譜

一方で、「植物園」や「庭園」などと称される施設が、小学校に設けられる例が確認できる。序章で確認したとおり、新井孝喜は『教育報知』に掲載された井上定治郎の「学校庭園論。(7)」と一八九六年の明石重礼の「我校の庭園に就いて。(8)」という記事をもとに、こうした施設を明治二〇年代後半の「学校園」の事例として検討対象にした。新井はこの「学校園」が明治三〇年代に、「小学校での直観教授の実践・研究の進展」をうけて普及したとみなし、一八九〇年代の施設と一九〇五年の学校園の連続性を論じている。(9)

新井のとりあげた記事を改めて確認してみたい。「我校の庭園に就いて。」では、「学校内遊戯場所」の一部に「一坪以上二三坪の花園を数ヶ所」設けるという方法を示し、草花を読書作文の題目にするほか、「審美的思想及優美なる気風を養成」するという道徳性の涵養に関わる効果についても言及している。「学校庭園論。」でも、学校の庭園の一部に注目し、それが「教導の材料」に充てられるだけでなく、児童の「節操ノ美徳ヲ養成」できると述べられる。学校園施設通牒の目的に掲げられた広義の道徳教育の観点がここで確認できる。

また一八九三年の『新式学校管理法』のように、遊戯場に余地がある場合との条件付きで「植物園」を設け、地理等の教授にあてるように述べるものもある。(10)また一九八四年の記事では、実物教授が盛んな時期でさえも、博物科の植物の一科では、「嘗テ之ヲ構内樹木ニ連結セザルナリ」という状況だったとし、(11)改めて学校の樹木を実物教授の対象とすることの必要性を述べている。

このように、体操場の整備と連動して設置が進んだ屋外施設には、教科教授における観察のために活用する「植物園」があり、確かに新井孝喜の指摘するような直観教授の実践、研究につながる施設であったといえよう。注目したいことは、ここで直観教授のみならず、「節操ノ美徳ヲ養成」するといった道徳的観念の養成、つまり学校園施設通牒で示された広義の道徳教育の要素が確認できる点である。この点において、一八九〇年代の施設と一九〇〇年代の学校園の連続性は認められるが、本書のねらいは、学校園推進の動向に、他のいかなる要素が絡みあって作用していったのかを詳述することにある。ここでは、一八九〇年代の状況を確認するにとどめたい。

第二節　農業教育の振興に関わる施設

（1）一八八〇年代以降の農業教育と小学校

一八九〇年一〇月の小学校令で、屋外施設の整備について、「体操場」や「農業練習場」の規定が登場したことを確認したが、同時に小学校における農業教育に関する規定も明記されたことに着目したい。

一八九〇年以前にも、農業教育の範囲を小学校にまで拡大させようとする構想は確認できる。三好信浩は、日本における農業技術の近代化のために国家主導の勧農施策が講じられるなか、「専門教育ないしはそれに準ずる教育」を中心とした農業教育が成立したこと、またこれが普通教育に拡大していくなかで、一八八一年五月文部省達第十二号の小学校教則綱領における規定を端緒として、小学校の教育にまで影響を及ぼしていったことを論じている(12)。

一八八一年五月文部省達第十二号の小学校教則綱領第二十六条では、「土地ノ情況ニ因リ農業ノ初歩ヲ加フルトキハ農具ノ名称用法、肥料ノ種類効用、禾穀蔬菜果実ノ性質栽培法、養蚕培桑ノ法及家畜魚鳥ノ飼養法等凡農家ニ緊要ノ事項ヲ授クヘシ」と定めており、「農業ノ初歩」として農業に関する知識や技術を教えるよう記される。

これに関連して、一八八二年の学事諮問会では、小学校教則綱領での小学校高等科について、「小学教育ノ完全ナルモノヲ授ケ以テ他日国家ノ良民トナリテ農工商等ノ業ヲ営ムノ資ヲ得セシメンコト」と説明し、また農工商科については「此三科ニ関スル学説ト実業トハ小学校ニ於テ完全ニ之ヲ授ケ得ヘキニ非スト雖モ農若クハ工若クハ商ニ普通ノ法則ヲ授ケ実地作業ノ手続ヲ知ラシムル」とした[13]。その後、一八八六年五月文部省令第八号の「小学校ノ学科及其程度」第三条では、高等小学校の学科に土地の状況によって英語・農業・手工・商業の一科もしくは二科を加えられることが記された。

また三好によれば、農業技術の近代化が図られる過程で、一八七四年より一八八〇年代にかけて「小学生徒」を対象に、「実学によって利益（功利）を図るために、西洋の農学を積極的に摂取し、それを童蒙に学ばせよう」と意図するような農業啓蒙書が多数出版されたことも明らかにされている[14]。

このとおり一八八〇年代には、「小学生徒」、「童蒙」、また小学校高等科において、農業の知識や技術の初歩を教えることが推奨された。それは農業技術の近代化の過程で、「国家ノ良民」として農工商の職業につくための資質を養成することが目的とされるものであったのだ。

注目すべきは一八九〇年以降の動向である。一八九〇年一〇月勅令第二百十五号小学校令の第六条で、高等小学校に土地の状況によって農科・商科・工科の一科もしくは数科の専修科を置くことができると定め、一八九一年一一月文部省令第十一号小学校教則大綱の第十六条では「高等小学校ノ教科ニ農業ヲ加フルトキハ地理理科等ノ教授ニ連絡シテ土壌、水利、肥料、農具、耕耘、栽培、養蚕、養畜等ニ関シ土地ノ情況ニ緊切ニシテ児童ノ理会シ易キ事項ヲ授ケ便宜之ヲ実習セシメテ農業ノ趣味ヲ長シ兼ネテ節約利用、勤勉儲蓄ノ習慣ヲ養ハンコトヲ要ス」と定めた。つまり、農業の知識や技術を児童に理解し易いように教授するとともに、「農業ノ趣味」や「節約利用、勤勉儲畜ノ習慣」を養うように定める記述が登場するのである。

また一九〇〇年八月勅令第三百四十四号小学校令の第二十条も、修業年限三箇年以上の高等小学校で農業・商業・手工の一科目もしくは数科目を加えることができると定めた。一九〇〇年八月文部省令第十四号小学校令施行規則の第十三条では、「農業ハ農業ニ関スル普通ノ知識ヲ得シメ農業ノ趣味ヲ長シ勤勉利用ノ心ヲ養フヲ要旨トス」、「農事ハ土壌、水利、肥料、農具、耕耘、栽培、養蚕、養畜等ニ就キ土地ノ情況ニ適切ニシテ児童ノ理会シ易キ事項ヲ授クヘシ」、「水産ヲ加フルトキハ漁撈、養殖、製造等ニ就キ其ノ土地ノ業務ニ適切ナルモノヲ授クヘシ」、「農業ヲ授クルニハ特ニ地理、理科等ノ教授事項ト関聯シ時々其ノ土地実際ノ業務ニ就キテ示教シ其ノ知識ヲ確実ナラシメンコトヲ務ムヘシ」とあり、やはり農業に関わる知識教授の内容とともに、「農業ノ趣味」や「勤勉利用ノ心」を養成することがすすめられる。

このとおり、一八九〇年以降、小学校令において、農業の知識や技術を児童に理解し易いように教授することと同時に、「農業ノ趣味」、「勤勉儲畜ノ習慣」、「勤勉利用ノ心」といった意欲、態度に関わる道徳性の涵養に関する目的が明記されたことは重要である。稲垣忠彦によれば、一八九〇年の教育勅語以降の「国民的徳性」の養成とともに「国民的実用知・技術」の教授を位置づけようとする動向が、明治二〇年代の実業教育の振興の主張、施策における主要な目標にも、表れていたという。[15] これが高等小学校の農業科の目標においては、「農業ノ趣味」や「勤勉儲畜ノ習慣」という文言をもって明示されていったのである。

(2) 農業教育のための施設の系譜

一八八〇年代からの農業教育の動向は、実際の学校の屋外施設にも影響を与えている。一八八七年に『教育報知』

に掲載された檜垣直右の記事「教育施設上ノ意見」では、「小学校附属地」について、農業実習のために「田圃を得農業を実施」することや、学校の経費補充のために「学田と農業実習場を相兼ねる」ことを求める見解がみられる[16]。さらに同年同誌の記事「小学校の実業園」によれば、小学校には生徒に「耕耨」などをさせ、「農業上の嗜好心を起さしめ」るための「農事実業園」が設けられているという[17]。さらには高等小学校にもこのような実業園の設置を求める記事がある[18]。

郡司篤則という投稿者は、学校の屋外施設に関連した記事を多く寄せている。一八八六年の『教育時論』の記事では、学校内もしくは外の植物が、歴史博物等の教授に役立つことを主張する[19]。一八九〇年以降は、小学校令の内容をふまえて、次第に農業教育に関わる施設の活用を推奨する記述が増えていく。一八九二年の『教育時論』に寄せた記事「農業教育論」では、「小学校令を案ずるに、其第四条、若くは第六条と云ひ、何れも農業科の目あり」と述べ、近年の実業教育の振興によって「運動場の一辺は、変じて菜圃となり」という状況があることを述べ、さらに「試験園」を「可成之を学校附近の地」に設けるよう説いている[20]。

一八八〇年代以降、農業教育の範囲が小学校にまで拡大し、「農業ノ趣味」の助長が図られるなか、実際にも、「農業上の嗜好心」を喚起させるための屋外施設が設けられていたことを確認した。一八九〇年には小学校令において農業教育に関する規定が登場し、体操場や「農業練習場」などの施設の整備も規定と軌を一にしながら、この体操場の一角に「菜圃」を設けるような例もみられた。こうした農業教育と関わる施設と学校園の関係は、先行研究では言及されてこなかったが、農業教育の振興の背景を鑑みれば、重要な系譜であることが明らかである。

第三節　「学校園」の登場

（1）用語の登場

学校園という用語の登場は、明治初期に海外事例として紹介されたものを除けば、遅れて一九〇二年の乙竹岩造による『小学校教授訓練提要』において確認できる。同書の表紙には、「高等師範学校教諭」として乙竹の肩書が明記される。実際には乙竹は、一八九九年に高等師範学校を卒業した後、高等師範学校附属中学校助教諭兼附属小学校訓導になり、(21)一九〇二年には、嘱託で附属小学校第一部の「修身」を担当している。(22)一九〇四年には東京高等師範学校教授になっている。(23)

同書は、一八九九年五月より一九〇一年一二月の間に、「各地方の教育実際家及び児童の父兄保護者等」より募集した教授法に関する質問に、乙竹岩造が解答を下したものである。(24)ここに「学校園設置の方法如何」という項目がある。質問をよせたという教育関係者等が、学校園という用語を使用していたことを明示する記述はないが、この時期に乙竹が学校園という用語をもって解説をおこなっていたことは確かである。学校園の設置にあたって注意すべき点を「其の所在の位置」、「水運の遠近」、「園の広袤」、「園の内容及び其分類」の四点を挙げている。「園の内容」は、学校の所在地の状況によって変わるため詳述されないが、代わりに海外の例をもって参考を示している。

ここで「独逸のガング氏」の例が挙げられていることに着目したい。乙竹はガングを、海外で「詳密なる研究」をなした人物だとして、彼の学校園に関する記述を掲載している。第五章でみるように学校園施設通牒では、通牒と同時にW・ラインの教育百科事典の抄訳である『学校園』が参考書として送付されていた。原著である"Encyklopädisches Handbuch der Pädagogik Band 6"を確認すると、項目'Schulgarten'の執筆者に「Gang, E」とある。[25]つまり、一九〇五年の学校園施設通牒において参考書にされた著書の執筆者と、一九〇二年に学校園設置の方法の参考にされた研究者が同一の人物であることがわかる。学校園施設通牒の参考書と同様の内容が一九〇二年の段階で東京高等師範学校の教諭によって紹介されているのである。W・ラインは、ヘルバルト派の代表的な人物であり、明治三〇年代には、東京高等師範学校においてこの教授理論が積極的に取り入れられていた。[26]このような海外研究を主軸とした東京高等師範学校の教育研究のもとで学校園が説明されたこと、そしてこれが学校園施設通牒のもとで成立する学校園概念と関連深いものであることを指摘しておきたい。

(2) 一九〇二年『小学校教授訓練提要』による学校園

「ガング氏」の学校園を参考にした、『小学校教授訓練提要』での学校園の内容について確認する。まずガングの説明に基づいて、学校園の種類を「村落学校の園」、「小邑の学校園」、「大都の学校園及び師範学校の庭園」に分けて説明している。

「村落学校」は、「養樹園、菜園、田畝、蜜蜂棚等に止む可、花卉、菓樹等は地域の広狭によりて取捨し、或は之れを植ゑざるも可なり」とある。農作物の栽培をおこなうような菜園や田畝などが重視され、花卉などの栽培が軽視されていることがわかる。

「小邑の学校園」は、「養樹園、菜蔬園及び花壇、材木、薬種、毒草等を含める植物園、花卉並びに蜜蜂棚等を作るべし、畝は之れを除き、之れに代ふるに実験園を以てす可し」とある。「村落学校」にはない「植物園」、「実験園」の施設が求められていることがわかる。

「大都の学校園及び師範学校の庭園」は、「各種の植物を成る可く多く蒐集し置き、博物教授の資に供する可し、更に林木、花卉、材木、薬草、をも植う可し、養樹園は惟だ一部分に作りて幼稚なる児童の使用に供し、又菓樹をも植う可し、女学校の庭園には花壇を最も大にし、又生徒所有の花壇をも作る可し、蜜蜂棚の如きは必ずしも之を設くるを要せず」とある。「博物教授の資に供する」ための内容が重視されている。養樹園は村落学校にも設置が求められていたが、この用途として「児童の使用」をあえて説明に加えていることから、村落学校での使用目的との差異が意識されていることが読み取れる。

このとおりガングが記した内容をさらに解説するために、乙竹は「養樹の事」、「植物園の事」、「田畝の事」、「花園の事」の項目を設けている。

「養樹の事」では、樹木を培養させて栽培の実際を知らせることが、「児童に園芸経済的の思想を涵養せしむるが上に頗る有効なる事業なりと言ふ可し」とある。「独逸の或る地方の村落学校」では、学校園の全面積の三分の一を「養樹園」とし、他の三分の一を「菜蔬園」と「植物園」とするものが多いという。さらにこれに対応した日本の状況についても述べている点に着目したい。まず、「余嘗て神戸市の某幼稚園に於て、児童をして養樹を為さしめ居るを見たり、そは七年前の事なるが」と述べ、「静岡県田方郡の米山高等小学校に於て、児童をして此の養樹を為さしめたる結果、今や緑翠欝蒼たる森林を天城山麓に得たる事を聞き、又兵庫県氷上郡和田高等小学校に於ても、亦同様の好結果を得たる事をも聞きたり」と述べる。ガングの説明でも、「養樹園」は「村落学校」や「小邑」での整備が求められ、大都にはあまり推奨せず、「幼稚な児童の使用」に限定している。

「植物園の事」では、「各種植物の彙類を分ちて系統的に排列するを要す」、「博物科と地理科とを連絡せしめて、洵に趣味多くして有益なる模型を作り得可ければなり」とある。教科教授に利用するための整備であることが読み取れる。ガングの説明では「小邑」、「大都」及び「師範学校」での整備が奨められる。

「田畝の事」では、「昔者、水戸黄門光圀卿は偕楽園内に、田畝を作り、以て耕耘稼穡の勤労を思ひ起すことをせられきとか聞く、学校園内に設く可き田畝亦正に其意を同じくして而かも其の効果の一層切実なる者を言ふ可し」とある。ここでの「田畝」は、実際に農作物の収穫を主な目的とする一般の田畑ではなく、勤労を喚起させるための場所として想定される。ガングの説明によれば、田畝は「村落学校」での整備が奨められる。

「花園の事」では、「児童が花を愛玩するの特性は之れを教育上に利用して以て彼等の美的情操を涵養する事を勉む可し、されば花壇を設け、殊に女児をして其の培養、灌水等の任に当らしむる時は、真に良好の作業と為り、又適当の遊戯と為り、清潔、規律、義務、細心等の徳性を涵養し、優美の念慮を増さしむる事を得可からん、抑も趣味の教育、情操の啓培は、幼児訓育上には欠く可からざる所にして、自然を愛するの情は児童をして之れを起さしむる様に努めざる可からざる所となりとせば、花壇の如きは此の点に於て確かに利益多き設備なり」とある。花壇が「自然を愛する情」を喚起させる点に着目し、「趣味の教育」、「情操の啓培」を可能にする整備として挙げられている。ガングの説明によれば、花園の整備は、「大都の学校園及び師範学校の庭園」に対して奨められる。

実際の設計については、「其の広さ」、「其の地形」、「其の内容」、「其の要具」、「其の収穫物」の項目で説明される。内容については「草木は、教科書の示す所によりて、最も普通なる物をそれぞれの地形に応じて植ゑ付く可し」とあり、教授時に用いるよう説明される。教科書に示される普通の植物えを求めているのである。

このとおり乙竹の記述と、その参考にされた「ガング氏」の見解では、土地によって内容が異なることが前提とされており、「村落」、「小邑」、「大都」、端的にいえば、都市部と農村部との区別があった。「大都」や「師範学校」では教科教授の材料にするための「植物園」の整備を必要とし、一方「村落学校」では、これらの整備は無くてもいいものとし、代わりに「園芸経済的の思想」を涵養させるための「養樹園」、「耕耘稼穡の勤労」を喚起させるための「田畝」の整備を求めるなど、内容の差違も明確である。また、乙竹がすでに整備されてきた日本の施設を、学校園のひとつとして位置づけようとしていたことも注目できる。強調しておきたいのは、学校園が、多様な内容、運営方法を許容する包括的な概念として想起され始めた契機がここにあることである。

おわりに

本章では一八九〇年代からの学校施設関連法令等の整備が進む時期を対象に、屋外施設の系譜を整理してきた。とりわけ、先行研究においても注目されてこなかった農業教育の活用のために必要とされた施設の系譜が確認できたことは重要である。従来の研究において農業教育に関する施設への言及が薄かったのは、体操場という制度にも明確に規定される施設のほうに、関心がむけられたためであろう。また新井孝喜が検討した明治二〇年代後半の「植物園」や「庭園」などの系譜を改めて確認して、ここに学校園施設通牒において記される道徳教育の内容と同一の内容が示されていることを確認した。さらに一九〇二年においてはドイツのヘルバルト派の教授理論と関わる学校園の説明が、東京高等師範学校の乙竹岩造によってなされ、このとき本章で確認してきた日本の施設の系譜が、海外由来の学校園の枠組みのなかにとりいれられようとする状況を確認した。学校園という概念が日本の学校教育の文脈に位置付きはじめる端緒として理解できよう。

注

(1) 佐藤秀夫『教育の文化史二　学校の文化』阿吽社、二〇〇五年、一五一—一六二頁。
(2) 文部大臣官房会計課『小学校建築図案』文部省、一八九二年。
(3) 「小学校建築図案。」『教育報知』第三三五号、教育報知社、一八九二年九月。
(4) 文部大臣官房会計課建築掛編『学校建築図説明及設計大要』文部大臣官房会計課、一八九五年、一—一二頁。
(5) 「児童遊戯場設置建議案」『教育報知』第六一、六二号、教育報知社、一八八七年四月。郡司篤則「学校衛生論」『教育時論』第一八四号、開発社、一八九〇年五月（雄松堂書店、復刻版、一九八〇—一九九六年）。「小学校舎建築等に関する要項。」『教育報知』第三七一号、開発社、一八九三年五月。三島通良「学校衛生小言（其四）」『教育時論』第三三〇号、開発社、一八九四年六月。
(6) 杉山正毅『実験学校管理法』博文館、一八九二年、一三二—一三五頁。日下部三之介『学校管理法百問百答』長島文昌堂、一八九三年、二〇七—二一三頁。
(7) 井上定治郎「学校庭園論。」『教育報知』第四一〇号、教育報知社、一八九四年二月。
(8) 明石重礼「我校の庭園に就いて。」『教育報知』第五三四号、教育報知社、一八九六年一二月。
(9) 新井孝喜「明治後期小学校における学校園の歴史的研究—その教育的意義の変遷—」『関東教育学会紀要』第一九号、一九九二年一一月。

(10) 国府寺新作、相沢英二郎『新式学校管理法』成美堂、一八九三年、二六八―二七一頁。
(11) 根岸貫「実験管理談」『教育時論』第三三三号、開発社、一八九四年七月。
(12) 三好信浩『日本農業教育成立史の研究―日本農業の近代化と教育―』風間書房、一九八二年、四一三―四一七頁。
(13) 「文部省示諭」国立教育研究所第一研究部教育史料調査室編『学事諮問会と文部省示諭』国立教育研究所、一九七九年、六五―六六頁。
(14) 前掲、三好信浩『日本農業教育成立史の研究―日本農業の近代化と教育―』二四二―二四七頁。
(15) 稲垣忠彦『増補版 明治教授理論史研究―公教育教授定型の形成』評論社、一九九五年、三三〇頁。
(16) 「教育施設上ノ意見」『教育報知』第八一号、教育報知社、一八八七年八月。なお本記事は連載であり、第七四号の本文から著者は「石川県学務課長檜垣直右氏」であることがわかる。
(17) 「小学校の実業園」『教育報知』第八六号、一八八七年一〇月。
(18) 小田群吉「実業園ノ設置ヲ望ム」『教育報知』第一一六、一一七号、教育報知社、一八八八年四、五月。
(19) 郡司篤則「児童ヲシテ学校ヲ親愛セシムベキ方法」『教育時論』第四六号、開発社、一八八六年七月。郡司篤則「実物教授論」『教育時論』第五五、五八号、開発社、一八八六年一〇、一一月。
(20) 郡司篤則「農業教育論（上）（中）（下）」『教育時論』第二六三、二六五、二六七号、開発社、一八九二年八、九月。
(21) 『高等師範学校一覧』高等師範学校、一八九九年、一八八頁（「明治三十二年五月三十一日現在調」）
(22) 『東京高等師範学校一覧』東京高等師範学校、一九〇二年、二〇〇頁（「明治三十五年五月三十一日現在調」）。
(23) 『東京高等師範学校一覧』東京高等師範学校、一九〇四年、一八四頁（「明治三十七年四月三十日現在調」）。
(24) 乙竹岩造『小学校教授訓練提要』上編、東洋社、一九〇二年、一―四、七八―九一頁。
(25) Gang, E., Shulgarten. In: Rein. W., Encyklopädisches Handbuch der Pädagogik Band 6, Hermann Beyer & Söhne, 1899, SS.372-391.

(26) 稲垣忠彦「ヘルバルト派の教育学」『日本近代教育史事典』平凡社、一九七一年、五九六—五九七頁。

第三章　初等教育における「農業ノ趣味」と学校園
――兵庫県立農学校の辻川巳之介による実践から――

はじめに

本章では、一八八〇年以降、農業教育の範囲が初等教育にまで拡大するなかで登場した屋外施設と、学校園施設通牒との関連について、一九〇〇年代の農村部での実践を対象に検討していきたい。

先行研究では、一九〇五年より農業教育の方法として学校園の設置が推奨されたことが指摘される。杉林隆は、雑誌『農業教育』を検討して、「普通教育と実業教育の岐路に位置する高等小学校」の存続論や、高等小学校農業科の担い手の養成の問題が議論されていたこと、その文脈において日露戦争後より学校園の設置が論じられ始めたこと、その早いものが針塚長太郎の一九〇五年七月の記事「学校園に就て」であったと指摘する。(1) 本章で確認するとおり、針塚は実際には、一九〇四年の段階で学校園の整備について論じているのだが、こうした経緯の詳細を含めて、改めて、初等教育における農業教育の方法として推奨された学校園の具体像を論じる必要がある。

一九〇七年の段階で、学校園の設置数が最も多かったのが兵庫県であり、岡山県、北海道と農村部が続いた。(2) 兵庫県については、一九〇五年一一月の学校園施設通牒から間もない同年一二月の時点で、小学校総数の過半数に当たる三三七校が学校園を設けている。(3) ここでは学校園施設通牒の前後に広がりをみせていた兵庫県での実践、これを牽引した兵庫県立農学校の辻川巳之介に焦点をあてる。

第一節　農業教育の構想

(1)　小学校における農業教育

第二章で確認したとおり、一八八一年五月文部省達第十二号の小学校教則綱領において小学校高等科、高等小学校に土地の状況によって農業科を設けること、その内容として農業に関する知識や技術を授けることが細かく規定され、一八九〇年の小学校令以降はこれらの規定をうけ、農業に関する知識教授とともに、「農業ノ趣味ノ助長」や「勤勉利用ノ心」といった道徳性を養うことが図られていた。(4)

一八九八年の全国農業学校長会議第一回では、(5) 文部省からの「農業学校ニ於テ入学志望者少数ナルモノ多シ其原因及入学生奨励ノ方法如何」という諮問に対する答申に、「農業地方ノ小学校児童ニ農学ノ思想ヲ注入スルコト」とある。(6) 農村部の小学校を主な対象として、実践的な知識技術というよりも、思想の注入を重視していることがわかる。

また一八九九年二月勅令第二十九号の実業学校令にともなって、実業補習学校の教員養成についても定められ、農業教育については一八九九年三月文部省令第十三号の実業学校教員養成規程で農科大学長が管理する農業教員養成所を設置することが定められた。(7) この農業教員養成所の有志によって一八九九年一〇月に結成されたのが農業教育研究会である。[8] 杉林隆によれば、本研究会は、主に高等小学校農業科での「低度の農業教育」を研究テーマとして、月に一回例会を開き、一九〇一年四月には雑誌『農業教育』を創刊している。[9]

教員養成の過程においても、農業教育の必要性が重視されていた。農業教育の第一人者である横井時敬もこの研究会に積極的に関与している。横井は一九〇二年に農業教員養成所主事となり、一九一一年には東京帝国大学農科大学長松井直吉に代わって農業教育研究会の第二代会長を務め、[10]「東京帝国大学農科大学の教授として、栽培学や農政経済学などの農学研究に新生面を拓くと同時に、農科大学附属の農業教員養成所の主事として農業教育の開発に先鞭をつけた」と評される。[11] 横井は初等教育での農業教育にも多々言及し、例えば一九〇一年の記事「農業教育論」では、[12]「専門的農業教育」と対比して「普通教育としての農業教育」は「小学校における農業科」と「補習学校」の二種があるとし、いずれも年齢の低いものに対しては「専門教育」ではなく実業的な基礎を与える教育をおこなうべきだと述べる。そしてそれは農業を好愛させることや、「興味、趣味」を喚起させることによって可能になると説いた。つまり、農業教育は、小学校のみならず実業補習学校をも射程に入れ、農学校への進学等を目的とした趣味の喚起が構想されていたのである。

(2) 農業教育の方法としての学校園の実施

先行研究において、農業教育の方法として学校園に注目した例は、一九〇五年七月の針塚長太郎の記事「学校園に就て」とみなされる。ただし針塚は一九〇四年九月の段階ですでに学校園に関する記事を『農業教育』に掲載している。[13] 針塚は、学校園施設通牒と同時に配布された参考書である『学校園』の著者であり、[14] 新井孝喜によれば、「学校園の設置を推進した文部省の立場を代表」した人物だとされる[15]。しかし針塚の経歴において注目すべきなのは、文部省の立場であっただけでなく、農業教育を推進する立場としても学校園に関わっていた点である。そして彼が通牒に先立つ一年以上も前から学校園に注目していたことの意味は大きい。

針塚は一八九六年に東京帝国大学農科大学農学科を卒業し、拓殖務省属を経て、一八九八年に文部省実業教育局勤務となり、一九〇〇年には実業学務局第一課長となり、また同年には文部省図書審査官と高等師範学校の農学の教授を兼ねている[16]。そして一九〇八年に蚕糸専門学校創立委員となり、日本の蚕糸業の発展に貢献した人物として評価される[17]。農業教育に関する経歴としては、前述の横井時敬とともに一八九八年の全国農業学校長会議に参加し、一九〇一年五月には「高等小学校及実業補習学校農業科教科書編纂委員」を命じられた[18]。また文部省視学官の肩書きで農業教育研究会の評議員も務め[19]、同会の機関紙『農業教育』には学校園に関する記事を多々よせている。

一九〇四年九月の記事では、一八九一年一一月の小学校教則大綱あるいは一九〇〇年一一月の小学校令施行規則での「農業ノ趣味」を実行することについて、方法は自由であるが、普通教育の方針を飛び出さない「理科の応用」であることの必要性を述べ、「専門学校」と区別することを強調する[20]。小学校教則大綱等で示された「農業ノ趣味」の助長という目的を明確に意識して、主に高等小学校の児童を対象とした[21]。そして農業学校への進学などの意図を含みつつも、専門的な農業教育とは明確に区別している。

さらに学校園に対する認識を確認したい。一九〇四年九月の『農業教育』の記事「学校園の施設に就て」では、学校園を「小学校に附属する花園のことである」と述べて、さらに設計について都会も田舎も「農業的趣味の下に園地の設計」をすべきだとする。学校園を小学校の施設として想定していることが明らかである。また一九〇五年七月の

『農業教育』の記事「学校園に就て」では、[22]当時の農業教育が注目されていない状況を鑑みて、この原因を「農業といふ名目は下は小学校より上は大学に至るまで同一の名を用ふるため何だか専門的に聞え、えらくむつかしいものとの聯想」が出るためだと考え、小学校の農業科を「自然科」と名づけようと試みていた。そして「小学校の農業科は学校園の助けを俟つこと甚だ大なる」と述べ、小学校の農業教育にとって学校園が必要だという。小学校における農業教育が「むつかしいもの」と連想されないための工夫が必要であり、学校園がそれに対応できると考えるのである。

さらに一九〇五年七月の『農業教育』の記事「学校園に就て」では、日本における学校園の取り組みの様子として、「余のこれまで視察せる多くの学校に於て小学校といはず中学校といはずその他如何なる種類の学校にありても学校園についてはこれぞといつて紹介すべき程の学校をもたないのである」と述べる。不十分ではあるものの、針塚が学校園とみなした屋外施設がこの時期に存在していたということであり、あるいは「学校園」と称していない施設も含んで、針塚が学校園として評価していたともいえる。いずれにせよ、一九〇二年に東京高等師範学校の乙竹岩造が、日本ではやくから実施されてきた「養樹園」などを、学校園として位置づけていたような試みがここにもみられるのである。

第二節　兵庫県立農学校の辻川巳之介の取り組み

続いて、学校園施設通牒に先行して取り組まれていた実践が、「学校園」として位置づく経緯とその後の展開を、具体例を挙げて検討していきたい。一九一一年に針塚長太郎の協力のもとで刊行された著書に『実用学校園』がある。

この著者である辻川巳之介は兵庫県立農学校の職員として、はやくも一九〇二年より「学園」の実践に取り組み、兵庫県加古郡の小学校における学校園の普及に尽力していた。兵庫県は、一九〇七年の学校園設置に関する調査においても学校園の設置数が群を抜いて多かった地域だが、辻川の取り組みを検討するなかで、その要因や背景についても考察していきたい。

（1）兵庫県立農学校における農業教育と報徳主義

辻川巳之介は職員履歴書によれば[23]、一八六九年に滋賀県に生まれ、一八九九年より滋賀県農学校助教諭、教諭を務めた後、一九〇一年より一九二三年までの間、兵庫県明石郡明石町の旧明石城址官地に所在する兵庫県立農学校の教諭を務め[24]、一九二三年一二月には同県立三田農林学校に異動し、校長を務めた。免許状については、師範学校中学校高等女学校教員検定試験によって一八九九年六月に農業科[25]、一九〇二年二月に師範学校中学校博物、植物、高等女学校理科のうち植物を取得していることが『官報』から確認できる[26]。ただし職員履歴書のうち「出身学校名」の欄が空白であることや、生徒の追想談で「辻川先生は学校を出ておられませんが」と語られていること等から[27]、高等師範学校などを出ていない可能性が高い。つまり難関とされる「文検」を受験し教員免許状を取得したのである。自らの努力によって学歴上の困難を克服した辻川の勤勉さが読み取れる。

教諭としての辻川は校内における「幹部級」の教員であったこと、作業を重視する厳しい教諭としてみられていたことが追想記で語られる[28]。例えば校舎移転時に、農場等の開墾作業の指導にあたった辻川に対し、「辻川という睨みのきく偉い先生がいて、縄をおしみなく使って区画を定めて、朝から晩までやらされた」、そしてこの作業が「人間

完成」に効果をなし、「忠誠」を学ぶことができたと振り返る生徒もいる。(29)

こうした辻川の厳しい指導の思想的背景として、「報徳主義」との関わりに留意したい。見城悌治によれば、報徳主義とは「二宮尊徳の思想・行動に依拠して、各々の主張を達成させせようとする立場」であり、特に日露戦争後において国家への従属を促す思想として立ちあらわれるものであったとされる。(30)一九〇五年に報徳会が結成され、一九〇六年四月には雑誌『斯民』が創刊されたが、本誌には辻川の学校園に関する記事も掲載されている。(31)雑誌『斯民』によれば、一九〇八年八月一日から三日に「報徳会第二回夏季講習会」が明石女子師範学校内で開かれるが、(32)この講習会は、関西地方に「報徳主義」を広めるために「兵庫県農会」の主催にて開かれたものである。本会の開催にあたって、開催地明石郡の郡長三輪信一郎、兵庫県立農学校の校長や辻川を含む教諭等が準備委員となっている。報徳会と兵庫県立農学校の密接な関係、教育方針への影響が確認できる。

後に詳述するが、辻川は一九〇四年四月には、兵庫県立農学校の機関誌『校友会会報』(33)の「農業教育の出発点」と題した記事で、農家の子弟に「二宮尊徳的人物の輩出」を望む見解を示している。(34)一九〇五年入学の生徒は、辻川が「報徳宗論」という講義をしていたと追想している。(35)また一九〇六年入学の生徒は「報徳教育」と題して、「当時、学技の教育方針は、報徳主義が基調で、至誠、勤労を旨とし、校訓の中にも「正心誠意本分を竭すべし、質素を重んじ勤労を以て其の身を鍛ふべし」とあって日々実践に勤んだものだ」と述べ、辻川については「実習、園芸を担当され、殊に報徳主義に徹しておられたように記憶する」と追想する。(36)兵庫県立農学校が報徳主義を教育方針として掲げ、辻川自身もこれに呼応した指導を徹底していたことがうかがえる。

（２）辻川巳之介と初等教育

辻川巳之介の農業教育に関する見解について、さらにふみこんで考察していきたい。兵庫県立農学校での指導の一方で、辻川巳之介は兵庫県内の小学校教員等を対象とした講演等に取り組むなど[37]、初等教育も含んで農業教育の普及に広く携わっていた。

先述の記事「農業教育の出発点」では児童を対象にした教育を論じている[38]。この冒頭では、明治維新以来の「文物制度」の進展と「実業の発達」の遅れを指摘し、青年は「県庁の御役人」や「学校の先生」などの職を羨み、「牛馬の尻たゝき」や「糞桶担ぎ」などを嫌う傾向にあり、この結果「不生産的穀潰し人物簇生し実に容易ならざる憂ふべき恐るべき現象が顕出し始めた」と批判する。またこのように農業が忌避される要因には、従前の作物の栽培では、「頭脳が使はれず」、作業の意味を解さないまま無意識に行われており、「農業は賢くないもの、する仕事」だと自他ともに認識されてしまったことを挙げている。ここには、農村地域における「農家の子弟」の農業離れを危惧する問題関心が前面に表れている。

こうした状況に対して近年は、「各種の実業学校」の設置に加え、「高等学校（ママ）の実業科加設、実業補習教育など一般普及の趣旨により大に此方面に意を注がれ」ていると説明し、このような「普遍的に此方面に向つて頭脳を開拓すること所謂低度の実業教育」こそが最重要であると主張した。尋常小学校において農業科などが随意科目となるのは、一九〇七年に尋常小学校の修業年限が六箇年に延長されてからなので[39]、ここでの低度の実業教育とは、具体的には尋常小学校卒業後の初等教育を想定していると考えられる。

また低度の実業教育は、教科書等が無くとも目の前にある「材料」があれば十分で、「児童そのもの、有しつゝある知識即嘗て観察経験したるもの」を啓発誘導することで可能になると説いた。そしてこの啓発誘導によって「精神は活動し、趣味を自湧起し歩一歩に観察実験を積むに従ひ事理闡明となり趣味益々増し活動愈々加はる」とした。辻川のいう「趣味」が、興味、関心に近い意味を表していることがわかる。農作業において頭脳が使われたとき、また尋常小学校までに取得してきた知識や観察経験が農業方面に応用されたときに、興味、関心としての趣味を感じるのだというのである。つまり農業の趣味は、普通教育における知識等を否定するものではなく、むしろこれらを前提としてひろく助長が図れるものだと考えた。直接的に、また強制的に農業離れを防ぐことが難しい状況への対策として、児童自らが農業に対する興味、関心を抱き、主体的に取り組める教育が必要だと構想するのである。

最後に、辻川の初等教育での農業教育観を次のとおりにまとめている。

かく事業その物に付道理を弁へ趣味を解し加ふるに堅固なる信念と純潔なる品性の指示に従ひ鍛ひ練りたる倔強なる身体を以て積極的に着々歩を進めて行つたならば成効（ママ）を見ることが出来ないといふことがあろう（ママ）、是に於てこそ真の実業は振起し国家の元気は根本的大に発揮すべきである

〔略〕所謂新思想を加味したる二宮尊徳的人物の輩出せんことを切に希望して止まざる次第である

道理を理解し、興味、関心を感じ、信念と品性に従い、心身を鍛えることが必要であり、こうした人格を形成するための理想像として二宮尊徳を掲げている。見城悌治は、修身教育において二宮尊徳が一八九〇年頃より扱われ始め、検定教科書にも登場し、さらには一九〇四年の国定教科書にも教材として採用されたことについて、二宮尊徳が一九

世紀末社会に「道徳」的規範として求められていたと論じている。(40) 辻川の見解は、まさにこの動向との一致を示すもので、教育実践者として、より強い実感とともに農村部の社会的課題に、道徳教育をもって対応しようと試みていたのである。

また、学校園施設通牒にも登場する「品性」がここで用いられていることに注目したい。この時期の教育学の分野で品性といった場合、すでに広汎な影響力を持っていたヘルバルト教育学との関連を考慮する必要がある。日本においてヘルバルト教育学は、ヘルバルトの理論から離れて徳育重視の風潮のもとでその合理化として援用されていたことが指摘されるが、品性という用語自体は、ヘルバルト教育学において主要な課題とされた道徳性の陶冶のための重要な概念である。(41) この品性が、農業教育の実践者である辻川によって二宮尊徳を理想とする道徳観とともに論じられているのである。辻川自身が「新思想を加味したる」と述べたとおり、近世の二宮尊徳の報徳思想における独立自営の農民像が、近代の教育思想と結びつき、農村部における新たな道徳観として人間形成の方向性を定める重要な意味をもっていた。

辻川が当時の社会課題を十分に受け止め、この対応として道徳的観念の養成を重視していたことは確かである。具体的には、農業離れを回避するために、児童の規範の理想像として二宮尊徳を提示し、農業の趣味を助長させ、児童の農業に対する主体性を養成しようとするものであった。

(3)　辻川巳之介の「学園」

辻川巳之介が掲げた農業教育の理念は、学校園の実践として具体化されていく。著書『実用学校園』では、「予が始めて園芸の趣味を感じ進んで之を教育的方面に応用せんと試みしは実に二十有余年前の事にして、学校園の事の如き(ママ)はもとより未だ夢寐にだも聞かざるの時なりき(ママ)」と振り返っているとおり[42]、辻川による学校園の取り組みの発端は、一九〇〇年前後であったと認識される。このとき学校園という名称を用いていたかどうかは定かではないが、取り組みの開始は「園芸」の研究の教育的方面への応用であったという。このような回想と合致して、辻川は初期段階では学校園という名称にこだわらず「学園」[43]、「学校園」のいずれをも用いて記述している。なお一九〇三年より一年間兵庫県立農学校の助教諭であった西村忠雄の回想によれば、辻川の学園は一九〇二年の段階から開始されている[44]。一九〇五年六月の記事「我校の学園」では、辻川が学園に関する構想を次のとおりに示している[45]。

学園の主なる目的は、能く土地を美化して学校の品位を高め、旁々自然界の趣味を解せしむると共に教材を自然界に求めて、効果を適確ならしめ、以て品性の陶冶実業思想養成をはかるにあるが、更に我校に於ては経済に重きを置き、能ふ限り高手的に土地利用の道を講じ、美益兼備の庭園の模範を示し或は園場実習の趣味の乏しきを美的作物によりて之が融和をはかり、併せて小学校学園設計の参考に供するといふ、諸種の要素に促されて設けたる次第である。

学園の目的として、「品性の陶冶実業思想養成をはかる」ために、土地を美化して学校の品位を高めること、「自然界の趣味」を解せしめること、教材を自然界に求めることを掲げている。さらに「我校」、つまり兵庫県立農学校では、園場実習の趣味の乏しさを解決するために、土地の美化を図っているという。これらの取り組みを「小学校学園」の参考にしようとしていることも重要であるが、この点は次節で検討する。

まず、園芸実習などにおける「趣味の乏しさ」、つまり興味、関心を喚起させる要素が乏しいことを、「美化」によって解決しようとしていることに焦点をあてたい。一九〇六年一二月に雑誌『斯民』に掲載された記事「農業の快楽」では、兵庫県事務官の赤池濃によって辻川の農学校での学校園が紹介されており、(46)辻川の学校園に対する見解なども掲載されている。赤池によれば、兵庫県立農学校の所在地である明石郡は、「神戸の富豪等は家族或は芸妓を携へて此地に遊び、遊客四時絶ゆるの時なし」という土地でもあり、これを見るもの誰もに羨望の念が起こるのは当然で、農学校の生徒もまた富豪の遊楽に情を移してしまい、そのため「地を掘り、肥料を荷ふの労を厭い」、遂には「農業を嫌忌するに至る」のだという。こうした赤池の見解に対し、辻川も「明石は農業に対して不適当の地也」と同意して、場所を移せないのであれば、教授の方法を変更し、生徒に「真に農業の快楽を会得」させる必要があると述べたという。こうした問題意識を辻川が持ち合わせていたことはすでに確認したとおりである。

農業に不適切な土地において、農業の快楽を会得させるために辻川の用いた教授方法、つまり「園場実習」の趣味の乏しさを緩和するためにとられた方法が、美的作物を用いることであったという。それは具体的には「花卉を明石農学校に植へしめし」ことであった。赤池は、一般の農学校では野菜のみをつくることが普通なので、こうした辻川の発想に関心を示す。結果として生徒が「漸々園芸の趣味を会得し、遂に園芸に対して多大の興味と愉快とを感ずる」に至ったという。

こうした辻川の取り組みに対して、一九〇八年三月の記事「模範学校園参観批評（附学園経営の根本問題）」(47)で、一九〇三年より一年間同校の助教諭であった西谷忠雄も批評している。一九〇二年に兵庫県立農学校に創設された「学園」が、当初「勤労的訓練の資料」としての効果は十分だったが「実利主義を重んじ校地の利用と実質的知識の授与とに重きを置き頗る美的の点に於て欠くる所ありき」という状況だったとみなす。これが進歩し、「美的観念」の欠乏を避け、生徒自らに管理を一任したところ、「実利的方面に於ても訓練的方面に於ても聊かも遺漏なき」に至ったと評価する。さらに、このような「学園」の取り組みについて、「二宮翁の独立自営主義は学園の各時代を一貫し廃地の利用其歩を進めこゝに学園の範囲は拡張せられ俗風を蝉脱して自然と調和せしむるの趣向を生じ円満なる真の学園＝理想的学園＝学園の「モデル」は形造らるゝに至れる也」と述べる。西谷は、美的な要素を加えるという方法によって実利的で訓練的な学校園での取組みが促進されたことを評価し、ここに一貫して「二宮翁の独立自営主義」がみられると指摘しているのである。

近隣の神戸という都市への生活を羨望して農業を嫌忌するという農業離れの防止が、兵庫県立農学校の課題とされるなか、辻川は農業の快楽を会得させることでこれに対応しようとした。このとき直接的に農業の必要性を説くのではなく、生徒の感性にうったえて生徒自らが農業に興味や愉快を感じ、農業に従事するための、「美的作物」による間接的な作用に着目した。農業の嫌忌の防止、さらには主体性の養成を重要な目的として、辻川のこうした工夫が意義をもったのである。つまり農業は、生徒にとってより魅力的なものとして認識されなければならず、そのため学校園は、都会での生活に匹敵するほどに「美的」である必要があった。つまり学校園は実際の農場などに比べても、より美的な要素の強調されたものであったのだ。

第三節　兵庫県加古郡の学校園

第二節で触れたとおり、辻川は兵庫県立農学校の学園を「小学校学校園」の参考にすることも想定していた。さらに一九〇五年八月に辻川は、「学校園」と題した記事を、当時全国の初等教育に多大な影響を持っていた、東京高等師範学校附属小学校の初等教育研究会の機関紙『教育研究』にも寄せている。ここで「我が校」の「学園」の概要を述べた後に、「この事業がひいて小学校学園設置の参考に供せらる、ことがあれば実に望外の幸福である」とした[48]。こうした辻川の行動には、辻川の兵庫県立農学校での実践を、初等教育研究のための実例として積極的に位置づけようとする意識、また学校園の全国的な普及を望む姿勢があらわれている。また兵庫県内では、学校園に関する講演を各郡の教員を対象におこなっており、早いものでは一九〇五年の「各郡教育会講習会」[49]が確認できる。一九〇六年八月九日から一六日にかけて私立兵庫県教育会が開催した「兵庫県教育会開催教員講習会」[50]においては、「小学校教員」に対して学科名を「農業、学校園」とした講習がおこなわれていた[51]。このとおり辻川は学校園を小学校の施設として認識していた。そして自校での学校園の実践を、講演や雑誌記事の投稿を通じて兵庫県内のみならず全国に対しても広めようとしていた。

兵庫県加古郡においては、辻川が直接的に学校園の設置に影響を与えていた例が確認できる。本節では、学校園施設通牒に先立って、一九〇四年四月より学校園を推進する動向がみられた兵庫県加古郡の取り組みを検討していく。

（1）加古郡における実業補習学校の不振

『加古郡誌』によれば、加古郡では一九〇四年四月に「学校園設置要項」が出されたという。この学校園設置の「目的」は、「学校の風韻雅致を高むると共に教材の提供並に実業思想勤労の習慣公徳心の養成及自然に対する趣味を喚起する」ことだと記される。(52)

この要項と関連すると考えられるのが、加古郡長の三輪信一郎が、一九〇四年以降に学校園の設置を積極的に進めていたことである。三輪は一九〇三年七月より加古郡長を務め、「青年団問題、学校園問題に功を遂げ」たと評される人物であり、(53)辻川の『実用学校園』でも三輪が学校園の必要性を認めて「全郡挙つて施設を鼓吹し、且実際的に教育上に応用すべきことを盛んに奨励」したと記されるほか、三輪の推進を認める記事が多数ある。(54)

三輪が学校園の設置を推進した要因は、加古郡における実業補習学校の不振にあった。一九〇四年一月の『兵庫県教育会報』で加古郡の教育状況などを述べた記事によれば、一九〇三年度の様子は次のとおりである。(55)

まず小学校数は、尋常小学校一二校、尋常高等小学校が二校、高等小学校が四校、合計一八校である。学齢児童数は九千八百一名で就学者は九千百六十九名で就学率は約九三％であった。これに対し実業補習学校が八校で生徒数は合計三一二名、高等小学校附設の裁縫学校が二校で生徒数が一九名であった。さらに高等小学校以上の学校への入学者数は三一名で、このうち中学校への入学者は二三名、高等小学校への入学者は五名、「その他の学校」への入学者は三名であった。(56)さらに加古郡の実業補習学校八校のうち六校が農業科であること、さらに実業補習学校の就学率が悪いことが言及された。

一九〇三年より加古郡長に就任した三輪はこうした加古郡の実業補習学校の不振の原因を、農業地であるこの一帯は、凶年でもない限り「貧富の懸隔」がなく、「誤らず旧例通り農事を努めてさへ居れば」よいため、農家の子弟はあえて農事の改良のためにその智識を深く涵養しようと思わず、結果として実業補習学校での教育を必要としないのだと分析した(57)。

この実業補習学校への就学率の改善を図って構想されたのが学校園であったという。「実業補習学校のみならす其他の小学校に於ても学校の内外の設備をして趣味を有せしむるの経営を為さんとし学校園を設くるの方法を定めたのである(58)。「可成各学校に庭園を附設せしめ実業教授上趣味を付たい左様なれは実業補習学校高等学校(ママ)の農科に入らんと欲するのは多くなるであろう」と述べるように(59)、三輪はむしろ尋常小学校の段階での設置を望んでいる。実業補習学校に対する関心を高めるために、初等教育全体において学校園が経営されることを想定しているのである。

実際加古郡においては、一九〇二年度の学校数である尋常小学校一一校、尋常高等小学校三校、高等小学校三校の計一七校のうち(60)、尋常小学校三校を除いた一四校の小学校に学校園が設置され、一九〇八年度には一七校全ての小学校に学校園が設置されるまでに至っていた(61)。

(2)　加古郡の小学校における展開

先述の三輪信一郎の構想に、辻川巳之介が兵庫県立農学校ですでに着手していた取り組みが呼応し、加古郡の小学校に学校園が展開されていった経緯を確認する。

加古郡では一九〇五年八月には加古郡内の小学校を対象にした学校園調査の第一回目をおこない、同年一二月にその結果を表彰する「加古郡学校園調査会」の第一回をおこなっている(62)。ここで一等二校のうち一校が尋常高等小学校、一校が高等小学校、二等二校のうちともに尋常小学校、三等四校のうち二校は尋常小学校、一校が尋常高等小学校、一校が高等小学校という内訳になっており、尋常小学校や尋常高等小学校でも取り組みが活発であった状況がわかる。一九〇二年五月に実業補習学校を附設した加古川尋常高等小学校の『沿革誌』に、「明治三十八年　児童ニ美ヲ養ヒ実業ヲ重ンズル念ヲ養成スルタメ加古川尋常小学校内ニ学校園ヲ創設ス参観ニ来ルモノ多シ」とあるとおり[63]、一九〇五年の加古郡内には、尋常小学校においても「実業ヲ重ンズル念ヲ養成スルタメ」の学校園があった。学校園施設通牒が出された一九〇五年一一月の時点で、本郡においてはすでに普及が進んでいたのである。

辻川は先述の一九〇五年八月の加古郡学校園調査会では、審査委員長をつとめていた。彼の学校園観が基準となって各々の取り組みに影響を与えていたと考えられる。辻川は「全郡十七小学校に就き、専ら内容の実質に重きをおき、目的、設計、位置、教員、児童、栽植物、経済の各方面より之が調査をなし」たという[64]。一九〇七年二月の第二回の調査会の後には、学校園に対する総評として、「最初の程は、未製品時代で、学園＝準農業の如くであった」が、これを脱して「真に教育の上より打算したる学園＝教育的園芸（広義）に進みつつある」と述べる[65]。ここで、「準農業」であることが否定され、「教育的」であることが評価の基準となっていることを強調したい。

四回開催された学校園調査会のうち、加古川高等小学校は全ての会で一等賞を取っている[66]。同校の取り組みは一九〇五年の県農会主催の園芸品評会で褒賞をうけて、その内容が雑誌『兵庫県教育会報』で紹介され[67]、一九〇七年一一月に兵庫県知事より「賞与」をうけ[68]、辻川からも「模範学校園」として一九一一年の著書『実用学校園』で紹介された[69]。この学校園は一九〇四年四月に設けられ、二六九坪のうち二三〇坪が畑地であり、「教材の提供、学校品位の向上、自然界の解釈、実業思想の養成」のための施設とされた。この学校園に対して一九〇五年の審査で辻川が評価した点に、「児童の学校園に対する趣味及観察の勝れたる事」が挙げられている。[70] つまり辻川にとって「教育的」であるとは、こうした「趣味及観察」が勝っていることを意味していることがわかる。

この後も加古川高等小学校の学校園は改良をかさねる。一九〇六年の校地の増加と校舎の増築にともなって、学校園も拡大され、一九一一年には四四七坪にまで至っていた。ここには、日露戦争での勝利記念とした「陸海諸将軍の姓氏」の名称をつけた園や、一九〇八年の戊申詔書の「記念事業」として設けられた「報徳園」という六四坪の園が含まれる。こうした模範例によって、辻川の構想がより具体性をもって普及されたと考えられる。

また先述の西谷忠雄の批評のなかには、辻川が間接に指導をおこなったという、加古高等小学校についても取り上げられている。[71] なお、本校は先述の加古川高等小学校とは異なる学校である。一九〇四年に七九・一五坪の学校園を設け、一九〇八年には二一八・六四坪に拡大した。[72] この学校園に対して西谷は果樹の整枝を「美的」にすべきか、「経済的」にすべきかに関心をもった。農園であれば無論経済的にすべきだとも考えたが、加古高等小学校の学校園は「箱庭的学園」であるため、「よろしく美的にならざるべからず」でよいという。そのため「築山を利用して隠花植物の標本を仕立て小河置石其所を得山顚に風針方位器を備つけありたる」ことに対しても、「趣味を感じたり」と評価する。このような日本庭園風の美的な要素を優先した整備は、農業に関わる活動を促進し、児童の農業への興味、関心を喚起させる方法としてむしろ評価されるのである。

さらに辻川の学校園に与えた影響について、加古郡に限った記述ではないが、彼自身がその効果を振りかえる記事がある。一九〇八年六月の雑誌『斯民』には、辻川の「児童に及ぼしたる学園の反響」と題した記事が掲載される。[73] ここでは五つの項目が挙げられ、一点目には「博物理科其他の学科は言ふ迄もなく殊に農業科に於ては一層観念を的確にし趣味を深厚ならしめたる事」とあり、農業の趣味に関する効果が重視されていることがわかる。また三点目には「自ら農場又は花壇を開設したる事。」を挙げて、ここで近年「児童的農場が設けられたり、学園の分身とでも名くべき者が随分多く設けられて、さながら二宮尊徳翁の荒地開墾主義の俤を実現したる床しき心地こそ、又尊きものである」ことが確認される。「学園の分身」や「児童的農場」のモデルとして兵庫県立農学校の「学園」に取組み、普及に尽力してきた辻川は、自らの功績を二宮尊徳翁の荒地開墾主義と重ね合わせて振り返っているのである。

学校園施設通牒後の展開についても、ここで確認しておきたい。一九一一年の『斯民』には、辻川が「学園中心」と題した記事を寄せている。ここでは、「団体部落」の精神を統一的に結合するために、「有形無形共に信頼準拠すべき中心点」がなければならないとし、寺院、神社に並んで学校もまたこの中心点であるべきだと主張された。教育を中心に地方振興を図る「地方の精神」は、学校に「輝ける瓦、新しき壁の大なる、美しき建築として、地方の景趣が添えられている様子にあらわれるという。従来の先覚者が実行してきた例として、「香川県三豊郡和田小学校」、「兵庫県氷上郡和田小学校」などの「学園」を挙げる。そして「学園を媒介として」、学校が「団体部落」の信頼準拠すべき中心点となるよう主張した。「地方の精神」を集中させるために、学校園における美しさの役割に期待していることがわかる。

なお、この香川県の学校園やその他数点の学校園は、一九〇九年の『地方改良小鑑』、これを補訂した一九一〇年の『地方経営小鑑』にも掲載される(74)。笠間賢二によれば、地方改良運動において意図的な教化と教育が「自治民育」として課題化されるなか、小学校が教化の中心として役割を担ったことが明らかにされている。なかでも『地方改良小鑑』は、その方法として、模範となるべき治績をあげた町村と町村吏員を選定・表彰して他の町村のモデルとして推奨し、内務省が印刷刊行して広く頒布されたものだという。[75] こうした刊行物に学校園が紹介されていたことは、地方改良運動期には学校園が教化のための施設として位置づけられようとしていたことを意味する。辻川もまた自らの経験を根拠としながら、学校教育に直接に関わらない『斯民』の読者に対して、地方の「信頼準拠すべき中心点」としての学校園の有用性を主張しようとしていた。こうした地方改良運動と報徳主義との密接な関係は、農村部での学校園の展開の一端を示す重要な事実として特筆しておきたい。

なお全国的な学校園の設置状況は、一九〇七年では小学校の二万三千九百六十三校のうち八千六百四十八校に学校園が設置され、[76] このうち学校園の設置が最も少ないのが神奈川と沖縄の一五校であり、続いて石川の一七校、東京の四七校であった。これに対し最も多いのが兵庫の五三二校であり、続いて岡山の四五八校、北海道の四四三校であり学校園の設置状況に差がみられる。京都府のように、「三年来教授訓練上学校園設置ノ必要ヲ感スルニ至リ」、一九〇五年三月に学校園の設置を奨励する訓示を出していた例が『官報』から確認できるが、ここで、「市部」では設置が難しいこと、「郡部」での設置をとくに推奨することなどが述べられるように、京都府のなかでさえも、整備の状況が異なっていたことがわかる。[77] とりわけ兵庫県については一九〇五年一二月の時点で学校園を設けている小学校は学校総数の過半数に当たる三三七校であったし、[78] 同県下の各郡長が一九〇四年前後より「訓令」や「指示奨励」をもって学校園の設置を推進していた例もあり、全国的にみても積極的な取り組みであったことがわかる。[79]

このとおり学校園は多様な形態をもって全国的に、とりわけ兵庫県において一定の普及を遂げていた。こうした学校園の展開の経緯を辻川はつぎのように振り返る。[80] まず学校園に相応する取り組み自体は「維新後」にもあったが、それは「単に当事者が、特殊の趣味を解したる範囲に止まり、且未だ学校園てふ名目さへも」なかった。これが「然るに明治三十五六年頃より、文部省視学官針塚長太郎氏、学校園てふ題目を提げて教育社会に熱誠に鼓吹唱導せらるるや、始めて之が意義を解し、各其嚮ふ所を知り、一面其筋の懇なる訓諭奨励のあるあり。旁々多少流行的傾向を帯び来り、相争ひて之が施設に腐心し、相務めて之が運用の方法を講究し、学校園なる新題目は靡然として、教育社会の呼物となり、必要機関となり、一挙にして其数八千有余に超過し（明治三十九年調査）」た。つまり一九〇〇年頃より辻川の個人的な関心によって進められてきた実践は、兵庫県加古郡、さらには全国的な農業教育振興のなかで学校園として注目され、必要とされてきたことが振り返られるのである。

おわりに

一八九〇年代以降初等教育において農業教育を推進する動向があった。辻川はこうした状況に呼応して早くも学校園に着目し、兵庫県加古郡という農村部における現実の教育課題に対応しながら、独自の見解をもって学校園を推進してきた先駆者であった。

辻川は学校園によって農業の趣味が助長される点に注目し、これが農村部における農業離れの対応策として有効であることを理解していた。辻川によれば農業の趣味とは農業に対する興味、関心であり、これを初等教育の段階で喚起させるための学校園は、農作業や知識・技術の教授のためだけの殺風景な施設では不十分であり、美しさによる魅力が強調される必要があった。このとおり学校園は、農作業のマイナスイメージを払拭することが意図的に試みられた施設であり、その意味で純粋に農作業をおこなうための農場等とは異なるものであった。

周知のとおり、当時の学校教育に対して中心的なモデルを提示していたのは、東京高等師範学校等を代表とする教育学研究の機関である。こうした立場にない農業学校の教員である辻川が、初等教育の教授法に対して発言力をもつことができたのは、地方の現実に対応した学校園の実践経験を提示することができたからである。第四章で確認するとおり、東京高等師範学校附属小学校の「初等教育研究会」の機関雑誌『教育研究』で、全国の学校園に関する記事が紹介されるなか、一九〇五年七月には辻川の記事も掲載される。学校園を文部省の立場から推奨した針塚長太郎は、一九〇四年に学校園の必要性を説きつつ、実施が進まない現状を分析して、日本の地方の実状を知らずに「専門学者的の鑿穿的知識を得るに汲々として居る」教師がいるためだと述べた(81)。つまり農村部を含めた日本の実状に詳しいものこそが学校園の実践者として理想的であり、辻川はまさにこれに応える人物であった。兵庫県農学校、兵庫県加古郡のバックアップとともに、現状に応じた実践を積んできた辻川とその学校園は、学校園の全国的な推進にとって、すでに無視できない存在となっていたのである。

注

（1）杉林隆『産業社会と人間形成論―戦前期農業教育政策の展開をめぐって』日本図書センター、二〇〇〇年、一二六―一四九頁。
（2）「全国の学校園数」『兵庫県教育会報』第二一四号、一九〇七年八月。
（3）「県下各郡市学校園」『兵庫県教育会報』第一九五号、一九〇五年一二月。
（4）一九〇〇年代の小学校の農業教育に関する主要な制度には次のものが挙げられる。一九〇三年三月勅令第六十三号の小学校令一部改正では、修業年限三箇年以上の高等小学校において、「男児ノ為」に手工、商業、農業の一科もしくは数科を加えるよう定められた。一九〇七年三月勅令第五十二号の小学校令一部改正では、尋常小学校の修業年限が六箇年に延長され、前掲の小学校令第二十条が改められ、尋常小学校の教科目について「農業、商業、英語ハ之ヲ随意科目ト為スコトヲ得」と定められた。さらに一九一一年七月勅令第二一六号小学校令の改正では、「第二十条中「農業、商業ヲ併セ課スルコトヲ得ス」ヲ「其ノ一科目ヲ課スルモノトス」ト改メ」と記され、高等小学校に農業科あるいは商業科の必設が規定された。一九〇七年の小学校令の改正以降は尋常小学校においても農業科を課すことができることが規定されたことに特徴がある。

(5) 全国農業学校長協会『日本農業教育史』農業図書刊行会、一九四一年、四〇〇頁。文部省専門学務局『明治三十二年九月農業学校長会議要項』文部省専門学務局、一八九九年一二月、序文。第一回の会議は「学校長諸君ノ発意」によるもので「関係係員」として文部次官、各府県の農業学校長等の計二五名が参加している(前掲『明治三十二年九月農業学校長会議要項』四頁)。なお、全国農業学校長会議は、一八九八年一〇月二〇日から二六日に第一回が「公私立農業学校長協議会」として、これ以降一九四〇年七月の第三五回まで開催されている。また一八九九年九月二二日から二八日に第二回として「農業学校長会議」が開催されている。

(6) 前掲『日本農業教育史』三九七―四〇一頁。

(7) 農業教員養成所は、一九〇二年三月勅令第九六号の東京帝国大学官制第一五条では東京帝国大学農科大学附属となった。

(8) 東京教育大学農学部編『駒場八十年の歩み』農学部閉学行事協賛会、一二三頁。

(9) 前掲『産業社会と人間形成論―戦前期農業教育政策の展開をめぐって』六〇―六二、六四頁。

(10) 同前、五五頁。

(11) 三好信浩『横井時敬と日本農業教育発達史―産業教育人物史研究Ⅱ―』風間書房、二〇〇〇年、四頁。

(12) 横井時敬「農業教育論」『農業教育』農業教育研究会、第三―五、七号、一九〇一年六―八、一〇月。

(13) 針塚長太郎「学校園の施設に就て」『農業教育』第三九号、一九〇四年九月。

(14) 文部省『学校園』文部省普通学務局、一九〇五年一〇月。

(15) 新井孝喜「明治後期小学校における学校園の歴史的研究―その教育的意義の変遷―」『関東教育学会紀要』第一九号、一九九二年一一月。

(16)『東京高等師範学校一覧 明治三〇至三一―四四至四五年』第三冊、東京高等師範学校、一九一一年、一八九頁。「明治三十四年五月三十一日現在」とある。なお同年には棚橋源太郎は教諭兼訓導を務め、佐々木祐太郎は針塚と同じく農学の教授を務めている（前掲『東京高等師範学校一覧 明治三〇至三一―四四至四五年』第三冊、一九〇頁）。

(17) 針塚先生追想録刊行委員会『針塚長太郎先生 その伝記と追想記』千曲会、一九六二年、七二―七三頁。

(18) 前掲『横井時敬と日本農業教育発達史』二八三頁。針塚長太郎先生追想録刊行委員会『針塚長太郎先生 その伝記と追想記』社団法人千曲会、一九六二年、七二頁。

(19)『農業教育』第五九号、一九〇六年五月。

(20) 梅芳生「針塚文部視学官を訪う（一）」『秋田県教育雑誌』第一四八号、秋田県教育会、一九〇四年九月。

(21) なお学校園施設通牒以後の見解ではあるが、針塚は実業補習学校等を対象とした農業教育についても学校園と関連付けて考えていたことがわかる。一九一〇年の教科書『農業読本』は、針塚が「義務教育に接続すべき乙種程度の農学校用教科書又は農村小学校補習科用書若しくは実業補習学校用」として編纂したものである。本書の主旨は、農家生活に用いる文字文句等を教えるとともに、「農業の一般的知識を与へ、かねて農業に対する趣味を深からしめんとする」ことや、「生徒の義務教育より得たる知識をさらに拡張し、かつ確定して、完全円満なる農民の品性を陶冶せん」こととしている（針塚長太郎『農業読本』一九一〇年、一頁）。「勤勉なる少年」と題した文章には主人公である少年が一三歳で尋常小学校を卒業した後農学校に入学して周囲の模範とされていたことが述べられているが、学校園は彼が「常に学校園・農場等につきて働くこと」を好んでいたという記述のなかに登場する（前掲、針塚長太郎『農業読本』五頁）。横井時敬は「普通教育としての農業教育」が小学校における農業科のものと実業補習学校のものがあると捉えていたが、針塚の『農業読本』もまた実業補習学校も含んで学校園を論じている。

(22) 針塚長太郎「学校園に就て」『農業教育』第四九号、一九〇五年七月。
(23)『職員履歴書』兵庫県立有馬高等学校所蔵。
(24) 兵庫県立農学校は一八九七年に兵庫県簡易農学校として創立し、一八九九年には兵庫県農学校に、一九〇一年には兵庫県立農学校に改称する。人造肥料の製造の先駆けである「多木化学株式会社」の創始者多木久米次郎によって「校舎坪五三一、九二坪敷地七町九反五畝十七歩」の寄付をうけ、一九一二年には兵庫県加古郡平岡村新在家へ校舎を移転する(三十周年記念誌編集委員会編『創立三十周年記念沿革誌』兵庫県立農学校錦江会、一九二八年、一―九頁)。
(25)『官報』第四七八九号、一八九九年六月二〇日。
(26)『官報』第五五九四号、一九〇二年二月二八日。
(27)「座談会明石時代の思い出を語る」百周年記念誌編集委員会編『百年史』兵庫県立農業高等学校百周年記念事業実行委員会、一九九八年、七三頁。
(28) 川見禎一「あの頃のこと」五十周年記念誌編集委員会編『創立五十周年記念誌』兵庫県立農学校錦江会、一九四七年、五二頁。船橋一雄「糞尿譚」創立六十周年記念誌編集委員会編『創立六十周年記念誌』兵庫県立農業高等学校、一九五八年、一六三頁。
(29) 好田一市「もつとも印象の深かつたこと」前掲『創立六十周年記念誌』一六九頁。
(30) 見城悌治『近代報徳思想と日本社会』ぺりかん社、二〇〇九年、二三五、二七〇頁。
(31) 赤池濃「農業の快楽」『斯民』第一編第九号、中央報徳会、一九〇六年一二月。辻川巳之介「児童に及ぼしたる学園の反響」『斯民』第三編第四号、一九〇八年六月。辻川巳之介「家庭及一般に及ぼしたる学園の反響」『斯民』第四編第三号、一九〇九年五月。辻川巳之介「学校中心」『斯民』第四編第一一号、一九〇九年一二月。
(32) 床次竹二郎「明石講演会に対する所感」「彙報 報徳会第二回夏季講習会」『斯民』第三編第七号、一九〇八年九月。
(33) 兵庫県立農学校同窓生によって一九〇三年五月に創刊された(「発刊の辞」『校友会会報』第一号、校友会、一九〇三年五月)。本誌は一九〇六年一二月より『錦江』に改称する。
(34) 辻川巳之介「農業教育の出発点」『校友会会報』第三号、一九〇四年四月。
(35) 金井省治「はや五十年」前掲『創立六十周年記念誌』一五八頁。
(36) 高田善次郎「報徳教育」前掲『創立六十周年記念誌』一五八頁。
(37) 例えば「吉田校長、辻川、山口教諭、久合田県技手講師となりて本県在職の小学校教員に農事思想を鼓吹する三週間の講習会を開く」と記されている(『錦江』第一〇号、校友会、一九〇九年一二月、二五頁)。
(38) 前掲、辻川巳之介「農業教育の出発点」『校友会会報』。
(39) 一九〇七年三月勅令第五二号の小学校令一部改正で、尋常小学校の修業年数が六箇年に延長され、尋常小学校の教科目について「農業、商業、英語ハ之ヲ随意科目ト為スコトヲ得」と定められた。
(40) 前掲『近代報徳思想と日本社会』二七―三六頁。
(41) ヘルバルト著、是常正美訳『一般教育学』玉川大学出版部、一九六八年、一八三―二七六頁。稲垣忠彦「ヘルバルト派の教育学」『日本近代教育史事典』五九六頁。稲垣忠彦『増補版　明治教授理論史研究―公教育教授定型の形成』評論社、一九九五年三八一―三八八頁。
(42) 辻川巳之介『実用学校園』明文堂、一九一一年、二頁。
(43) 前掲『創立三十周年記念沿革誌』五八頁。
(44) 西谷忠雄は「同校学園は其端緒を明治三十五年に発し爾後六ヶ年間其攻究研鑽以て今日に至れる」と述べる(西谷忠雄「模範学校園参観批評(附学園経営の根本問題)」『農業教育』第八〇号、一九〇八年三月)。また兵庫県立農学校の生徒も一九〇四、五年前後において「見本園の管理などに従事した」と回想する(長尾善治郎「その頃の思ひ出」前掲『創立五十周年記念誌』四八頁)。
(45) 辻川巳之介「我校の学園」『農業教育』第四八号、一九〇五年六月。

(46) 赤池濃「農業の快楽」『斯民』第一編第九号、一九〇六年一二月。
(47) 前掲、西谷忠雄「模範学校園参観批評（附学園経営の根本問題）」『農業教育』。
(48) 「学校園」『教育研究』第一七号、一九〇五年八月。
(49) 辻川巳之介「学園（各郡教育会講習会講話大要）」『校友会会誌』第五号、一九〇五年六月。この他一九〇六年八月二日の加古郡の教員講習会で「学校園」という題目で講習をおこなわれている（兵庫県加古郡役所『加古郡誌』兵庫県加古郡役所、一九一四年、二六〇頁）。
(50) 私立兵庫県教育会は、一八八九年に設立された（「私立兵庫県教育会規則」第二条。兵庫県教育史編集委員会編『兵庫県教育史』兵庫県教育史編集委員会、一九六三年、二〇六頁）。
(51) 「本会」『兵庫県教育会報』第二〇五号、一九〇六年一〇月。
(52) 前掲『加古郡誌』二八一頁。「明治三十七年四月学校園設置要項より加川古（マ マ）高等小学校」等に学校園が設置されたと記されている。
(53) 関西朝報社編『明石の人物と事業』関西朝報社、一九二〇年、三六頁。
(54) 前掲『実用学校園』四三頁。次の記事においても三輪の推奨について記されている。「加古郡の学校庭園」『兵庫県教育会報』第一七九号、一九〇四年八月。「兵庫県加古郡に於ける学校園」『農業教育』第四八号、一九〇五年六月。前掲「兵庫県に於ける学校園（一）」『兵庫県教育会報』。
(55) 「加古郡役所」『兵庫県教育会報』第一七二号、一九〇四年一月。本記事では、一九〇三年一二月一三日に加古川小学校で開催された「本会第百三十三回常集会」に際して、記者が加古郡役所を事前に訪問調査した結果と当日の様子が記載されている。
(56) 『兵庫県統計書』によれば、一九〇三年度の加古郡の学事に関する統計は、学齢人員が八千八百八十〇名で就学率は九四、五八％とされ、数値にずれが見られる（『明治三十六年兵庫県統計書』第一一冊、兵庫県、一九〇四年）。

(57) 前掲「加古郡役所」『兵庫県教育会報』。
(58) 前掲「兵庫県加古郡に於ける学校園」『農業教育』。
(59) 前掲「加古郡の学校庭園」『兵庫県教育会報』。
(60) 前掲『加古郡誌』二五三頁。
(61) 同前、二五三、二七六―二八八頁。一九〇四年より一九一一年までの学校園面積の推移が郡内一七校の小学校ごとに示されている。また設置状況については本誌の他に『兵庫県教育会報』でも一九〇五年の兵庫県各郡の学校園の面積、加古郡の小学校十七校すべてに学校園が設置されていたこと等が記されている（『兵庫県教育会誌』第一九五号、一九〇五年一二月）。
(62) 第二回が一九〇七年二月、第三回が一九〇八年四月、第四回が一九〇九年七月におこなわれた（前掲『加古郡誌』二五三、二八一―二八八頁）。
(63) 『沿革誌』明治三八年四月調、加古川尋常高等小学校、加古川市立加古川小学校所蔵。
(64) 前掲『実用学校園』四三八頁。
(65) 辻川巳之介「学園調査」『農業教育』第七二号、一九〇七年六月。
(66) 前掲『実用学校園』四六〇頁。
(67) 「兵庫県に於ける学校園（二）」『兵庫県教育会報』第一九七号、一九〇六年二月。
(68) 前掲『加古郡誌』二九六頁）。
(69) 前掲『実用学校園』四四六頁。
(70) 同前、四四二―四四三頁。
(71) 前掲、西谷忠雄「模範学校園参観批評（附学園経営の根本問題）」『農業教育』。
(72) 前掲『加古郡誌』二八〇―二八八頁。
(73) 前掲、辻川巳之介「児童に及ぼしたる学園の反響」『斯民』。また一九〇九年九月の雑誌『農業教育』第八七号には「学園の反響」と題して同様の内容に加筆修正した記事が掲載されている。

(74) 内務省『地方経営小鑑』内務省、一九一〇年、二七―一九、九七―九八頁。

(75) 笠間賢二『地方改良運動期における小学校と地域社会―「教化ノ中心」としての小学校』日本図書センター、二〇〇三年、八―一一、九七、一〇八頁。

(76) 「全国の小学校園数」『兵庫県教育』第二一四号、一九〇七年八月。

(77) 設置状況が官報に掲載されることで、全国的な整備が一層促進されたと予想できる（『官報』第六九九〇号、一九〇六年一〇月一五日、四五一頁）。

(78) 「県下各郡市学校園」『兵庫県教育会報』第一九五号、一九〇五年一二月。

(79) 「兵庫県に於ける学校園（一）」『兵庫県教育会報』第一九六号、一九〇六年一月。例えば兵庫県立農学校の所在地であった明石郡には次の記録がある。「学校園の必要が我が教育界に唱へられるやうになつたのは明治三十六年頃からである。我が郡に於て之れが建設を見るやうになつたのは其の翌年からで爾来各校相競ふて設置するやうになつた」（『明石郡教育誌』明石郡教育会、一九二六年、八六頁）。

(80) 前掲『実用学校園』四三頁。

(81) 前掲、針塚長太郎「学校園の施設に就て」『農業教育』。

第四章　東京高等師範学校附属小学校における棚橋源太郎の「学校植物園」

はじめに

学校園施設通牒と学校園の展開を論じるうえで欠かせない人物が、東京高等師範学校の棚橋源太郎である。一九〇五年一一月に学校園施設通牒が文部省普通、実業両学務局より出されてまもなく、一九〇六年三月には棚橋源太郎著の『小学校に於ける学校園』が文部省より刊行された[1]。この緒言には「本編は東京高等師範学校附属小学校に於ける研究事項中小学校に於ける施設の方法に関し同校教授棚橋源太郎の研究せし所にして同校長の報告に係るものなり今印刷に附して当局者の参考に供す　明治三十九年二月　文部省普通学務局」とある。またこれと同じ題名でほぼ同様の記事が一九〇六年四月の『教育公報』に掲載されている[2]。ここに「文部省交付」、「本篇は東京高等師範学校教授棚橋源太郎氏の研究せし処にして同校長の文部省へ報告せられしものなり」とあるとおり、棚橋の学校園に関する研究が文部省に認められていたことがわかる。

棚橋は一八九五年に高等師範学校を卒業し、一八九九年より高等師範学校附属小学校訓導となる[3]。一九〇〇年には高等師範学校附属中学校教諭兼附属小学校訓導となる[4]。一九〇二年に東京高等師範学校と改称になるが、一九〇三年

には東京高等師範学校助教授兼附属中学校教諭となり、(5)一九〇四年には東京高等師範学校教授となった。(6)

序章で確認したとおり、先行研究における東京高等師範学校附属小学校と学校園を論じる焦点は、理科を中心にした教科教授法の進展との関わりにあった。(7)そしてこうした棚橋の実践自体は、教育課程の歴史において日本の合科・総合学習の出発点として評価されてきた。(8)さらに一九〇〇年代以降の日本における理科教授法研究の第一人者としての立場やその内容、また同校における郷土科の構想、さらに一九〇六年以降の東京高等師範学校附属東京教育博物館主事としての業績によって、とくに彼の博物館論などが着目されてきた。(9)

しかし本書で注目したいのは、中野光によって一九〇〇年の小学校令改正以降の官製カリキュラム批判をはじめた人物としてみなされる棚橋のスタンスである。中野によれば、一九〇〇年の小学校令改正以降、教科課程のすみずみにまで国家主義的訓育の意図が貫徹され、理科や社会科等にあたる「実科」の教授が形式的な知識注入によってなされるなか、棚橋が事実に基づいた教育方法の必要性を説き、実用主義の立場から教科課程の再編成をおこなったことを評価している。(10)棚橋の主張する事実に基づいた教育方法とは、「子どもが活動を通して事実を直接に観察し認識を拡大し発展させていくこと」であり、このような構想が一九〇三年の東京高師附小の『小学校教授細目』に反映されているという。(11)

つまり棚橋は、当時の形式的な知識注入のために編成されていた教育課程に対し、批判的に教授方法の進展に取り組んだ人物であり、棚橋と関わる学校園についてもまた同様の観点から評価されるきらいがある。本書では、こうした方法における革新さが、実際の施設にどう具体化されたのかにまでふみこんで考察し、さらには一九〇〇年代の訓育、訓練論の動向をふまえた道徳教育との関係について明らかにしていきたい。

第一節　東京高等師範学校附属小学校と棚橋源太郎

（1）東京高等師範学校附属小学校の実科設置

明治中期における東京高等師範学校附属小学校では、「実験校」としてユニークな教育実践が試みられていた。第一部、第二部、第三部と学級が編成され、とりわけ第一部は附属中学校への進学を前提として、比較的自由度の高い教育実践がおこなわれていたという。[12] また東京高師附小の教員は、文部省主催の教育講習会、雑誌記事、著作などを通してこれらの成果を発信し、全国の初等教育に大きな影響を与えていた。[13]

施設整備の点からみても、東京高師附小の特殊性が読み取れる。[14] 一八九〇年より神田一ツ橋に校舎があったが、生徒増加にともなって一九〇〇年に小石川大塚窪への移転が決定し、一九〇五年三月には第三部、一九〇九年には第一部と第二部の校舎が竣工し、移転が完了した。新校地は面積二万五千五百六十八坪の、元磐城国田村郡守山藩主松平頼元の江戸上屋敷の跡地であり、上屋敷の庭園の一部である占春園が校地に残されている。一九〇五年以降は附属小学校の校地には、近世から引き継がれた「占春園」という庭園があったことになる。第一章で確認したとおり、このような屋外施設をもつ学校の例は数少ない。

一九〇三年に東京高師附小の教科課程に登場する「地理歴史理科」は、明治初年以来の直観教授研究の系譜にたち、[15] 一九〇〇年以降棚橋源太郎が中心的に取り組んできたものだとされる。[16] 当時は小学校の初めの四年間においては教科として理科が設けられていない状況であった。[17] これに対して、東京高附師小の第一部の尋常小学科一、二年には、

「歴史地理理科」のうち「直観教授」、三、四年には「郷土科」と呼ばれる教科がおかれていた。[18]そして「歴史地理理科」の教授事項は、棚橋の構想が反映されながら、[19]一九〇三年四月の『小学校教授細目』に記された。先行研究が合科・総合学習の端緒として評価する、棚橋の実践の一環である。

『小学校教授細目』は、一八九〇年の小学校教則大綱に即した東京高師附小の教授内容や方法が記されたもので、これらをモデルとして普及させるために公刊された。[20]一九〇三年四月に改正された『小学校教授細目』において、花園などの屋外施設が挙げられるのは「歴史地理理科」の教科である。ここで家庭、校舎、地域などに関する具体的な事項があげられるなか、理科教授のための施設として「学校の花園」、「校内の花園」等が挙げられる。[21]

(2)　東京高等師範学校附属小学校の「学校植物園」

『小学校教授細目』に明記される「学校の花園」などの具体像は、棚橋源太郎の一九〇三年四月の『文部省講習会理科教授法講義』から読みとることが出来る。[22]

次は学校植物園である、此の問題は西洋でも近頃大に注意されて来た様であります、私も出来るだけ理想的に計画をして此の附属小学校に学校植物園を拵へて見やうといふ考でありましたが、遠からず此の学校が他へ移転しますので理想的の計画は学校の動いてから後のことにする考で今は唯一時間に合せに拵へて居りますから御目に掛ける程の者ではありません、それで私の考だけを申し述べて見ることに致します一九〇三年には、理想には遠く簡易的なものではあるが、東京高師附小に「学校植物園」が整備されていたことが確認できる。東京高師附小の校舎が占春園を有する大塚に移転するのは一九〇五年以降なので、このときは一ツ橋の校舎である。

内容については、学校植物園の一部には「畑」、「小さな池」、「葡萄棚」を設けたいこと、また「その他の土地は適当に区画して「花壇」等を設けたいこと、また「植物園の他に」建築材や薪炭材として有用な樹木を周囲に植えたいこと、樹木は学校内の全体にわたる「彼地此地の空地」に植えること、学校植物園の全面積は六〇坪位であることなどが挙げられている。学校植物園の植物については、「理科とか、地理とか読本とかの教授上に必要な者、即ち学校の教授細目を実施して往く上に必要な様な種類のものであります」と述べられ、「有要で且つ最も普通のもの」が求められる。また、文末には「読本」の材料、「図画の写生材料」までもが、学校植物園から配給できるようになったとし、他の教科でも結果的に応用ができるようになったことが触れられている。学校植物園が教授細目にある各教科教授において横断的に利用できるものとして捉えられている。

注目すべきことは、手入れに関する記述である。学校植物園の一部である花壇や畑や果樹の手入れを「子供に分担させたい」、「高等科の第一学年とか、第二学年とかいふ様に各年級の児童に割り当て、教師の指揮の下に自ら鋤鍬を執つて働かせなければならぬ」とする。実際に棚橋も「高等科第一年級」の児童に手入れをさせており、その際に「教室で得た知識を確実にするばかりでなく、教室では学ぶことの出来ない知識を与へ自然物に対する愛植物を培養することの趣味を持たせることが出来ます、それだから一つには、また訓練の善い機会を与へます」と述べる。つまり、教授上必要な普通の植物を提供できるだけでなく、これらの植物の手入れを児童にさせることで、「訓練」にとっても効果があるというのである。

さらに、学校植物園の説明では「始終草花が綺麗に咲いて居るから、其の間を逍遥したり雑草を除き害蟲を取り去つてやることを非常に楽しいことに思つて居るのであります、此れがために子供は近来余程植物の名前や性質や、次第に変化し往く発展の模様などを知つて来て且つ博物昆蟲などに大分趣味を持つて来た様であります」と述べる。つまり、草花の美的要素に、作業に対する自発性や、知識教授に対する興味、関心を引き出す効果があることに着目しているのである。

(3)　訓練の場として

一九〇三年の段階で棚橋は、屋外の施設と「訓練」の関係に着目していた。さかのぼって一九〇二年に刊行された『学校生活』は、東京高等師範学校附属小学校の訓練の成果をまとめたものだとされる。ここでの、教室、運動場、花園などの施設について確認したい。

同書第三編「学校生活の訓練的価値」[23]において、学校生活における訓練の機会として「作業」が挙げられるなかで、「感情の養成」にとって価値があることが述べられる[24]。例えば「教室内の掃除整頓装飾等」が「審美的感情を発展せしむる」と述べられる。また「装飾を施して外来人を迎へ動植物の養護、運動場の掃除、花園の手入等の作業に、師友相混じて、之れに従事する時は、之れによりて師友相親しみ、教室を愛し、運動場を愛し、花園を愛し、学校全体を愛するに至ること、果して幾何ぞや。吾人若し健全なる感情を養はんとせば、必らずや適当なる境遇なかるべからず」ともある。審美的感情、愛する感情などを「健全なる感情」とみなし、これの養成のために花園の手入れ等の

「適当な境遇」が必要であると論じている。つまり「審美的感情」などの養成のために、花園の装飾性が有効であると認めているのである。

花園の手入れを実施する際の「注意」については、「労働を命ずる」ことによる弊害を述べる。[25]「花園の如きは、児童の最も好む処にして、彼等は、家庭に於て、之れを以て、一の楽事となし居る程なれば、学校に於ても、其の動機を利用して、一定の作業を課すべきものなり」とする。一方世間では「懲罰」としてこれらの労働を命じるものがあるとし、これが「児童をして労働を厭はしむる弊害を馴致する恐ある」という。そこで教員は児童が進んで作業にあたろうとするまで待ち、「自から率先して、之れに従事する」ようにさせることが必要で、このときはじめて児童は「興味を感じ、努力奮勉事に当り、難苦に耐え、煩労を辞せざるに至るべし」と述べる。

つまり、花園には児童の自発性を喚起させる効果が備わっているため、それを利用して児童自ら花園の手入れに従事させるよう仕向け、結果として難苦に耐えることのできる精神を身につけられると考えているのである。同書において作業は「娯楽的活動」と「業務」の中間にあり、「目的を追ひ、規則に従って、行動することに慣れしめ、労働に堪ゆる丈の意思を、準備す（意思の直接なる鍛錬）るもの」であり、娯楽的な要素を含めながら規則に従うことを習慣化することで、労働に堪える意思を鍛えるものだとされる。花園の手入れはまさに、花園の娯楽性を利用して、手入れという規則に従い労働に堪える意思を鍛えるために有効な方法とみなされているのである。

このとおり、東京高師附小では、花園や学校植物園などが、理科、地理、読本などの教科教授にとって有用であるだけではなく、ここでの作業や美的要素が、「訓練の善い機会」として働くことを期待していた。

第二節　棚橋源太郎の訓練論

（1）一九〇〇年代における道徳教育の動向

東京高等師範学校附属小学校の学校植物園等の取り組みは、訓練の機会として意義が認められていたが、この背景をまずは先行研究から整理しておきたい。藤田昌士によれば、修身教授の補強の役割を担うものとして「訓育」が重視される傾向が明治三〇年代後半において鮮明に表れたという。[26] このとき東京高等師範学校の佐々木吉三郎、寺内穎などは、「諸教科の教授に訓育的意図をつらぬくこと」を基本的前提とし、教科外にも訓育の機会をもとめた。[27] 藤田はこのような教科外における訓育の機会の組織化にこそ、明治三〇年代後半固有の課題があったとし、「訓育的価値」と「校外教授や学芸会に端的にみられるような教授上の価値」とを含んで、「科外教育と呼ばれる学校教育の一領域が組織化」されたことを指摘している。

中野光はこの一九〇〇年代に訓育、訓練論が重視された要因について次のようにまとめている。第一には、「日露戦争を前後して帝国主義的要請が学校教育に一段と強く反映させられ、そのような立場から訓育・訓練の在り方に検討を加える必要性が自覚されたこと」である。第二には、「修身教授の限界が論ぜられ、修身科の教授だけでは訓育的効果は充分に達せられない」との認識が成り立ったことである。[28] 中野の説明から確認しておきたいことは、日露戦争以後、国際競争に対応できる人格の形成が求められていた点である。この点に関わって、小股憲明は、国際競争の激化に対応できる国民の養成が求められるなかで、「忠孝・立憲・実業精神の涵養」が徳育の中心課題として養成されていたことを論じている。[29] 山住正己は、同時期の学校教育においては教育勅語体制が進行していたが、「勅語の徳目による精神教育に終始していたのでは」、日本の産業革命の成功や、国際的に「高度工業国家」という位置づけを得ることはありえなかったと述べる。[30] さらに高橋陽一は、この時期の対外認識には、教育勅語の示す道徳が国家間の問題としてリアリティを持ち、国際的な認識枠組みが拡大されていったという。そして日露戦争後の基本的潮流になる吉田熊次の教育学においては、訓育の分野においてさえ、西洋の道徳教育論を基礎とした考察を矛盾なくおこなっていく可能性が確保されていたと指摘する。[31]

つまり、日露戦争を前後した日本の帝国主義段階において、修身科における道徳教育を堅持しながらもこれにとどまらず、その効果を高めるための方法として教科外にまでその機会が求められていたのである。さらには道徳教育の方針そのものに対しても、国際社会への現実的な対応とともに再編成が試みられる状況があった。

東京高師附小の実践は、こうした動向を反映していた点でも注目できる。[32] 佐々木吉三郎は、教科外の「訓練の分野」の広大さを説き、「科外教育」として訓育、訓練の機会を学校生活全体に拡大して構想していた。こうした同校での実践研究の成果をまとめたのが先述の一九〇二年の『学校生活』である。[33] 学校の花園が、美的観念を養成するために、また児童の自発性を喚起し、労働の習慣を養成するために有効であると認識されていたが、この背景には、日露戦争後の道徳教育の潮流が関係していることを確認しておきたい。

(2) 棚橋源太郎の訓練論

訓育、訓練の機会の拡大に実際に取り組んだ棚橋源太郎個人の思想にも踏み込んで考察していきたい。木村範子は東京高等師範学校附属小学校における「訓育問題」を、中野光のいう「帝国主義」という時代状況と関連させて論じているが、棚橋に関する詳述はされていない[34]。

棚橋に対する評価は、たとえば中野のいうように国家主義的訓育の意図が貫徹され、「実科」の教授までもが形式的な知識注入の方法がとられていたことを批判し、実用主義の立場から教科課程の再編成をおこなったことに焦点があてられてきた。このような棚橋の国家主義的訓育の意図への批判は、各教科への影響に関してのみ向けられたものなのか。中野が棚橋の批判が表れる文章として挙げているものは次のとおりである。

理科の如きすら、如何にして之を道徳的品性陶冶の上に資せしむべきか、というような点ばかりが考えられるに至った。そして一方ではその反対に、国語科、修身科、歴史科という様な教科が甚だしく重んぜられて、歴史教授の如きも、之に依って現在の開花を理解させ社会に処して十分な活動をするに必要な性格を養ふというような方向は一向に顧みられないで、却って之を道徳教育の上に利用することばかりが力められていたのである。…[35]

この内容を整理すると、一点目にあるのは「道徳的品性陶冶」ばかりが重視され、理科教科教授の内容が決められていることである。二点目は、理科教授の比重が国語科などより軽く扱われていることである。当時の道徳教育は、一八九〇年以降、教育勅語の影響を色濃く受けた「国民的徳性の陶冶」と「国民的実用知・技術の教授」の特性が修身、歴史、理科、地理等の教科への内容にみられる状況であった[36]。中野の指摘するとおり、確かに棚橋はこうした状況を批判している。

注目したいのは三点目に読み取れることである。「歴史教授」の内容について、「現在の開花を理解させ」、「社会に処して十分な活動をするに必要な性格を養ふという」方向に決められないことが批判される。これは性格を養うという広い意味での道徳教育を教科内でおこなうこと自体を否定しているのではなく、その方向性を問うているのであり、「社会に処して十分な活動をするに必要な性格を養ふ」ことを教科内にておこなうことには肯定的である。なお、「現在の開花を理解させ」とは、日清戦争以降の日本の国際的な成長を指していると考えられ、棚橋は、こうした国際社会に位置づく日本において、十分活動できる性格の養成を目指しているのである。このような人間形成の志向は、中野光自身が強調した「帝国主義的要請」に応える教育の方向性そのものである。つまり棚橋は、教育への「帝国主義的要請」に正面から呼応して、修身科を中心とした教科編成の改善のみならず、道徳教育の方向性そのものに対する再編も、同様の観点から試みていたのである。

棚橋の道徳教育に関する見解をさらに検討したい。新井孝喜は、棚橋の経歴において彼の「教育思想」の形成に影響を与えた人物や出来事について検討して、棚橋が、出身地岐阜県の昆虫学者である名和靖、岐阜県の有力な民権運動家の堀部松太郎などの影響を受け、「民衆の生活を豊かにし、そのために文化・科学を振興させる」という見解を持ち始めたことなどを指摘している。注目したいのは一八九五年の高等師範学校の卒業式における西園寺公望の演説をあげ、これが棚橋の理念に影響を与えたと指摘する点である。(37)

一八九五年四月四日の『官報』の「高等師範学校生徒卒業証書授与式」と題した記事では、「高等師範学校文部学科卒業生」が掲載され、確かにここに棚橋源太郎の氏名があり、「西園寺文部大臣演説」も掲載される。この西園寺の演説では、「世間、或ハ尚東洋ノ陋習ニ恋々シテ、之ヲ改ムルニ憚ルノ徒往々之アリ」とし、「偏局卑屈ノ見解ヲ以テ、忠孝ヲ説キ、或ハ古人奇僻ノ行ヲ慕ヒテ人生ノ規範ト為サント欲スル者」を否定し、「諸君カ正大ナル思想ヲ鼓舞シテ固陋ノ僻見ヲ打破シ、世界ノ文明ニ伴ヒテ教育ノ精神ヲ進メ、以テ其ノ学ヒ得タル所ヲ実地ニ活用セラレンコトヲ望ム」と述べられる[38]。

小股憲明によればこのような文部省直轄学校の卒業式における祝辞や演説などによって、西園寺は積極的にみずからの教育方針を訴えていたという。小股はここに引用した一八九五年の『官報』に収録される「西園寺文部大臣演説」などを検討して、これらの祝辞や演説における西園寺の主張が「国家主義」と矛盾するものではなく、「日清戦争後の新しい国際環境のなかで、西洋列強に伍しての国家の対外的発展を支えるにたる活発進取、正大有為の国民の育成」を説いたものであったことを指摘している[39]。この西園寺のように積極的に国家の対外的発展を図って、積極的に海外の文明を取り入れていくことが「国家の利益につながる」とする主張が、少なからず棚橋の教育思想において影響を与えていたということである。

また、一九〇五年一〇月の『神奈川県教育会雑誌』の記事「戦時に於ける所感」では、小学校教員に対する棚橋の講演の内容が記されており、「訓練」に対する見解が読み取れる[40]。まず今日の小学校の状況を次のように述べる。

修身倫理など高尚なる道徳の模範を話し授くるは宜しけれども、実践躬行の方面を軽視せらる、に非ざるか、例へば、感情知識を授くるも、作法即ち実行を比較的軽視せらる、の傾なきか、又、実行的のことを話すとするも、果して如何なる方面で実行させるかは遺憾の点多しと思ふ、この作法の如きは、即ち道徳の実行的方面にて進歩したるものと云ふべきなり。

茲に多人数の集会の席に出でたりとせんか、己れの考へもとおり、人より擯斥せられざるには、作法なるもの頗る必要なり、欧州の如きは、作法を小学校に於て余程重じ、之をよく教授しつ、あり、然れども我国にては高尚なる道徳上の感情を養成する方面には尽力せらる、にも拘らず、彼の英米にて一般に実行せる作法の如きに至りては、不十分にして欠点多しと思ふ

日本の修身倫理が、「感情」や「知識」を授けることには尽力しているが、それを実行することに関しては、欧米と比較しても軽視されていることを遺憾としているのである。そして作法が道徳を実行したもののひとつとして重視されているが、作法以外においても道徳の実行がおこなわれるべきだとし、次のように述べる。

其他道徳的の感情を実行し行く方法なかる可からず従来作法のみならず凡て実行的の方面は不十分なりしなり、されば、この実践の方法を教へ人は斯くせざるべからず、斯くありたしと教へし以上は、よく実行せしめてこれを一つの習慣とまでに至らしむべし（略）教師は其実行が習慣となるまで教へ込むの責任あり、生徒を人たるものになす迄は、吾々教育界にある者の責任にして、右の如くするを私は訓練と考ふるなり

道徳の実行には、一つの習慣となるまでに教え込む必要があるという。そして教育において生徒を「人たるもの」、つまり実行的な人間にするためには道徳の習慣化が必要であり、教師の教え込みも必要とする。棚橋によれば、この教え込みこそが訓練である。この実行的な人間とは、国際社会に位置づく日本において十分活動できる性格をもつ人

物だと考えてよい。

これまでの検討をふまえると、日露戦争前後において、棚橋は「狭隘な思想を墨守し」、他国の文化を積極的に摂取しないような「国家主義」に対して否定的であったが、中野光のいう「帝国主義的要請」に応えようとする意味で国家主義的でもあった。棚橋は、日露戦争前後における道徳教育の動向の最先端を正面から受け止め、この立場から国際社会において活躍できる人物の養成を志向し、その人間形成のための訓練の方法を構想していたのである。

一九〇〇年代の訓育、訓練論の動向をうけて棚橋が実行的な人物の養成を志向するなかで、学校園の作業が着目された。これをふまえれば、先行研究で強調されてきたような直観教授などの目的だけでは、棚橋の学校園像を描ききることができないことは明らかである。

第三節　棚橋源太郎の学校園研究

(1)　学校園研究としての位置づけ

棚橋が研究してきた「学校植物園」等が、一九〇五年に文部省より要請される「学校園の研究」と結びついていく経緯について検討していきたい。

用語に関していえば、棚橋が学校園という言葉を使い始めるのは、回想を除くと、一九〇五年一〇月の『教育研究』によせた記事「学校園を観る」からである[41]。一方で、一九三八年の棚橋の回想においては、『文部省講習会理科教授法講義』を刊行した「その頃」、つまり一九〇三年頃、「学校園」を整備していたと振り返られている[42]。

その頃文部省では理科教授、手工教授に重きを置かれ、私の研究題目「学校園」に就き具体的な研究を発表せよとのことで、ドイツのシュールガルテンに関する色々の参考書を見、高等師範の農科主任教授佐々木先生にも指導を受けて「小学校に於ける学校園」としてパンフレットを出した。これをやる前には実地にやつてみる必要があるので、当時の附属小学校には空地があつたからその中の百坪許りの一廓を学校園に貰ひうけて、そこで生徒を実地に指導して学校園の経営をやらせた。

先にみたとおり、一九〇三年四月の著作で「学校植物園」として記された屋外施設が、三五年後には「学校園」として回想されているのである。同様のことが当時同校の職員であった加藤末吉の、一九三八年の回想でもみられる。加藤によれば、一九〇二年の文部省の夏季講習会で、棚橋は理科教授法の講師をつとめている。(43) 加藤のいう「文部省の夏季講習会」と、一九〇三年四月に棚橋が刊行した『文部省夏期講習小学校理科教授法』の内容は同じものと考えてよいだろう。(44) ただし加藤はこの内容を「学校園」の講話として振り返っている。一九〇三年の時点で、棚橋が学校園という用語を使用したかは明確ではないが、いずれにせよ、理科教授に必要なものとして、海外研究を基礎とした新たな施設を作りだしていたことは明らかである。

また一九〇二年の夏季講習会について『文部省第三十年報』では、(45)「師範学校、中学校、高等女学校、教員夏季講習会」は毎年開催され、近年の「中等教育の進運」に伴って開設地や講習学科目が増加し、今年度については「東京、京都、仙台、金沢、熊本、岡山」で開催されたことが述べられる。東京では、「修身、地理、数学、小学校理科教授法、英語、体操及遊戯」の講習がおこなわれているが、「小学校理科教授法」のように、小学校に限定するような講習学科目を設けている開催地は他にはみられない。講師の総数一六名、講習生の総数六九三名であり、「小学校理科教授法」の受講生数は七三名であった。「地理科」の一二三名、「英語」の一一一名に次ぐ。この他にも、一九〇二年に開催された「育成会の講習」の「実科教授」の講演のなかで、棚橋が「植物園」について説明していた事も確認できている。つまり、一九〇二年には棚橋を中心に実践された東京高師附小の学校植物園や植物園などの施設の必要性が、全国規模で広められようとしていたのである。

一九〇六年一月の『教育研究』の附録に掲載された記事「理科」においては、[46] 加藤末吉が棚橋の研究と学校園施設通牒の関係を、針塚長太郎の存在にも言及しながら明示している。加藤は一九〇五年の教育情勢と理科教育の動向などを振り返るなかで、「実業の基礎」への気運の高まりとともに、学校園施設通牒をはじめとする文部省による学校園の推進が取り組まれたこと、そしてその研究に「我校の研究」が位置づいていると述べる。

針塚視学官は爾来熱心に之を唱説せられ、誌上に、将た演説に、意見を発表せられて居るが、天下も大にその必要を認めていたものと見えて、此時既に、戦後紀念の好名目のもとに、設立されて居た処もある（略）去年来も問題として、教授棚橋源太郎氏が主査のもとに、此種の研究が行はれて居たが、旧臘之れが報告書を文部省に提出した、密に聞く処によれば、文部省は、之等を成案として、公表せられるとの事である

学校園推進の背景のなかで東京高師附小においても「去年来」より棚橋源太郎を主査に研究がおこなわれていたこと、さらにこの成果の報告書を文部省に提出したことがわかる。記事の掲載が一九〇六年一月なので、「去年来」とは一

九〇四年から一九〇五年を指すと考えてよい。つまり、棚橋の一九〇二年からの学校植物園の研究は、最初から学校園施設通牒を想定して取り組まれていた可能性は低いが、この取り組みがモデルとして大きな位置を占めていることは明らかである。

ちなみに「文部省は、之らを成案として、公表せらるるとの事である」との予定が述べられるが、これは一九〇六年三月に文部省普通学務局から刊行された『小学校に於ける学校園』を指すと考えられる。(47) この著書については第五章において学校園施設通牒とあわせて詳細に検討する。

ところで棚橋が、一九〇三年に学校園を作り出す際に協力をえたのが、東京高等師範学校で農学の教授をつとめた農学士の佐々木祐太郎である。佐々木は一九〇八年に『学校園の内容』を刊行している。他の学校園に関する多数の著書と異なる点は、学校園の意義や目的については、冒頭の緒言で三頁述べるのみで、本文のはじめから学校園の経営方法や草花の種類等の説明を始めていることである。諸言のうち初めの二点は次のとおりに記される。(48)

一、学校園ノ必要ガ教育界ニ唱ヘラレシヨリ既ニ数年、其目的ト効果トノ如キハ人ノヨク知ル所ニシテ、之ガ経営ヲ企ツルモノ少ナカラズト雖トモ、奈何ニ栽培スベキカ等、所謂実地経営上ノ問題ニツキテハ、参考書ノ乏シキ、之ガ解決ニ苦心スルモノ少ナカラズト云フ。是レ予ガ薄識ヲ顧ミズ、聊カ園地ノ経験ヲ録シテ、本書ヲ成セル所以ナリ。若シ夫レ果シテ実際ノ施設ニ資スル所アラバ、著者ノ幸豈ニ之ニ過ギンヤ。

一、学校園ニ栽培スベキ植物ノ種類ハ、直観教授ノ材料トナルモノノ外、生徒ニ快感ヲ与ヘ美的観念ヲ養フニ適スルモノ（花卉其他ノ観賞植物）産業上ノ趣味ヲ長ズルニ適スルモノ（穀菽・蔬菜・果樹・牧草・工芸用植物等）等ナ

ルベク、本書ニ記述スル所ノ植物ハ、此目的ヲ達センガ為メニ蒐集セルモノナリ

学校園の必要性が認められ、経営するものも出てきているが、そのための具体的な栽培方法などに関する著作が少ない状況を説明している。また学校園が、「直観教授」のための材料提供の場であること、「美的観念」を養成する場であること、「産業上ノ趣味ヲ長ズル」場であることをふまえて、それぞれの目的にそった植物の栽培方法を記している。棚橋が一九〇三年の実践を始める際にうけたアドバイスとは、佐々木の著作の内容をふまえても、具体的な栽培や経営方法に関する知識や技術などだったと考えられる。

(2)　国内の学校園の訪問調査

棚橋の従来の実践研究は、文部省の学校園施設通牒を中心とした学校園推進の動向のなかで、学校園の研究として位置づいていった。この研究として棚橋がまずおこなったことは、日本の「地方の事情」の調査であった。

棚橋は一九〇五年一〇月の「学校園を観る」、同年一一月の「学校園を観る（続）」[49]という『教育研究』の記事でその結果を掲載している。「学校園を観る」の冒頭は次のとおり述べられる。[50]

私は、かねて学校園に関する研究調査を命ぜられて居つて、此休業前には、取敢ず、其要項だけを報告して置いたのである。これまで研究の資料になつたのは、主として外国で現に経営されて居る学校園の模様や、学校園の理論の外国の書籍に載つて居るものと自分の僅かばかりの実験とであつた、それで、私の常に遺憾に思つて居つ

たのは、地方の事情に暗いため、我が国殊に村落では学校園の面積を何の位にしたが適当であらうか、之を経営するには、如何なる方法に出でたが最も適切であらうか、と云う様な問題を、十分な自信を以て解決することの出来なかつたことである。それで、此休暇中九州四国中国各地の講習会へ出張するを幸ひに、今度は是非地方の事情を観察もし、現に経営されて居る学校園の実際をも取調べて見やうといふ考を起したのである。

棚橋の学校園の研究がこれまでに海外事例に偏っていたこと、日本の地方における状況に詳しくなかったことが反省されている。「自分の僅かばかりの実験」とは、棚橋が東京高等師範学校附属小学校でおこなっていた学校植物園の取り組みのことだと考えられる。注目すべきは、日本の地方の事情に詳しくないため、実際に現地を訪問しようとしていることである。棚橋は海外事例にみられるような学校園や、自校で取り組んでいた教科教授のための学校植物園などとは異なる学校園が、日本の地方においてすでに存在していることをある程度見通しており、訪問調査の必要性を感じていたのであろう。

棚橋の訪問した学校は、鹿児島県囎唹郡の大崎高等小学校と男子実業補習学校、香川県の和田高等小学校、滋賀県甲賀郡水口町水口高等小学校と実業補習学校である。記事によれば、和田高等小学校は一九〇二年に「生物園」が、大崎高等小学校は一九〇四年に「学校園」がつくられている。

大崎高等小学校について、学校長が「此方面の熱心家で、学校園の経営上に必要なる園芸に関する十分な素養を有つて居らる、」人物であり、盛んな取り組みがなされているという。天候の都合上実際に見ることができなかったらしく、本校の学校園に関する記事が再掲載される。これによれば「学校園の面積及ひ区割」は、「学校の構内及び学校近傍なる、共有地まで合計凡一反歩位にして之を三部に分つ」とある。一部は「雑果類」、「草花類」、もう一部は「薬用有毒の植物」、「珍奇の草木」、さらにもう一部は「苗場」である。これらの用途については教授上の利用に関する様な記載がなく、「尚ほ、学校園に於て得たる収益は別途に貯金をなし本園の基本となす見込なり」とあるのみである。植物の例としては一九〇四年の秋に植え始めたものに「薩摩蜜柑、ネーブルオレンジ、天明金柑」などの樹木が一二〇本あるという。さらに一九〇五年の春に植えたものは柑橘類五〇本、梨八五本、桑一〇〇本、薔薇三一本である。植栽されている樹木のほとんどが収穫物の得られるものであることが特徴である。

和田高等小学校については、一九〇五年の香月喜六の『学校園設置法』にも報告が掲載されているとおり[51]、学校園施設通牒による学校園の普及のなかでも、模範的な例として捉えられる。本校の刊行物『和田学報』では、構成は「二畝許の植物園と七畝程の果樹園」であること、一九〇二年に「植物園」という名をもって作成されたが、農業科加設などの影響から農業的な活用が求められ、増設に至った経緯などが確認できる[52]。

この「生物園」を訪問して棚橋は、「和田の学校園を見て今一つ私の利益したのは、労働の教育に関してこれまで自分の唱へて来た所の全く空論では無いことを証明したことである」、「石垣を築かしたりする。此等は、労働生産の教育の教育上より見るも、体育や訓練の上から見るも、頗る教育上の価値に富んで居る」と述べる。棚橋は、東京高等師範学校附属小学校において学校植物園の整備にあたり、手入れに高等科の児童を参加させ、それが「訓練の善い機会」であると考えた。和田高等小学校の事例をみて、その見解が、学校園に農業的な活用を求める地方の小学校においても、実際に通用することが証明できたというのである。また棚橋は、和田学校の学校園に対して「農業試験地と温床とを新設」するよう求める。理科教授の材料としての学校園とは、明らかに異なる活用を見込んでいる。

同記事によれば、この和田小学校への訪問の契機は、「三豊郡観音町」で開かれた「去年教育学術研究会の講習会」で「一日学校園の事について話をした」のち、和田小学校長から自校の取り組みを批評してほしいと頼まれたことだという。和田小学校長は「数年前東京で開かれた育成会の講習に参いつて、あなたから学校園の説を聞きました。爾来自分の学校でそれを実施して居りますから、今回は、是非御覧を願つて御批評が承りたい」と述べたという。

一九〇五年の『学校園設置法』では、和田小学校校長の記事と学校園の内容が掲載されるが、「明治三十五年」つまり一九〇二年の夏期に、棚橋が「育成会の講習」で「実科教授」の講演をし、「附属校の植物園」について話したと記される。「数年前東京で開かれた育成会の講習」とは、一九〇二年のこの講習のことであろう。校長は、一九〇二年に棚橋が講演した「植物園」の内容と、自校でおこなってきた従来の施設を結びつけて回想する。自校の取り組みについては「我校の学校園歴史」のなかで記しており、「明治二十七年」の樹木の植込みが学校園の端緒だと捉えている。さらに「三十三年」の実地教授の奨励と、「三十四年」の同校における教科書の教授資料の調査があり、このための土地として「運動場のつゞき」の「約二畝位の小耕地」の使用を地主に頼み、「三十五年」に整備に至ったという。一九〇二年の棚橋の育成会の講習以前から、教科教授のための施設が準備されていたということである。棚橋の講習、また一九〇五年の棚橋の訪問は、これらの施設が学校園として認識されていった契機のひとつとなったともみなせる。

滋賀県甲賀郡については[53]、水口高等小学校、実業補習学校の様子のほか、郡視学が一九〇五年四月におこなったという、同郡内の約二〇校の学校園の調査結果についても掲載される。ここでの名称は「植物園」が多く、他に「果樹園」、「附属農園」等があるが、「学校園」という名称は確認できない。内容は果樹や蔬菜等の収穫物の得られる植物が多く、規模は最大のもので六段七畝十九歩（六千七百七、四㎡）であった。この結果に対し棚橋が「一郡の内に、これだけ学校園の備つて居るのは、誠に結構なことで全国の中でも斯ういふ処は、余り多くはあるまい」と評価する。

棚橋の訪問の対象となっていたのは地方の実業補習学校、高等小学校の学校園であった。ここでの取り組みは、早いものでは一九〇二年より整備されている。内容としては収穫物の得られる樹木の植栽、農園、農業科において活用できるものであった。これらの内容は、第三章で述べた農業教育の振興のなかで進められた兵庫県加古郡の学校園と類似している。

つまり学校園施設通牒に関わる棚橋の訪問調査の対象は、農業教育と関わってすでに展開されていた事例であった。これらが、「学校園」としてみなされ、農村部の代表的な模範例として位置づけられていく。全国の参考になるために取り組まれた東京高師附小の学校園、とりわけ棚橋の研究は、都市部のみならず、農村部においても適応できる内容である必要があり、それには従来の日本各地での実践を無視することはできなかった。言い換えれば、学校園は全国的な普及のために、当時の日本の状況に適応させて独自に想定された、新たな施設であったのである。

（3）　辻川巳之介の投稿

東京高等師範学校附属小学校主事小泉又一ほか教員二七名によって、一九〇四年二月に初等教育研究会が創設され、四月には機関雑誌『教育研究』が創刊された(54)。この初等教育研究会と機関雑誌を通して、東京高師附小の実践が全国の小学校に多大な影響を及ぼしていたことが指摘される(55)。一九〇五年七月の『教育研究』の雑報では(56)、学校園の整備の必要性が「学校園の趣味多くして、大なる効果あることは、今更いふまでもない」と述べられる。そして同年六月二〇日に寄せられてきた京都府の学校園に関する記事を紹介し、「この種の記事」が多く載せられることを希望すると述べる。つまり、東京高師附小の意図とは厳密には一致しない学校園も、異なる文脈において展開してきた屋外施設も、総じて「学校園」として募集したのである。

さらに注目すべき出来事は、このような東京高師附小による学校園の取り込みの過程で、一九〇五年七月に、第三章で検討した兵庫県立農学校の辻川巳之介が、学校園の記事を『教育研究』に寄せていることである。先述の一九〇五年七月の雑報では、文末に「兵庫県立農学校の辻川巳之介氏」から記事が寄せられたが、紙面の都合上次号に掲載するとし、翌月一九〇五年八月の『教育研究』でその記事を掲載した。辻川が寄せた記事では、「我が校」での「学園」が、次のとおりに述べられる(57)。

学園の主なる目的は能く土地を美化し学生をして自然界の趣味を解せしむると共に、教材をここに求めて教授の効果を正確ならしめ併せて実業思想の養成をはかるのであるが我が校に於ては更に経済に重きを置きなるべく土地利用の道を講じて所謂花も実もある庭園をつくり圃場実習の趣味をしらず〳〵の間にさとらしむるのである而してこの事業がひいて小学校学園設置の参考に供せらる、ことがあれば実に望外の幸福である。

辻川は自らの経営する農学校における「学園」を、小学校での取り組みの参考にしようと試みてこの記事を寄せたのである。『教育研究』もまた、この辻川の記事を小学校の学校園に関する記事として掲載した。兵庫県での報徳主義的な都市近郊農業の実践ケースと、全国のモデルを目指した東京高等師範学校の展開が、この記事掲載で結ばれたことは象徴的である。

棚橋源太郎の訪問調査による、農村部の施設に対する学校園としての位置づけ、第二章にて既述の東京高等師範学校の乙竹岩造による同様の試み、こうした全国各地の従来の屋外施設を、学校園の内容として取り込んでいく過程で、実践者自らも、これに呼応して実践を提示していこうとする意識があったことがわかる。

（4）東京高等師範学校附属小学校の学校園の影響

東京高等師範学校附属小学校の学校園は、文部省や、全国的に影響のある講習会を介して広められていく。樋口長市による棚橋源太郎の回想においては[58]、棚橋の学校園研究の業績を評価し、文部省が棚橋の学校園の研究について「有益なる」ことを認め、「上梓して全国に配布した」と記憶されている。実際には、棚橋の著書『小学校に於ける学校園』は、一九〇五年一一月の学校園施設通牒が出された翌年一九〇六年三月に、文部省普通学務局より出版されている。

また、通牒が出されてまもない一九〇五年一二月二五日から同月三一日には、初等教育研究会が主催する「第二回冬季講習会」において、学校園に関する教員対象の講習がおこなわれていたことがわかる。この一九〇五年一二月に刊行された初等教育研究会の『第二回冬季講習会講義要目』には、講習会の講義要目が掲載されており、「学校園について」という題目があること、棚橋がこれを担当していることが確認できる[59]。一九〇五年一一月の『教育研究』の広告によれば[60]、会場は「東京高等師範学校附属小学校内（一ツ橋）」であり、毎日九時から一六時までの実施とあり、棚橋の講話は五時間とある。また「聴講者の資格」は「尋常高等小学校正教員の資格ある人に限る」と記される。一九〇五年一二月の『教育研究』に掲載された「第二回冬季講習会前記」と題した記事によれば[61]、講習会開催について初めて発表したのは一九〇五年一〇月一日発行の『教育研究』第一九号だが、これより前にすでに新潟県や埼玉県から申し込みがあったと述べられる。また参加者は、前回と比較して各府県の「師範学校の訓導諸氏、視学及び地方教育会代表者が増して居るやうに見える」とし、「これ等の人々の参会は、個人として働かる、上に、更に影響する処が広いと思う」と記される。

『第二回冬季講習会講義要目』の「学校園について」の内容は、一九〇六年二月の『教育研究』第二三号にも同じものが掲載される[62]。この記事によれば、大会への申込総数は「千百余」に達し、定員を超えたため謝絶をおこない[63]、最終的には七五〇名の参加になったという[64]。「控所」が五つ設けられ、第一、二控室には「関東」地方、第三控室には「奥羽」、「本州中部」地方、第四控室には「近畿」、「中国」、「四国」、「九州」、「韓国」地方、第五控室には「婦人」があてられており、全国各地から参加者を得ている様子がわかる。

おわりに

本章では一九〇五年の学校園施設通牒以前に、東京高等師範学校附属小学校の棚橋源太郎による理科教授などのために整備された施設があり、こうした研究が一九〇五年一一月の学校園施設通牒とむすびつき、同時に広められようとしていたことを確認してきた。

棚橋による従来の理科を中心とする実科への取り組みは、「実際的方面の価値」を重要視するために、「子どもの活動を通して事実を直接に観察する」という方法がとられるものであった。そしてその方法として用いられたのは「植物園」、「学校植物園」という名称をもつ施設であった。先行研究は、棚橋に対して初等教育における方法論研究の前衛と評価しながらも、必須要素であった施設そのものとの関係については関心が低かったと思われる。しかし、文部省が棚橋の研究を学校園施設通牒にとって必要な研究として位置づけていたこと、そしてこの通牒が学校園実施に関する一定の指針を示したことをふまえれば、棚橋による学校園研究の先駆性もまた評価されるべきである。

そして、その棚橋の学校園が、国際社会において活躍できる性格の養成という、道徳教育に関わる意義をもっていたことも重要である。これは、棚橋と学校園を直観教授との関連で論じてきた従来の説明に、訓育、訓練論の観点を加えることで明らかになったことである。さらに棚橋の学校園研究は、全国的に有用であることが求められた。そのため、棚橋が従来進めてきた理科教授のための施設としての意義だけでなく、農村部での活用も視野に入れてその内容、方法を提示する必要があったのだ。このことは、全国の小学校の「模範校」であった当時の東京高師附小の教員にとっても、関心の高い要件として自覚されていた。

こうした要求に応じるために棚橋が参考にしたのは、第三章で確認したような、農業教育の振興と密接に関わる既存の施設であった。学校園が全国的な普及を試みる施設であるために、当時の日本の大半を占める農村部の状況に適応させることは不可避であった。こうして棚橋の理科教授法の研究として進められていた「学校植物園」と、文部省の針塚長太郎が注目してきた農村部の取り組みが接合していった。そして、これをあと押ししたのは、日露戦争前後における帝国主義的段階の教育として要請された実業科目を重視する傾向であり、国際社会において活躍できる実行的な人物の養成を求める道徳教育の潮流であった。

注

（1）棚橋源太郎『小学校に於ける学校園』文部省普通学務局、一九〇六年三月。
（2）棚橋源太郎「小学校に於ける学校園」『教育公報』第三〇六―三〇八号、帝国教育会、一九〇六年四―六月（大空社、復刻版、一九九四年、以後に同じ）。
（3）『高等師範学校一覧』高等師範学校、一八九九年、一八八頁（「明治三十二年五月三十一日現在調」）。
（4）『高等師範学校一覧』高等師範学校、一九〇〇年、一八九頁（「明治三十三年五月三十一日現在」）。
（5）『東京高等師範学校一覧』東京高等師範学校、一九〇三年、一八二頁（「明治三十六年六月十五日現在」）。
（6）『東京高等師範学校一覧』東京高等師範学校、一九〇四年、一八四頁（「明治三十七年四月三十日現在」）。
（7）新井孝喜「棚橋源太郎における『郷土科』の構想」『棚橋源太郎研究』第二号、棚橋源太郎先生顕彰・研究会、一九九一年。
（8）稲垣忠彦、吉村敏之編『日本の教師七　授業を作るⅢ合科・総合学習』ぎょうせい、一九九三年。岩崎紀子は、棚橋の初等理科教授の構想を考察して、これが広く尋常小学校の教育課程全体に関心をもちながら各科の教授法研究に取り組んだもので、当時の主流であった五段階教授法の形式的な適用にとどまらないものであったと指摘する（岩崎紀子「棚橋源太郎の「郷土」観に見る初等理科教授の構想についての考察―東京高師附小における理科教授法の理論的構築―」『京都大学大学院教育学研究科紀要』第四六号、二〇〇〇年）。
（9）斎藤修啓「一九〇〇年代における棚橋源太郎による西欧博物館論の受容―博物館の教育活動と学校教育の関係に注目して」『日本の教育史学』第四一号、教育史学会、一九九八年。佐藤優香「教育博物館における教育機能の拡張―手島精一と棚橋源太郎による西洋教育情報の受容」『博物館学雑誌』第二三巻第二号、全日本博物館学会、一九九八年三月。福井庸子「棚橋源太郎の博物館教育論の形成過程」『早稲田大学大学院教育学研究科紀要』別冊第一二号（一）、二〇〇四年九月、他多数。
（10）中野光『大正自由教育の研究』黎明書房、一九六八年、五一―五七頁。
（11）同前、六〇、六一頁。

(12) 新井孝喜「明治中期東京高師附小における低学年中心統合法の実践—教育内容編制の原理にかかわって—」『教育方法学研究』第九号、筑波大学、一九九〇年。一八九五年より東京高師附小の教員となった樋口勘次郎の実践は、従来の画一的教授に批判を加え始めた「新教育」の先駆的な取り組みとされる（前掲、中野光『大正自由教育の研究』二一頁）。

(13) 東京高師附小の研究は多いが、近年においても同校の「教育実践における内容と方法の策定において主導的な地位にあった」点が着目され、大西公恵によってここでの「実践化」の過程と成果が検討されている（大西公恵「四章全国小学校訓導協議会における国語教育の再構築過程—読方教育をめぐる議論から」木村元編『一九三〇年代の社会と教育関係構造の史的特質—教育学、教員文化、教育実践に着目して—』（二〇〇八—二〇一〇年度日本学術振興会科学研究費補助金基盤研究(C)（課題番号20530686）研究成果報告書）二〇一一年三月、一一八—一六一頁。

(14) 『東京教育大学附属小学校教育百年史—沿革と業績』東京教育大学附属小学校創立百周年記念事業委員会、一九七三年、四五—四七頁。

(15) 前掲、新井孝喜「明治中期東京高師附小における低学年中心統合法の実践—教育内容編制の原理にかかわって—」。

(16) 溝上泰「社会科教育方法論の研究—わが国における直観教授の成立（その五）—」『広島大学学校教育学部紀要』第一部第六巻、一九八三年。

(17) ただし尋常小学校において理科教育が行われていなかったわけではなく、一八八六年の「小学校ノ学科及其ノ程度」で尋常小学校に課された「読書科」には「地理歴史理科ノ事項」を含まれており、これが一八八〇年前後に普及した実物教授、「庶物指教」等による教育が制度化されたもので、「読本の理科的教材文が、低学年の理科に代わる教材」であったことが指摘される（永田英治『新理科教育入門—理科教育教材史を基礎にして』星の環会、二〇〇三年、七二頁）。

(18) 前掲、溝上泰「社会科教育方法論の研究—わが国における直観教授の成立（その五）—」。なお、同校ではこれに先立って、一八九六年より第一部においては尋常小学校一、二年に対して、第二部、第三部においては高等小学校一、二年に対して、地理、歴史、理科などの実科の基礎にあたる科目を設けていた経緯もある。

(19) 前掲、中野光『大正自由教育の研究』六〇―六一頁。

(20) 稲垣忠彦『増補版 明治教授理論史研究―公教育教授定型の形成』評論社、一九九五年、一二九頁。

(21) 東京高等師範学校附属小学校編『小学校教授細目』東京高等師範学校附属小学校、一九〇三年四月。ほかにも、棚橋が植物園等の設置について言及したものが複数確認できる。一九〇二年に開催された「育成会の講習」の「実科教授」の講演で「植物園」の必要性を説いている(香月喜六著、岡村猪之助校閲『学校園設置法』、育成会、一九〇五年一二月、一二一―一五四頁)。また一九〇一年から一九〇三年までの棚橋の理科教授等に関する著作では、学校内での実物材料として「学校内ノ花園・小池」等を挙げている(棚橋源太郎『理科教授法』金港堂、一九〇一年、六七頁。棚橋源太郎『小学各科教授法』金港堂、一九〇二年、四三頁。棚橋源太郎『尋常小学に於ける実科教授法』金港堂、一九〇三年、七四―九九頁)。さらに一九〇三年四月に刊行された『文部省講習会理科教授法講義』でも「都市小学校理科教授細目の一例」のなかで「春の園」や「庭園」等を挙げ、理科教授上必要な用具や「教授の予備又は応用段の仕事」の内容を説明するなかで「学校植物園」について六頁にわたって述べている(棚橋源太郎『文部省講習会理科教授法講義』宝文館、同文館、一九〇三年、三五八―三六三頁)。

(22) 棚橋源太郎『文部省講習会理科教授法講義』実文館・同文館、一九〇三年、三五八―三六三頁。

(23) 同編は第一章「学校儀式の訓練的価値」、第二章「講堂訓諭の訓練的価値」、第三章「旅行の訓練的価値」、第四章「作業の訓練的価値」、第五章「会合の訓練的価値」で構成される。このうち第四章において「感情の養成」について記される。

(24) 東京高等師範学校附属小学校『茗渓叢書・学校生活―東京高等師範学校附属小学校に於ける訓練に関する研究報告―』茗渓会、一九〇二年、四二―四三頁。

(25) 同前、八六頁。

(26) 国立教育研究所編『日本近代教育百年史』第四巻、教育研究振興会、一九七四年、九八七―九八九頁。

(27) 宮田丈夫は日常の習慣形成から始めることで訓育の効果を高めようとする試みであったものだとする(宮田丈夫『実践教育学―今日的課題とその進路』明治図書、一九六一年)。

(28) 中野光「明治後半期における訓育・訓練論—帝国主義的学校論の一側面—」『金沢大学教育学部紀要』第一五号、一九六六年一二月。
(29) 小股憲明「天皇制立憲体制下の公認国民像—日露戦争前までの議会を中心にして—」『京都大学教育学部紀要』第二三号、一九七七年三月。
(30) 山住正己『教育勅語』朝日新聞社、一九八〇年、九〇頁。
(31) 高橋陽一「吉田熊次教育学の成立と教育勅語」『明治聖徳記念学会紀要』復刊第四二号、明治聖徳記念学会、二〇〇五年一二月。
(32) 前掲『日本近代教育百年史』第四巻、九八二、九八四頁他。
(33) 同前、九八七—九八八頁。
(34) 木村範子「明治末から大正期における東京高等師範学校附属小学校の訓育問題」『筑波大学学校教育論集』第三〇巻、二〇〇八年三月。
(35) 棚橋源太郎「実際的見地より見たる現今小学校の教授」『教育研究』第一四号、大日本図書、一九〇五年五月（教育出版センター、復刻版、一九八四年、以後に同じ）。
(36) 前掲、稲垣忠彦『増補版　明治教授理論史研究—公教育教授定型の形成』、三五六—三五七、三七六頁。一八九〇年の小学校教則大綱の第八条では、理科について「理科ハ通常ノ天然物及現象ノ観察ヲ精密ニシ其相互及人生ニ対スル関係ノ大要ヲ理会セシメ兼ネテ天然物ヲ愛スルノ心ヲ養フヲ以テ要旨トス」と規定している。稲垣によればこれは心情への教科の関連付けという広義の「国民的徳性の陶冶」の表れだとされ、理科が「自然科学の思想とははなれた事典的知識、概括的知識が心情との関連、実用との関連とともに目的とされている」ことが指摘される。
(37) 前掲、新井孝喜「棚橋源太郎における「郷土科」の構想」。
(38)『官報』第三五二五号、一八九五年四月四日。新井は一八九五年五月の『大日本教育会雑誌』第一六五号の同記事を引用している。

(39) 棚橋源太郎「戦時に於ける所感」『神奈川県教育会雑誌』第六号、神奈川県教育会事務所、一九〇五年一〇月。

(41) 棚橋源太郎「学校園を観る」『教育研究』第一九号、大日本図書、一九〇五年一〇月。

(42) 棚橋源太郎「附属小学校時代の思出」『教育研究』第四八六号、一九三八年九月、一一七―一一八頁。また『東京教育大学附属小学校百年史』では、棚橋源太郎が「農科主任教授佐々木祐太郎」の指導を受けて実地に試みたことが述べられている（前掲『東京教育大学附属小学校教育百年史』三四頁）。

(43) 加藤末吉「功績の片鱗」『教育研究』第四八六号、一九三八年九月、一二六―一二七頁。

(44) 次に示すとおり加藤の振り返っている内容と、棚橋の「学校植物園」に関する記述を比較しても、同様のことを述べていると考えられる。「染科、繊維科、薬用、油料等の工芸作物及有用作物有用樹木毒草等を培養して、一は平常共存体として観察を得しめ、又一には教室教授の実用に資せんとするのである。故に一部には、翁鬱たる叢書或は掃溜のやうなものや或は水草湿草竝に水棲動物の群生する小池等も必要とする」（前掲、加藤末吉「功績の片鱗」）。

(45) 『日本帝国文部省第三十年報自明治三十五年至明治三十六年』文部大臣官報文書課、一九〇四年、四―五頁。

(46) 加藤末吉「理科」『教育研究』第二二号附録、一九〇六年一月、二九―三一頁。

(47) 「小学校に於ける学校園」『教育公報』第三〇六―三〇八号、一九〇六年四―六月。

(48) 佐々木祐太郎『学校園の内容』成美堂、一九〇八年、一―二頁。

(49) 棚橋源太郎「学校園を観る（続）」『教育研究』第二〇号、大日本図書、一九〇五年一一月。

(50) 前掲、棚橋源太郎「学校園を観る」。

(51) 前掲、香月喜六著、岡村猪之助校閲『学校園設置法』一二一―一五四頁。所在地は香川県三豊郡和田村とある。

(52) 前掲、棚橋源太郎「学校園を観る」より再引用。

(53) 前掲、棚橋源太郎「学校園を観る（続）」。

(54) 前掲『東京教育大学附属小学校百年史』九七―一〇四頁。
(55) 前掲、国立教育研究所編『日本近代教育百年史』第四巻、九七四頁。
(56) 雑報子「雑報」『教育研究』第一六号、一九〇五年七月。
(57) 「学校園」『教育研究』第一七号、一九〇五年八月。
(58) 樋口長市「リヤリズムの教育家棚橋君」『教育研究』第四八六号、一九三八年九月、一一九―一二〇頁。
(59) 東京高等師範学校附属小学校初等教育研究会『第二回冬期講習会講義要目』初等教育研究会、一九〇五年、六八―七四頁。
(60) 『教育研究』第二〇号、一九〇五年一一月、広告。
(61) 「第二回冬期講習前記」『教育研究』第二一号、一九〇五年一二月。
(62) 「初等教育研究会第二回冬季講習会状況」『教育研究』第二三号、一九〇六年二月。
(63) 当日の参加者数は次の文を参考にした。「僅々三四百を納るるに足るべき面積に、殆んど倍数を収容することとて混雑の少なからざらんを憂慮し」（前掲「初等教育研究会第二回冬季講習会状況」）。
(64) 粟野冷佑「教育団体の運動」『教育研究』第二二号附録、一九〇六年一月、七頁。

第五章　一九〇五年の学校園施設通牒における学校園の成立

はじめに

本章では、学校園施設通牒のもとで成立する学校園の概念を明らかにしていく。具体的には学校園施設通牒本文と、同時に送付された参考書の分析を中心におこなう。第三章、第四章で対象とした学校園施設通牒に直接関わる先行事例もふまえ、学校園に込められた期待や学校園の普及を促した背景について考察していく。

第一節　学校園施設通牒の検討

(1)　学校園施設通牒本文

まずは学校園施設通牒の本文そのものに記された内容を検討する。法令解釈においては、制定過程や審議過程を明確にすることが歴史的研究において重要だが、棚橋や針塚などの事前の研究、調査などから推測できる事項を除いては、こうしたプロセスを示す史料は確認できなかった。それゆえに、学校園施設通牒の本文の文言そのものを読み取ることが一層重要となる。学校園施設通牒の全文は次のとおりである。

学校ノ児童生徒ヲシテ動植物ノ愛護育成ニ従事セシメ天然ノ風光ニ浴セシメ努メテ自然ニ接触セシムルハ高尚ナル趣味ノ助長、品性ノ陶冶、美的観念ノ発暢、労働勤勉ノ習性ヲ養成スル等ノ点ニ於テ頗ル有効ト認メ候而シテ学校園ノ施設ハ此等ノ目的ヲ達スルニ優良ナル一方法ニシテ欧米諸国ニ於テハ既ニ之ヲ実施シテ好果ヲ収メツヽアリ本邦ニ於テモ近年其必要ヲ認ムルニ至レルカ如キモ其施設ノ尚微々タルハ頗ル遺憾トスルトコロニ候依テ学校ニ於テハ土地ノ情況ニ応シ便宜ノ方法ニヨリ成ルヘク学校園ノ施設ヲナシ以テ自然物ノ観察研究ト品性ノ陶冶養成ニ資シ教育ノ効果ヲ円満ナラシメ候様致度依命此段及通牒候也
追テ別冊学校園及ライン氏教育百科全書中学校園ニ関スル部分ノ抄訳御参考ノタメ及送付候条御管内郡役所（島庁）市役所、師範学校、中学校、高等女学校、実業学校及県（府）教育会、（公私立図書館）等ニ御配布相成度此段申添候也

学校園施設通牒は一九〇五年一一月一日に文部省の普通学務局、実業学務局の両学務局長より連名で各地方長官に出された[1]。ここで第一に確認しておきたいことは学校園施設通牒が出されたことの重要性である。学校園施設通牒の本文第三段においてこれが依命通牒であることが示されているとおり、普通学務局長、実業学務局長のみの意向によって出されたものではなく、「依命」として、つまり文部大臣の命令によって出されたものであることがわかる。つまり、文部省が学校教育上の課題として学校園の実施を位置づけ、これに関する一定の指針を全国にむけて示そう

としているのである。

学校園施設通牒は、一九〇五年一一月八日の『官報』では「学校園ノ施設ニ関スル通牒」と題され[2]、『文部省例規類纂』では「学校児童生徒ノ自然物観察研究及品性陶冶養成ノ為学校園施設方」と題されて集録された[3]。タイトルのとおり、教育対象は「学校児童生徒」であり、同様の表現を本文冒頭の「学校ノ児童生徒ヲシテ」で確認できる。尋常小学校や高等小学校等で初等教育を受ける児童と、中等教育を受ける生徒を対象としている。また本文の追而書では、参考書配布先に「師範学校、中学校、高等女学校、実業学校」という中等教育レベルの学校を、網羅的に示している。つまりは幼稚園や高等教育機関をのぞいて、初等中等教育の児童生徒全般が対象とされていることをまずは確認したい。

タイトルには目的として、「自然物観察研究及品性陶冶養成ノ為」と表記される。これは、本文第三段の「自然物ノ観察研究ト品性ノ陶冶養成ニ資シ」という文言とほぼ同様の表現である。「自然物観察」とは、博物教授など理科教育と関連する内容である。ただし、一九〇二年以来の棚橋源太郎による理科教授のための「学校植物園」では、「写生材料」としても利用できることも言及された。そのため、様々な教科教授での「自然物観察」を指している可能性もある。一方、「品性陶冶養成」とは、道徳性の涵養に関わる広い意味での道徳教育である。本文の検討で詳細にふれるが、タイトルにおいて学校園設置の主たる目的に、こうした道徳教育の内容が明記されていることに留意したい。

また先述のとおり、「学校園施設方」の「施設」について、今日では施設という言葉は、日常語としても、学校や行政の用語としても、「施設設備」、「施設の拡充」という形で、建物などの構築された物をさすが、学校園施設通牒でいう「施設」は構築された物よりも構築する行為を意味している。よってタイトルに関しては「学校園を実施していく方法について」と理解するのがよい。

本文は候文で書かれ、候で切れる三段から構成され、さらに追而書がある。第一段は教育方法や教育目的を明示する。そして第二段は第一段を受けてかかる目的を達成する具体的方法として学校園を明示する。そして第三段は直接の目的を明示して「依命通牒」であることを文末で示す。そして追而書では参考書の配布を明示する。

第一段は次のように記される。

学校ノ児童生徒ヲシテ動植物ノ愛護育成ニ従事セシメ天然ノ風光ニ浴セシメ努メテ自然ニ接触セシムルハ高尚ナル趣味ノ助長、品性ノ陶冶、美的観念ノ発暢、労働勤勉ノ習性ヲ養成スル等ノ点ニ於テ頗ル有効ト認メ候

児童生徒に「動植物ノ愛護育成」に従事させ、「天然ノ風光」を浴びさせて、できるだけ「自然」に接触させるという方法が、「高尚ナル趣味ノ助長」、「品性ノ陶冶」、「美的観念ノ発暢」、「労働勤勉ノ習性」の養成などのために非常に有効であると述べられる。

まずこの段の構造を確認しておきたい。前半に三つの方法が挙げられ、この方法によって達成できる目的が後半に四つ挙げられている。一見した限りでも、後半の目的は児童生徒の人格、内面について述べられており、道徳性の涵養に関わる内容であることがわかる。つまりこの第一段は、道徳教育の方法として、「動植物ノ愛護育成」に従事させ、「天然ノ風光」を浴びさせて、できるだけ「自然」に接触させることが有効であると述べる段なのである。

方法の一点目にある「動植物ノ愛護育成」は、児童生徒による作業に着目したものである。「動植物の愛護育成」の動植物とは、タイトルでいえば「自然物」にあたり、自然物を「愛護育成」することと言い換えることができる。「愛護」という言葉があることで、これが単に自然物を飼育栽培するものではなく、「愛でる」、「大切に思う」という感情を伴う作業であることが要されるのである。

三つの方法すべてに共通していることだが、文中の「セシメ」、「セシムル」という表現は児童生徒を使役の対象にするものである。とりわけここでの児童生徒に愛護育成に従事させる、という文言は重要である。それは愛護育成という感情を伴う作業への従事を強いているからである。これが単に自然物を理科教授の実物材料としてみなすような「観察」と大きく異なる点である。また、自然物の「育成」は自然物の成長への積極的な介入を意味し、継続的な手入れなどの作業が求められる。このため一方的に、また一時的に見ることに終始する「観察」以上に、自然物を愛でる機会が設けられることになる。つまり「動植物の愛護育成」には、心のあり方に関与する道徳教育の観点が含まれるのである。

一方、二点目の「天然ノ風光」を浴びさせるという行為は、これまでにも学校衛生上の配慮から実施されてきたことであり、『学校管理法』などにおいては「採光」が校舎建築の条件として記されてきた(4)。重要なことはこれが、後半の道徳教育の目的を達成するための方法として言及される点である。この点は後に詳述する。

三点目では、「自然ニ接触」させるという、極めて広範な解釈が可能な言葉が用いられる。この文言は既に挙げた二つの方法を総じて述べたものであり、方法の一点目にあったような可視化できる「自然」も、二点目にあった「風光」などの照度、温度、湿度といった環境条件としての「自然」も、ともに含んで「自然」が想定されていると解釈できる。

このとおり、方法については、児童生徒を「自然」に触れさせることを重視し、作業を含めたあらゆる機会を多く設けることが求められた。これらの方法は後半の「高尚ナル趣味ノ助長」、「品性ノ陶冶」、「美的観念ノ発暢」、「労働勤勉ノ習性」の養成という道徳教育と関連する四つの目的にかかる。ここに、日本の近代教育が始まって以来確認できた類似の施設と、学校園との大きな相違を確認することが出来る。とりわけ、二つ目の「品性ノ陶冶」という文言に着目すると、これがこの時期広汎な影響力をもっていたヘルバルト教育学における道徳教育の目的と関わることは明解である。

品性は character の翻訳語として定着しているが、日本語としての「品」は、古代律令制では「一品」「二品」といった親王の位階や、現在でも使われる「上品」、「下品」という言葉とあいまって、ランク付けをイメージさせる言葉であり、「品性陶冶養成」という言葉にも微妙なニュアンスを与える。ここで考えたいのは、ヘルバルト教育学における品性である。ヘルバルトは、教育の主要な任務を道徳性の陶冶とした。そして道徳の中核には人間主体の選択の自由があり、生徒自身による善悪の選択をできるようにすることが「品性陶冶」だという。この善悪を判断する本来的能力で、論理に先立つ「絶対的なもの」が、「美的判断」だと説明される。学校園施設通牒の「品性ノ陶冶」、「美的観念ノ発暢」とは、ヘルバルト教育学において主要な課題とされた道徳性の陶冶に関わる重要な概念なのである。(5)

また学校園施設通牒と同時に配布された参考書に「ライン氏教育百科全書中学校園ニ関スル部分ノ抄訳」があるが、この「ライン氏」とは、まさにヘルバルト派の代表人物とされる Wilhelm Rein のことである。第二章では、明治三〇年代にヘルバルト派のW・ラインの教授理論が積極的に取り入れられるなか、一九〇二年には東京高等師範学校の乙竹岩造が学校園の説明をしていたことを確認した。日本においては、ヘルバルトの理論から離れて徳育重視の風潮のもとで、その合理化として援用されていたことが指摘されるが(6)、学校園施設通牒においても、このようなヘルバルト派によって提唱された「品性」や「美的」といった文言が、道徳教育の内容とともに掲げられる。

中野浩一が指摘するとおり、ヘルバルトは、ペスタロッチ同様に、「身体を通しての精神面への働きかけ」の作用を認めつつも、この目的を「徳性」に限定していた点に特徴が認められる(7)。自然に接触し、身体を通すことで教育効果を高めようという試み自体は、明治初期より理解されてきたものであるが、これが道徳教育の目的に限定された方法であることが従来とは異なる点なのである。

四点目の「労働勤勉ノ習性ヲ養成」については、第三章にて確認した農業教育の動向と関係していることが理解できる。一八九一年一一月文部省令第十一号の小学校教則大綱第十六条では、高等小学校の教科に農業を加えることについて、農業の趣味を助長、節約利用、勤勉儲蓄の習慣の養成が明記された。また同規程では手工科について、「勤労ヲ好ムノ習慣」、「節約利用ノ心ヲ養フ」ことも記される。稲垣忠彦が、明治二〇年代の実業教育の振興の主張、施策における主要な目標に「国民的徳性」の養成と、「国民的実用知・技術」の教授が位置づけられたと指摘したとおり(8)、ここにも実業教育に関わる道徳の内容が確認できる。学校園施設通牒における「労働勤勉ノ習性」という文言が、まさにこの実業教育の振興とともに論じられた道徳性の涵養に関わる目的と、同一の表現を用いているということを確認しておきたい。

このとおり第一段においては当時の道徳教育に関連深い文言が用いられ、学校園の方法と内容が説明されていた。

ここにタイトルで一番目に記された「自然物観察」に関わる文言が一見して読み取れないことにも留意しておきたい。

続いて第二段は次のように記される。

而シテ学校園ノ施設ハ此等ノ目的ヲ達スルニ優良ナル一方法ニシテ欧米諸国ニ於テハ既ニ之ヲ実施シテ好果ヲ収メツヽアリ本邦ニ於テモ近年其必要ヲ認ムルニ至レルカ如キモ其施設ノ尚微々タルハ頗ル遺憾トスルトコロニ候

この段において、第一段で挙げられた目的を達成する方法のひとつとして、学校園が有効であることが確認される。「此等の目的」、つまり「高尚ナル趣味ノ助長」、「品性ノ陶冶」、「美的観念ノ発暢」、「労働勤勉ノ習性ヲ養成」といった道徳教育上の目的のための施設としての有効性である。同時に、学校園は「動植物ノ愛護育成」に従事させ、「天然ノ風光」を浴びさせて、「自然ニ接触」させることを可能にする施設であることも記される。

さらにこのような学校園の実施について、欧米諸国ではすでにおこなわれて良い結果を得ていること、一方日本では近年必要性が認められてきたものの、わずかな整備に過ぎないことが述べられる。そして欧米諸国の動向への関心の高さに対して、日本のがそれに追いついていないことを遺憾としている。

海外における学校園については、第一章でも確認したとおり、一八七八年の雑誌記事や(9)、一八八〇年の翻訳記事(10)等において言及されているように、明治初期の段階でも認識されていた。ここから間をおき、再び学校園の海外事例が注目され始めるのは、一九〇〇年代になってからであった。第四章で確認したとおり、一九〇二年には乙竹岩造が小学校の教授、訓練を説明する書籍のなかで、W・ラインの『学校園』と関係する学校園を引用していた。さらに一九〇五年の夏以前には、棚橋源太郎によって「外国で現に経営されて居る学校園の模様や、理論の外国の書籍に載つて居るもの」が参考にされていた。[11] つまり学校園は、海外から移入された施設として理解されてきたのである。

学校園施設通牒自体においては、追而書の「ライン氏教育百科全書中学校園ニ関スル部分ノ抄訳」を参考のために配布するという文言によって、参考書自体を読むまでもなく学校園の外来性が示されている。通牒を一見した限りでも、学校園として目指すべき理想像が海外事例のなかにあることが読みとれる。また日本の状況に対しては、近年必要性が認められてきたと述べている。この状況と学校園への期待に関しては、次節において検討する。

ここまでの検討でわかることは、学校園が、道徳教育の目的を達成するために有効な方法として理解されていること、またそのモデル像が海外事例によっていることである。言い換えれば、道徳教育の効果を高めるための方法として、海外事例を取り入れているといえる。第一段において、四つの目的がヘルバルトの言及する道徳の内容であったことや、追而書においてW・ラインの教育百科事典の一部分が参考とされていることからも、学校園施設通牒に限っていえば、ヘルバルト派の教育学に基づく実践が参考として示されていることが明らかである。

続いて第三段は次のように記される。

> 依テ学校ニ於テハ土地ノ情況ニ応シ便宜ノ方法ニヨリ成ルヘク学校園ノ施設ヲナシ以テ自然物ノ観察研究ト品性ノ陶冶養成ニ資シ教育ノ効果ヲ円満ナラシメ候様致度依命此段及通牒候也

ここでは、土地の状況に応じた方法で、出来るだけ学校に学校園を設けるよう記される。学校園の実施が「自然物ノ観察研究」、「品性ノ陶冶養成」の助けになり、教育の効果を高めることができるという。「自然物ノ観察研究」という理科教授等においても学校園が有効であるとする文言はここで初めて登場する。ここまでには道徳教育上の活用が主に述べられていたが、理科教授等での活用の有効性が併せて述べられることで、学校園の教育全体に対する効果が示されるのである。

「土地ノ情況」とは、大きく分ければ農村部と都市部の違いを指していると理解できる。両者に対するそれぞれの運営方法の区別は、学校園施設通牒の参考書とされたラインの教育百科事典の抄訳『学校園』でも、針塚長太郎の著書『学校園』でも記されているし[12]、第二章で確認した一九〇二年の乙竹岩造の学校園の説明でも記されていたとおりである。学校園の内容、運営方法には弾力性があり、決して一律である必要がない。つまり学校園は、全国の地域差に対応して、様々な内容と方法を含みこむ包括的な概念として設定されているのである。

さらに第三段を本文全体の構造とあわせて検討してみたい。再論するが、第一段において、自然への接触などが、道徳教育上の目的を達成するための方法として有効であることが示され、第二段では、この方法のひとつに学校園があることが示された。そして第三段で、学校園の他の利点や運営方法などが説明された。つまり学校園施設通牒本文の概ねは、道徳教育の方法としての有効性が述べられる。第三段において、「自然物ノ観察研究」にも有用である旨も述べられるが、記述の比重は軽く、学校園設置の利点をアピールするために補足的にとりあげているともいえ、全体としてはむしろ、単にテキストなどを用いるだけではない道徳教育の方法上の工夫の必要性と、学校園という具体的な方策について述べる文章なのである。これは、第四章において確認した、学校のあらゆる場に訓練の機会を設けようとする、一九〇〇年代の道徳教育の潮流にまさに一致する。

最後に追而書は次のように記される。

追テ別冊学校園及ライン氏教育百科全書中学校園ニ関スル部分ノ抄訳御参考ノタメ及送付候条御管内郡役所（島庁）市役所、師範学校、中学校、高等女学校、実業学校及県（府）教育会、（公私立図書館）等ニ御配布相成度此段申添候也

「別冊学校園及ライン氏教育百科全書中学校園ニ関スル部分ノ抄訳」が参考書として、広範な行政機関、教育機関へ配布されるように述べる。参考書として具体的な著書名が通牒において明記されていること自体、特筆すべきことである。通牒の主旨に基づいて参考書が配布されることは珍しくはないが、この場合、通牒本文に参考書のタイトルが明記されるため、この著書自体も学校園施設通牒と同等の効力をもって配布先に影響を与えることになるのである。「学校園」とは、一九〇五年一〇月二八日に文部省普通学務局より刊行された『学校園』である。緒言には「針塚本省視学官」の調査したものに係るとあり、さらに一九〇五年一二月三一日には、同内容の著書『学校園』が、針塚長太郎の名前で国民教育社より刊行されていることから、これが針塚長太郎の著書であることがわかる。「ライン氏教育百科全書中学校園ニ関スル部分ノ抄訳」とは、文部省普通学務局より一九〇五年一〇月二五日に出された文部省普通学務局訳『学校園』であり、同書は一九〇五年一二月一八日に京都第二部学務課より翻刻版が出されている。[13] 原著は Rein. W. "Encyklopädisches Handbuch der Pädagogik" に収録されている、Gang. E.'Shulgarten' である。

この著書の配布先には「御管内郡役所（島庁）市役所、師範学校、中学校、高等女学校、実業学校及県（府）教育会、（公私立図書館）」が挙げられる。学校園施設通牒が初等教育、中等教育の児童生徒を対象にしているものであることは先に述べた。小学校については、配布先にあげられないが、「郡役所（島庁）市役所」や、「県（府）教育会」が小学校の管理経営に関わって影響を与えていたことをふまえれば、小学校にもこれらの機関を通じてこの内容が伝達されていた可能性は充分にあり得る。中等教育については「中学校、高等女学校、実業学校」とあるとおり直接配布が図られる。実業学校のなかには農学校なども含まれるが、それだけではなく、初等、中等教育機関全体に配布されることを示している。

学校園施設通牒の主旨をまとめたい。まず「品性陶冶ノ養成」を中心とした広義の道徳教育にとって有効な学校園という施設は、「自然物ノ観察研究」という理科教授などにおいても有効であり、総じて「教育」の効果を高めることのできるものであるので、全国各地で便宜の方法をもって実施をするよう説明された。そしてこれは特に初等、中等教育において実施されるよう期待され、関連する機関に対して学校園実施のための参考書の配布が図られた。道徳教育だけでなく、もちろん理科教育などにとっても有効で、それぞれの状況に応じて弾力的な運営が可能である包括的な施設であることを示し、そのことで全国の量的拡大を促進しようと試みられた。そしてこうした構想は、第四章で確認したとおり、東京高等師範学校附属小学校の棚橋源太郎の研究においても確認できるものであった。

（2）参考書の内容

学校園施設通牒本文においては、学校園の道徳教育上の有効性が強調されたが、これが学校園施設通牒と同時に配布された参考書ではどのように扱われているのか。『学校園』[14]の著者である針塚長太郎は、第三章で確認したとおり、農学に基盤をおき、実業学務局で農業教育の振興に携わっていた人物である。[15]一九〇〇年には、文部省図書審査官と高等師範学校の農学の教授を兼ねている。[16]同年、棚橋源太郎も高等師範学校の教諭兼訓導を務めていたことから、棚橋の研究を目にしていた可能性もある。

針塚の『学校園』の緒言では、「本編は針塚本省視学官をして欧米諸国に行はるる学校園の実況に基き我国の事情を斟酌し以て地方教育当局者の参考に資せんか為調査せしめたるものに係る」と記される。本書は「学校園の目的」、「学校園施設の方法」、「海外に於ける学校園の情況」から構成されるが、それぞれの項目において随処に海外事例が引用され、学校園の経営について具体的な植物名や園芸の技術にまで言及されている点が特徴である。この一冊をもって学校園が網羅できるマニュアルのようなつくりになっている。さらに文中には「ボスコンブ、ブリティッシュ、スクール学校園の全区画を示す図」(図1)、「全上各区の作付を示す」図が載せられ、[17]巻末には「まるぶるぐ市立男児小学校学校園」(図2)、「まるぶるぐ植民学校学校園」と題された図が載せられる。[18]これらの図からは、学校園が、土地を区画して様々な植物を配置するものであることが伝わる。この学校園に対するイメージが一見して読者に伝わったことが予想される。

内容を確認すると、「学校園の目的」の項目については、学校園施設通牒と同様の論理が展開されている。それは現在の教育情勢における問題点を挙げ、これに応じる解決方策が論じられている状況を示し、その方向性において学校園が有効な方法のひとつであるとする構造である。

まず近年「活用的教育」を必要とする声が高まり、「教育は活動しつゝ、ある社会と密接の関係をとりて相呼応して

図１　ボスコンブ、ブリチィツシュ、スクール学校園の全区画を示す図

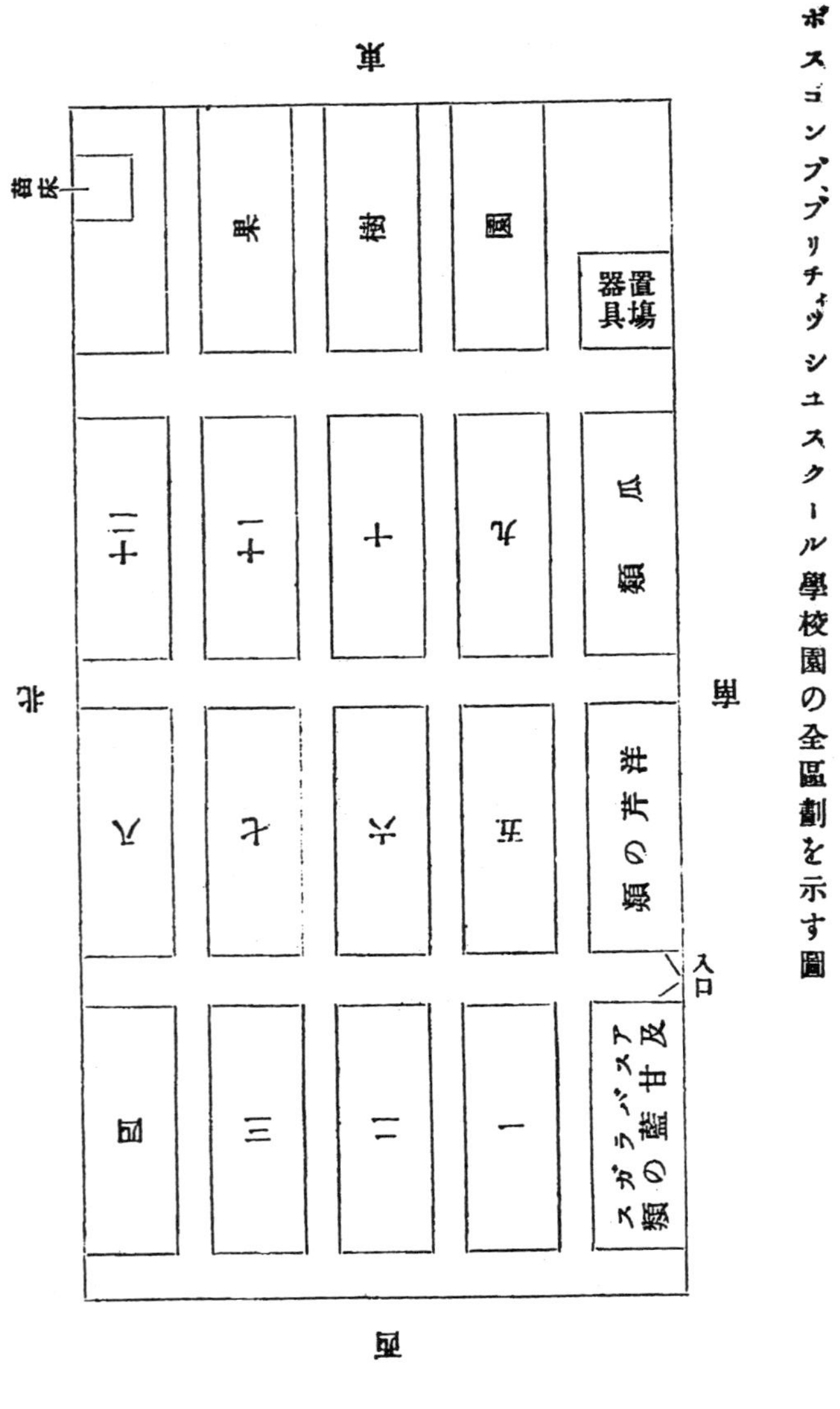

ボスコンブ、ブリチィツシュ、スクール學校園の全區劃を示す圖

東　西　南　北
苗床
果樹園
器具置場
瓜類
洋芹の類
アスパラガス及甘藍の類
入口
一　二　三　四　五　六　七　八　九　十　十一　十二

図２　まるぶるぐ市立男子小学校学校園

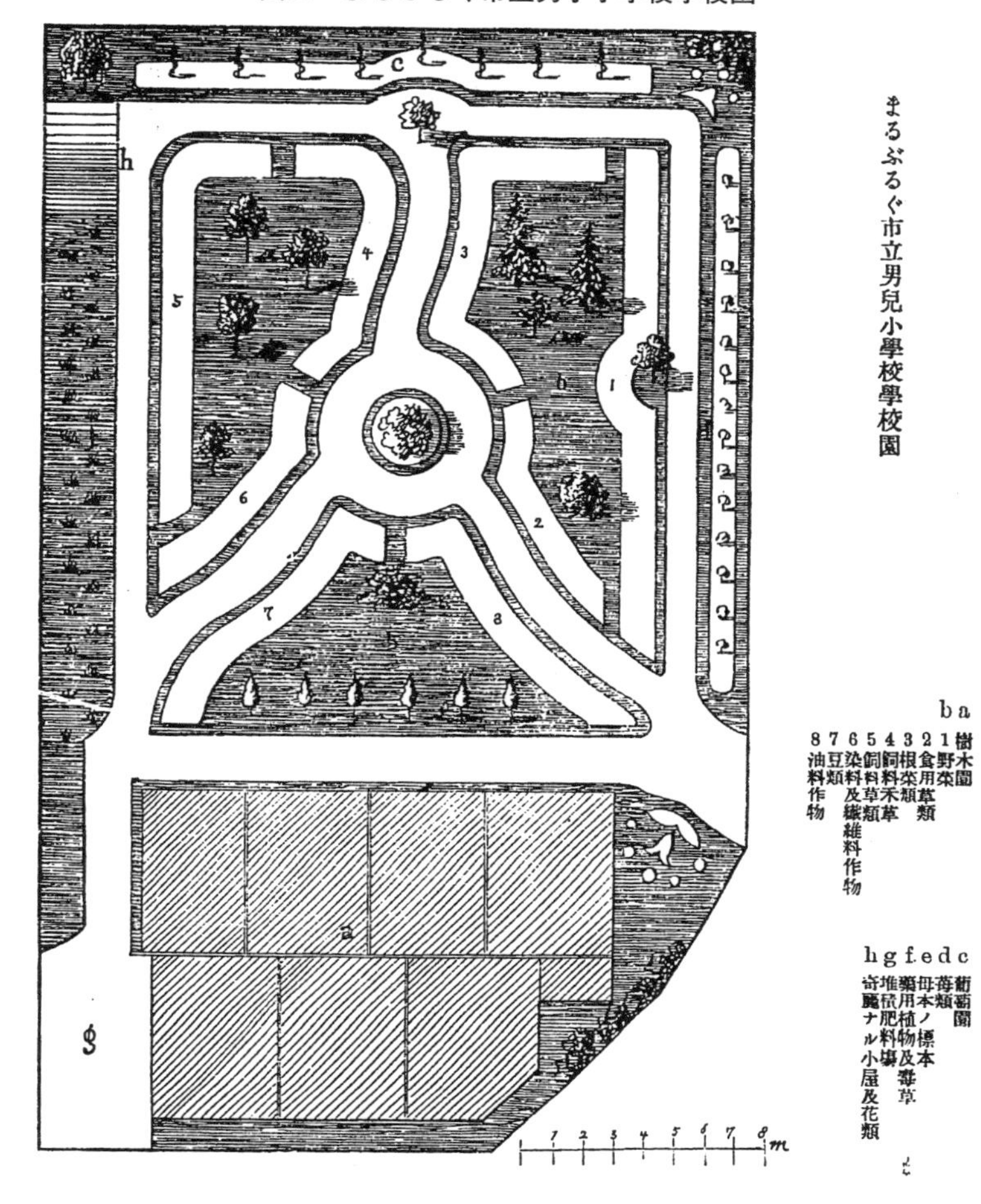

社会有用の人物を養成せさるへからす」、「美的観念の養成に力め品性を高尚にし趣味と希望とに富む国民を養成せさるへからす」、「勤勉忠実にして公利公益を重んじ雄大の気宇を備へ身体飽迄強健なる国民を養成せさるへからす」という教育への要求がでていること、そしてこれに対して、「現時の教育制度を見るに規程の示すところ訓令の説明するところ学科課程の配置等悉く如上の要求を充たさんとする意志の存するを見さるなし」という状況を確認する。

ここで針塚が述べている人物像は、「社会有用の人物」としての「国民」である。単純に道徳を内面化して体得するという消極的な道徳教育ではなく、自らが主体的に社会の一翼を担うことを求めているのであり、これを「活用的教育」と呼んでいる。「雄大な気宇」を「国民」一人ひとりに養うという発想が、この時期の「帝国主義」における道徳教育の動向とやはり重なるのである。

そして、「教育諸大家」もこうした課題をうけとめ、教育上の欠点を補うために、「手工科教授」、「自然科教授」の研究に取り組んでいるという。手工科教授については一般に「公益」が認められているが、自然科教授については言及が少ないとして、自然科教授の「教育上価値大なること」を主張する。自然科教授とは、「自然物若くは自然現象の自然に依りて彼の如く自然なる状態並に複雑微妙なる相互の関係を授くる」ことだという。また「審美は自然美なり高潔の趣味は自然の接触に依りて得らるへく心身の円満なる健康状態は自然に近つくに従つて増し」と述べる。つまり、「自然」に関する知識を得るのと同時に、自然への接触によって心身にも効果的であることが主張される。

そして「而して実に学校園は自然科（Nature study）の一部にして学校教育に自然（Nature）を連結し又公徳心を養成する等の点に於て社会を連結し而して学校教育に一段の活気を附与するものなり之を左に列記せん」として自然科教授の一部として、また公徳心の養成といった道徳教育の方法としての学校園の有効性が説かれる。列記された内容は次のとおりである。

一、教室内に於ける博物の教授に最も善き直観教授の材料を与ふること
二、博物教授の実地適用を行ふこと
三、自然に接触すること
四、美的観念を養成すること
五、品性の陶冶に少なからさる効果を与ふること
六、考按の力を養ひ観察力を助長すること
七、児童の心情と肢体とを活動せしめ心身の円満なる発達を遂けしむること
八、勤勉忠実の風習を発達せしむること
九、学校生活と社会との接触を保つ上に於て最も適切なること
十、学校を装飾し、快感を与ふること

一〇の項目のうち、教科教授の方法として有効性を説くものは二つにすぎない。残りの八項目は、学校園施設通牒の本文第一段において記された、「学校ノ児童生徒ヲシテ動植物ノ愛護育成ニ従事セシメ天然ノ風光ニ浴セシメ努メテ自然ニ接触セシムルハ高尚ナル趣味ノ助長、品性ノ陶冶、美的観念ノ発暢、労働勤勉ノ習性ヲ養成スル等ノ点ニ於テ頗ル有効ト認メ候」という道徳教育の方法と目的に関するものと、類似の文言が用いられている。つまり針塚の

『学校園』でも、知識教授を筆頭に挙げながら、道徳教育に比重が置かれて学校園の有効性が論じられるのである。

W・ラインの『学校園』は、[19]「一、歴史」、「二、設置及び整備」、「三、学校園内の種々の区分」、「四、学校園の処理」、「五、学校園に於ける教授」、「六、其の教育学上及経済上の意義」から構成される。「五、学校園に於ける教授」では、学校園は「多くの教授の上に諸々の直観対象を配給し若くは其れ自身勝れたる直観方便」であると述べられる。「六、其の教育学上及経済上の意義」では、「学校園は教授上の価値のみならず訓育の方便として価値あり其主たる目的は労働の習慣を与ふるにあり」と、訓育上の方法としての意義が述べられる。さらに、このための場所は他に「学校職工場」などがあるが、「労働の快楽を知らしめ自己の力に依頼するの風を養ふ又新鮮広潤なる空気の中にて労働する」ことのできる場の方が、児童の健康にも利益があるという。労働の習慣を与えるという訓育上の方法として、快楽と共に、自らの力によって、新鮮な空気の中でおこなうことが有効だというのである。訓育の方法として環境条件を考慮する発想は、学校園施設通牒の第一段においても確認できた。

さらに、「教員若し正当に学校園の仕事を指導して愉快に且つよく理会して之をなすときは勤勉、注意、見識、熟練、独立の徳を養ひ、又秩序、清潔、規則正しきこと、美及び忠実に義務を尽すことを奨励す此に於て確乎たる意志と独立の行為即道徳的の性格の基礎を置くに至る」と述べる。教員の指導や奨励がある場合には、確乎たる意思と独立の行為という道徳的の性格に基礎を置くことができるという。つまり、教員の指導や奨励が、学校園での道徳教育上の価値を発揮するために必須であることが示される。

針塚長太郎の『学校園』においても、W・ラインの『学校園』においても、道徳教育の目的は、教科教授と並列して述べられていた。針塚においては、現在の日本の教育情勢を鑑みた公徳心の養成が主な道徳教育上の目的にあり、ラインの『学校園』では、これが「労働の習慣」に焦点化して述べられた。

第二節　棚橋源太郎『小学校に於ける学校園』

(1)「作業」の意義

第四章では、棚橋が独自の訓練論をもって、植物園の研究に取り組んでいたことを明らかにした。これをふまえて、学校園施設通牒と同時期に提示された『小学校に於ける学校園』を検討したい[20]。本書はまず一九〇六年三月に文部省普通学務局から刊行され、さらにこれと同じ内容の記事が一九〇六年四月から六月までの『教育公報』に掲載された[21]。内容は「学校園の意義」、「学校園の種類及ひ其内容」、「学校園の経営」、「学校園の利用」から構成される。具体的な植物名や園芸の技術などよりも、学校園の必要性や注意点などを主に記していることから、学校園設置の意義を伝えるための著書であったといえる。巻末には「村落小学校学校園設計図」と題した図が掲載され、学校園の区画をいかにおこなうべきかの例が図示されている。「学校園の意義」について、まず本書の内容が小学校の学校園を対象とするものであるが、学校園自体は「中等教育の諸学校は勿論或る種の専門学校」にも必要であることがことわられる。そのうえで小学校における学校園の意義を、大きく「学校園の教育的価値」、「学校園の副産的価値」、「学校園の任務」に分けて論じる。

「学校園の教育的価値」は、「教授上の価値」、「訓練上に於ける価値」、「体育上に於ける価値」がある。「教授上の価値」については、「実物材料の供給所」であること、「観察の場所」であること、「自然科学的知識」を明確にすること、「農芸に関する知能を養ふ」こと、「実業に対する趣味及ひ審美的感情の養成に資す」こと、作業による「同情的社会的感情の養成に適す」ことが挙げられる。(22)「理科農業科地理科国語科図画科手工科等諸教科の教授上」に不可欠であると記されているとおり、広範な教科における活用の有用性が示されている。「訓練上の価値」では、「学校園は単に教授の補助的方便たるに止まらす同時に又児童訓練の場所たり而して学校園の作業は児童の学校生活中最も訓練の価値に富めるもの、一なり」と述べている。(23)この作業の意義は、自発性などの「意思の陶冶」、「独立自為の精神を養ふ」こと、「勤勉秩序着実等の良習慣を養ふ」こと、「個性の観察に適す」ことが挙げられている。ここで棚橋が教授上の価値と同等に訓練上の価値、つまり道徳教育上の意義を認めていることを留意しておきたい。「体育上に於ける価値」では、(24)学校園の作業は、「健康の増進上に効あり」、「筋肉の修練に適す」、「児童の休養の場所として必要なり」と述べられる。

「学校園の副産的価値」では、「学校園はもと児童の教育を以て主要の任務直接の目的となせとも間接にまた地方農事の改良を催進し同時に生徒父兄と学校とを相接近せしむる有力の方便」であるという。

「学校園の任務」では、「世には学校園を以て単に農業科の実習地と見做すもの」、「理科読本の教授上に必要なる植物を植うる植物園」、「美しき草花を植栽し主として趣味の教育上に資すへき草花園視するもの」などがあるが、これらは「何れも学校園の教育的価値の全般を概観する能はさるより来る偏見たるに過きす学校園の任務はしかく(ママ)偏狭なるものにはあらさるなり」とする。同様に「農事の改良林業の発達を促かさんがために経営して林業の試験場試作地等と同一視するもの」もまた「学校園の副産的価値のみに着目して其任務の全般を概観し得さる一種の偏見たるに過ぎず」と述べられる。そして学校園の任務が「児童教育の方面」にあるため、「学校園が有する教育的価値の全般即ち其教授上訓練上及ひ体育上に於ける価値を十分に発揮するを以て学校園主要の任務となさゞるへからす」という。[25]学校園は、ここまでに述べられた教授上、訓育上、体育上の価値が単独で認められるのでは不十分であるとし、これらの価値が児童教育全体のなかで広く発揮されるべきだと述べるのである。

ここまでが『小学校に於ける学校園』の概要である。とりわけ焦点をあてたいことは「学校園の教育的価値」のうち「訓練上に於ける価値」についてである。ここでは「学校園の作業が児童の学校生活中最も訓練の価値に富めるもの」のひとつであり、学校園の「児童訓練の場所」としての有効性が説明されている。そして学校園での作業の意義は、自発性などの「意思の陶冶」、「独立自為の精神を養ふ」こと、「勤勉秩序着実等の良習慣を養ふ」こと、「個性の観察に適す」ことだと述べられた。棚橋の訓練論をふまえても、学校園の作業は、道徳教育を実行するための習慣の獲得に適していると考えられていたのである。

この作業について、「学校園の利用」の項目での記述に留意が必要である。まず学校園の作業は教室内よりも「一層自由にして且つ児童の快愉を感すること殊に深き」ため、注意を欠くと勝手な行動をする。そのため、教師はあらかじめ「規律」を設ける、そうすると、「一学級共同して事に当らしむる」ことが多くなる、教師はこれを「公徳養成」の上に利用することを忘れてはならない。またこのように「厳重なる規律に服従せしむると同時にまた他方に於ては独立自為に任するの習慣を養成せさるへからす」とする。そのためには「児童をして各自の分担する所を独断専行することを奨励せさるへからす」とし、さらに「彼等が自ら其為さんと志しし所を狐疑することなく鋭意熱心して之を遂行せしむることはまた大に勤勉の習慣を養成する所以なり」とする。

つまり、学校園での作業は、「規律」が設けられることが前提とされるのである。そのなかで共同作業を行わせることで「公徳」が養成され、分担したことを「独断専行」させることで「独立自為に任するの習慣」と「勤勉の習慣」が養成されるというのである。ここには教師の管理下において、道徳的な行動を習慣化するための訓練の場として学校園をみなす見解が強く表れている。

ここで「公徳」、「独立自為」、「勤勉」といった徳目が掲げられる背景には、「明治三十年代」において「府県・市町村における「自治制」を社会的背景として」、訓育の方針に「従順」・「自治」・「協同」などの諸徳目が挙げられてきたた状況を考慮する必要があろう。[26]棚橋は、副産的価値に「地方農事の改良」があるとも述べている。[27]

笠間賢二によれば、一九〇八年の戊申詔書の発布を契機として展開された地方改良運動においては、日露戦後の疲弊した町村の復興と改良がめざされ、「地方自治」のために、町村民の「公共心」、「共同心」に基づいた行動の重視とともに「自治心」の喚起が不可欠とされたという。そして笠間はこのとき意図的な教化と教育が「自治民育」として課題化され、小学校がこの教化の中心として役割を担っていったことを明らかにした。[28]地方改良運動の具体的施策には、主に地方吏員等を対象にした「地方改良事業講習会」の継続的開催、また模範となるべき治績をあげた町村と町村吏員を選定・表彰して他の町村のモデルとして推奨することなどがあったという。[29]具体的には、講習会の実施に先だって「実益アル」地方実例の収集と報告とを地方当局に指示して、講習会開催時に陳列場を設けて展示し、この報告書を内務省が印刷刊行して広く頒布していた例が挙げられる。そして一九〇九年の『地方改良小鑑』、これを補訂した一九一〇年の『地方経営小鑑』はこのような経緯で刊行されたものである。[30]ここには、棚橋が一九〇五年の夏に訪問調査をおこなった際に「先進者として模範学校園として」捉えていた水口高等小学校に付設された水口実業補習女学校の学校園や、香川県三豊郡詫間村の学校園が取り上げられた。[31]地方改良運動のなかで、農村部の模範例として学校園の取り組みが位置づいているのである。

（2） 実業思想の養成

第四章では、棚橋源太郎が日本の帝国主義的発展に応じて実科教育の内容と方法論の研究をすすめていたこと、一九〇三年には東京高等師範学校附属小学校において、主に理科教授にて実物を提供するための方法として「学校植物園」を実験的に整備していたこと、同時に訓練のための施設としての意義を認め始めていたこと、さらにこの取り組みが学校園施設通牒の準備段階の研究として位置づけられていたことを確認した。また棚橋が、実行的な人物を養成するといった人間形成に関わる面でも学校園の有効性を認めていたことも確認した。

こうした棚橋による東京高師附小の学校園を用いた諸実践は、同校の教員等からは実業的な教育との関連において言及されている。国際的な競争のなかで産業経済の発展を企図する観点からも、実業思想の養成は当時の重要な課題のひとつであり、これが小学校での教育にまで影響を及ぼしていたのである(32)。

一九〇六年一月の『教育研究』の附録では、一九〇五年の教育情勢や、東京高師附小における各教科の状況を振り返る記事が多数掲載されている。第四章でも取り上げたが、一九〇五年度の東京高師附小教員であった加藤末吉が執筆する「理科」の記事には、学校園と「実業の基礎」との関係が述べられる(33)。実業教育の振興の背景を論じるために再度本記事を確認しておきたい。まず各地方で開催された理科に関する講習会が盛況だったことと、同時に「実業の基礎とも見るべき方面の講習会」もまた盛んであったとする。「一般の気風」のみならず「実業者」にもまた、「農事、蚕業、紙業等の講習」をおこなっていたという。このような実業の基礎に対する気運が高まっている情勢を概観したうえで、文部省の対応は「学校園の設置の通牒を各府県に発した」ことだったとし、「時期を得たもの」だったと評価する。針塚長太郎が従来学校園の整備を説いてきたことも手伝って、学校園施設通牒以前において既に学校園が存在していたことも述べられる。

なお学校園施設通牒については、「文部省の新事業」と題した記事の中でも言及されており、ここに学校園施設通牒の全文が掲載されている。[34] 学校園施設通牒が出されたことが一九〇五年の特筆すべき事項として捉えられていることが伝わる。さらに加藤は、この学校園に対する「我校の研究」は「去年来も問題として、教授棚橋源太郎氏が主査のもとに、此種の研究が行はれて居たが、旧臘之れが報告書を文部省に提出した、密に聞く処によれば、文部省は、之等を成案として、公表せられるとの事である」というものだったとする。

つまり加藤は、「実業の基礎」への気運の高まりをうけて学校園の整備が推進され、その具体的な措置として学校園施設通牒が出されたという認識をもち、さらにこの一連の流れのなかに、東京高師附小の学校園の取り組みがあったと位置づけている。針塚長太郎によって農業教育との関連で従来説かれてきた学校園とは、具体的には第三章で述べた兵庫県加古郡と辻川巳之介の学校園の取り組みに代表されるものだったといえるが、これと棚橋源太郎によって東京高師附小で取り組まれていた学校園が、実業的な教育の興隆という同じ文脈のもとで語られているのである。[35]

また同誌の「手工科、農業科、商業科」と題した記事においても、学校園が言及がされていることも重要である。[36] 本記事は東京高師附小の職員で、一九〇五年度に主に第二、三部の手工科を担当していた岡山秀吉によるものである。三科それぞれの研究状況を概観し、農業科については「福島氏」や「横井氏」の記事等を参考にしたうえでその傾向を述べている。「横井氏」の記事として挙げられているのは、「（教育公報、二九八、）低度農業教育に就て。及び（教育学術界、一一ノ三）農業研究方針等」である。その他雑誌記事を概観して「その多くは低度の農業学校の教育に関する様なことであった」とする。手工科教授を主に専門とする岡山の目からみても、農業科の研究において「低度の農業教育」への関心が高まっている様子が伝わる。注目すべきは、「農業科に関連した問題で、当年八釜敷なつたものは、学校園の設置のことである」という一文である。ここで学校園施設通牒が発せられたこと、「学校園及ライン氏教育百科全書抄訳「学校園」と題する冊子、を各地方官、公衙及び学校等に配布せられた」こと、雑誌上に「棚橋氏の（本誌一九、二〇）学校園」が掲載されたこと、著書に「針塚氏著学校園。香月氏著学校園設置法。等」があることを述べている。そして記事の最後には、「本年の八月に於て、第五回全国連合教育会」において、文部省からの「小学校の教科に於て実業思想を養成するには、如何なる手段を採るを有効とするか」という諮問への決議答申のなかに「九　都鄙を通じて学校の大小を問はず、学校園の設置を大に奨励すること」という方法が挙げられているというのである。学校園が農業科を中心として、実業思想の養成に必要な施設であると認識されていたことがわかる。

このとおり一九〇五年の学校園施設通牒を中心とした学校園推進の動向について、東京高師附小の職員のなかには、「実業の基礎」のために、また農業科のための施設として有意義であるとされる潮流をうけての政策であることが認識されていたのである。しかもそれが実業科目を担当するような職員のみの見解ではなかったことからも、このような認識が特殊なものではなかったと考えられる。

第三章で確認した兵庫県加古郡のような農村部では、小学校における主に農業に関わる実業思想の養成が求められ、その方法として学校園の有効性が説かれていた。とくに辻川巳之介が「二宮尊徳」的な人物が輩出されることを理想としながら、小学校において「農家の子弟」に勤勉利用の心の養成や農業の趣味の助長などを求めたように、報徳主義と密接に関わる実業思想の養成が志向された。一方、第四章で確認した東京高等師範学校附属小学校の棚橋源太郎の取り組みは、理科教授での実物提供のための「学校植物園」等から発生したものであり、農業科に対する有用性が説かれることはあっても、これを主たる目的とするものではなかった。つまり学校園の具体的な実践内容も、成立の契機も一致するものではないはずである。それでも、これらの施設を同じ学校園として位置づけることができるのは、具体的な内容や方法の違いが、学校園の概念の規定にとって重要な意味をもたないからである。これは学校園施設通牒において、土地の状況に応じた弾力的な運営が認められたことにも通ずる。一九〇五年の学校園を説明するために重要なことはその主たる目的であり、つまり実行的な人物の育成と、そのための実業思想の養成を企図したものであったという点なのである。

こうした学校園の意義が、一九〇五年一一月以前より文部省にて認識されていたことを決定づけるのが、先述の加藤の記事でも触れられた帝国教育会の開催する「第五回全国連合教育会」の記録である。帝国教育会は、大日本教育会の改称再編によって一八九六年に結成された当時唯一の全国規模の教育会であったとされる。帝国教育会は、教員、教育学者、文部省官僚、帝国議会議員などの「学校教員・行政官」を中心に組織され、諮問答申や建議などによって「国家の教育政策過程」に影響力をもつ、「教育政策実施段階」における「圧力団体」であったとされる。[37] 日清戦争以降の学校における「公徳養成問題」に積極的に関与したのも本会である。

第五回全国連合教育会は、一九〇五年八月五日から七日までの三日間に開催され、これに先立って同年五月八日に文部省より諮問が出された。[38] 諮問の内容は「補習教育の普及発達を図るに於て簡易にして有効なる方法如何」、「小学校の教科に於て実業の思想を養成するには如何なる手段を採るを有効とするか」の二点であった。帝国教育会はこの諮問内容を五月一三日に各府県教育会に通報し[39]、五月一五日発行の『教育公報』にも掲載した[40]。この議案は九名の委員に附託され、その答案が八月の第五回全国連合教育会で報告された[41]。ここで「実業の思想養成の方法」として「最有効なる手段」と認められる項目が一二点挙げられるなか、この九点目に「都鄙を通じて学校の大小を問はず学校園の設置を大に奨励すること」が挙げられるのである。九月二三日には「帝国教育会長」から文部次官宛に答申を進達している。ここで「小学校の教科に於て実業の思想を養成するには如何なる手段を採るを有効とするか」という諮問に対する答議が「教員の実業思想を養成すること」、「教科目及教材選択取扱」、「教育上の注意」の三点に大別され、「教育上の注意」に挙げられた五点の三点目に「都鄙を通じて学校の大小を問はず学校園の設置を大に奮励すること」と述べられた。

このとおり一九〇五年九月の段階で、文部省は、学校園を実業思想の養成のための施設として確認していた。そしてこれが全国規模の教育会である第五回全国連合教育会において認められていたことの意味もまた大きい[42]。

なお、学校園の普及に関して、一九一一年三月文部省訓令第二号で学事年報取調条項が改正され、ここに「学校園、学林及樹栽」の項目が設けられ、学校園や学林等の施設に関する状況を記述するように定められた[43]。そしてこの結果が一九一一年一一月の『官報』に掲載された[44]。全国の小学校総数二万千三百四十一校のうち学校園設置校数が一万二千八百四校で全体の六割であったことが記されている。一九一一年の県ごとの学校園設置数は把握できないが、小学校における学校園の総数が一九〇七年から一九一一年にかけて倍になっていることや、文部省による学校調査の対象になるほどに学校園への注目が高まっていたことから、学校園施設通牒後に学校園の実施が広がりをみせていたことがわかる。

おわりに

学校園施設通牒に関わった人物の見解や、背景、また第三章、第四章で明らかにしてきた関連する屋外施設の展開の経緯をふまえて、学校園施設通牒のもとで成立する学校園について検討した。学校園施設通牒本文において主に論じられていたのは、品性陶冶の養成という広義の道徳教育上の効果を高める方法としての有効性であった。自然との接触などによって教育効果を高めようとする試み自体は、日本の近代教育が始まって以来確認できるものだったが、これと一九〇五年の学校園が大きく異なるのは、これが教育の主たる目的を道徳教育におくヘルバルト教育学と密接に関わりながら、推進された施設であった点である。

従来重視されてきた自然物観察の研究という教科教授上の意義に関する主張の比重は低かったものの、これらが同時に機能することで、より学校園設置の意義が増すのだと説明された。こうして学校園は、道徳教育、教科教授の両者の目的を総合的に含んで、学校教育の効果を高めることができる施設として設定されたのである。

自然物をもっておこなわれる教科教授の主要なものには、理科教育だけでなく、農業教育も重要な位置をしめた。ただしこれらの具体的な教科名は通牒本文には明記されず、経営方法に関しても土地の状況に応じて適宜の方法をとるように記された。学校園は、様々な教科教授上の目的、また道徳教育上の目的のための施設全般を指して、極めて多様な内容、運営方法をもって実施されることが認められた包括的な概念なのである。

このような学校園施設通牒のもとで学校園の普及が図られた背景には、日本の帝国主義的発展に応じた道徳教育の方法の改善、また新たな内容の模索がなされている状況があった。学校園は、学校生活全体に道徳教育の機会を広げようとする方法上の課題に応じ、実業思想の養成、公徳心の養成などのための作業や、美的な要素の付加を可能にするものとして注目された。新たな道徳教育の方法と目的に応えることのできた施設がまさに学校園であった。このことを学校園施設通牒本文の分析のみをもって読み取ることは難しく、第三、四章で明らかにしてきた前史の動向や、棚橋源太郎や針塚長太郎の思想をふまえることで、はじめてその意図を正確に読みとくことができたのである。

文部省から棚橋源太郎への学校園の研究の要請がなされた際に、針塚長太郎が直接関与したことを示す資料は確認できないが、針塚も棚橋も同時代を生きるなかで教育情勢に対して同様の問題関心をいだき、これに応える人物養成を志向していた。それは針塚の言葉でいえば「社会有用の人物」、棚橋の言葉でいえば実行的な人物であり、国際社会に位置づく日本において十分活動できる人材の養成を、各々の立場から志向した。一九〇五年の学校園施設通牒のもとで成立する学校園は、針塚と棚橋がそれぞれに意義を明確にしてきた、従来の「自然物観察」、「作業を通じた訓育」、「農業の趣味の助長」などのための施設を包括した総合的な施設として、はじめて全国的での実施に耐えうる概念として成立したのである。

注

（1）『官報』第六七〇九号、一九〇五年一一月八日では、「学事」の項目において学校園施設通牒について、「学校園ノ施設ニ関シ今般文部省普通実業両学務局長ヨリ各地方長官ニ左ノ通牒ヲ発シ尚ホ普通学務局ノ発行ニ係ル学校園及ライン氏教育百科全書抄訳「学校園」ト題スル冊子ヲ各地方官公衙及学校等ニ配布セリ（文部省）」と述べ、全文を掲載している。文部省編纂

『文部省例規類纂』帝国地方行政学会、一九二四年、五〇六―五〇七頁では、「学校児童生徒ノ自然物観察研究及品性陶冶養成ノ為学校園施設方（明治三十八年十一月一日巳発普二六四号、各地方庁へ普通、実業両学務局通牒）」とある。

（2）『官報』第六七〇九号、一九〇五年一一月八日。

（3）前掲、文部省編纂『文部省例規類纂』五〇六頁。

（4）野村良和「明治前期の学校衛生の検討―「種痘」および学校環境衛生を中心として」『体育科学系紀要』第九巻、筑波大学体育科学系、一九八六年三月。野村良和「明治期における学校衛生の検討―師範学校における「学校管理法」を中心として」『体育科学系紀要』第一二巻、筑波大学体育科学系、一九八九年三月。

（5）稲垣忠彦『増補版 明治教授理論史研究―公教育教授定型の形成』評論社、一九九五年、三八一―三八八頁。

（6）稲垣忠彦「ヘルバルト派の教育学」『日本近代教育史事典』五九六頁。

（7）中野浩一「ヘルバルト教育学における身体教育の位置づけ―二つの「身体」（生体・媒体）に基づく検討―」『日本教育学会大会研究発表要項』第七二号、一般社団法人日本教育学会、二〇一三年。

（8）前掲、稲垣忠彦『増補版 明治教授理論史研究』三三〇頁。稲垣は明治二〇年代の実業教育の振興の主張、施策における主要な目標に「国民的徳性」の養成とともに「国民的実用知・技術」の教授があったと指摘している。

（9）「学校園（スクールガルデン）」『教育新誌』第三四号、汎愛社、一八七八年一〇月。

（10）近藤鎮三訳「独逸学校新誌抄　学校園ノ説」『文部省雑誌』第一一八号、文部省、一八八〇年二月（佐藤秀夫編『文部省雑誌』（明治前期文部省刊行誌集成第六巻）、歴史文献、一九八一年、以後に同じ）。

（11）学校園施設通牒において参考書として挙げられた『学校園』の内容においても海外事例が度々引用されながら学校園が説明されている。

（12）W・ラインの『学校園』では、学校園の内容に関しては、土地の事情を考慮して、「田舎」では農業に関わり、「収入」が得られる「樹木園」、「蔬菜園」が求められるのに対し、「都市」では「植物部」を主にするように述べられる（文部省普通学務局訳『学校園』文部省普通学務局、一九〇五年一〇月、五—一一頁)。針塚長太郎の『学校園』では、「学校園施設の方法」の項目において、土地の状況に応じて内容を変えるように述べる箇所である。内容を区別する際の基準としてはじめに挙げるのは、「学校の規模の大小」である。「田舎」では土地が得やすく、「都会」では土地が得にくいため、内容も異なるという。この内容は「農業園芸の基礎知識を与ふるもの」と「美的観念の養成に資するもの」のふたつに分けられるという(文部省『学校園』文部省普通学務局、一九〇五年一〇月、一一—一七頁。)

(13) 文部省普通学務局訳『学校園』文部省普通学務局、一九〇五年一〇月。Gang, E., Shulgarten.In: Rein. W., Encyklopädisches Handbuch der Pädagogik Band 6, Hermann Beyer & Söhne, 1899, SS.372-391.

(14) 文部省『学校園』文部省普通学務局、一九〇五年一〇月。

(15) 一八九六年に東京帝国大学農科大学農学科を卒業し、拓殖務省属を経て、一八九八年に文部省実業教育局勤務となり、一九〇〇年には実業学務局第一課長となった。一九〇八年に蚕糸専門学校創立委員となり、日本の蚕糸業の発展に貢献した人物として評価される(針塚先生追想録刊行委員会『針塚長太郎先生 その伝記と追想記』千曲会、一九六二年、七二—七三頁)。

(16) 『東京高等師範学校一覧 明治三〇至三一—四四至四五年』第三冊、東京高等師範学校、一九一一年、一八九頁。「明治三十四年五月三十一日現在」とある。

(17) 前掲、文部省普通学務局『学校園』三九—四〇頁。

(18) 同前、巻末。

(19) 文部省普通学務局訳『学校園』文部省普通学務局、一九〇五年一〇月、一三—二四頁。

(20) 棚橋源太郎『小学校における学校園』文部省普通学務局、一九〇六年三月。

(21) 棚橋源太郎「小学校に於ける学校園」『教育公報』第三〇六—三〇八号、一九〇六年四—六月。

(22) 同前、一—六頁。

(23) 同前、六—八頁。

(24) 同前、八―一〇頁。
(25) 同前、一四―一五頁。
(26) 国立教育研究所編『日本近代教育百年史』第四巻、教育研究振興会、一九七四年、九九三頁。
(27) 前掲、棚橋源太郎『小学校に於ける学校園』一〇―一四頁。
(28) 笠間賢二『地方改良運動期における小学校と地域社会―「教化ノ中心」としての小学校―』日本図書センター、二〇〇三年、八―一一頁。
(29) 同前、八頁。
(30) 同前、九七、一〇八頁。
(31) 内務省『地方経営小鑑』内務省、一九一〇年、二七―二九、九七―九八頁。
(32) 一八九〇年の小学校令で「農科・商科・工科」の実業科目を設けることができると定められ、一九〇〇年の小学校令で、修業年限三箇年以上の高等小学校において「農業・商業・工業」の一科目以上を設けることができると定められた。さらに一九〇三年の小学校令改正では、修業年限三箇年以上の高等小学校の男児について、農業・商業・工業のうち一科目以上を設けることが原則とされた。三羽光彦によれば、このとき高等小学校における加設科目の位置づけが変化し、実業的教科が重視されたとされる（三羽光彦『高等小学校制度史研究』（岐阜経済大学研究叢書五）法律文化社、一九九三年、一五九頁）。
(33) 「理科」『教育研究』第二二号附録、一九〇六年一月、二九―三一頁。
(34) 「文部省の新事業」『教育研究』第二二号附録、一九〇六年一月。
(35) 「手工科、農業科、商業科」『教育研究』第二二号附録、一九〇六年一月。
(36) 東京高等師範学校附属小学校『東京高等師範学校附属小学校一覧』一九〇五年六月、六六頁。
(37) 白石崇人「日清・日露戦間期における帝国教育会の公徳養成問題―社会的道徳教育のための教材と教員資質」『広島大学大学院教育学研究科紀要　第三部　教育人間科学関連領域』第五七号、二〇〇八年。

(38)「第五回全国連合教育会」『教育公報』第二九八号、一九〇五年八月。第五回全国連合教育会の「同盟教育会代議員氏名」の所属欄には、「帝国教育会」が二〇名、東京府教育会をはじめとする各府県や私立の教育会から一から三名があげられ、およそ一二〇名が出席していることが記されている。

(39)「会務雑事」『教育公報』第二九六号、一九〇五年六月。

(40)「文部省諮問案」『教育公報』第二九五号、一九〇五年五月。

(41)前掲「第五回全国連合教育会」一九〇五年一〇月。

(42)なお、帝国教育会の機関紙である『教育公報』には、一九〇五年一二月に針塚の「学校園の教育上に於ける価値」と題した記事が載せられる(「学校園の教育上に於ける価値」『教育公報』第三〇二号、一九〇五年一二月)。また棚橋の著書『小学校に於ける学校園』(文部省普通学務局、一九〇六年)の内容が一九〇六年四月から六月にかけて同雑誌に掲載される。学校園施設通牒のもとでの学校園の普及に帝国教育会の関与があったと考えられる。

(43)『官報』第八三三九号附録、一九一一年三月三一日。

(44)『官報』第八五二二号、一九一一年一一月一五日。さらに「全国公立小学校、師範学校、中学校、高等女学校に於ける学校園設置に関し本年三月三十一日現在の状況を調査した」ものだと記される。公立師範学校、中学校、高等学校では、学校全数四七四校のうち学校園設置校数が三五五校であったという。また同記事が雑誌『農業教育』でも再掲載される(「学校園状況」『農業教育』第一二六号、一九一一年一二月)。

第六章　東京高等師範学校附属小学校における学校園

はじめに

本章では、学校園施設通牒に直接的に関連する東京高等師範学校の事例について、学校園施設通牒以後の展開を確認する。用語、内容、形態においていかなる変化がみられるのかに着目したい。

第一節　学校園としての経営

(1) 規程への影響

まず東京高等師範学校附属小学校の規程などへの影響から確認していく。東京高師附小の『小学校教授細目』について、一九〇三年の段階では学校園という用語は登場せず、理科教授のための施設として挙げられていたのは「学校の花園」、「校内の花園」等であった(1)。これに対して一九〇七年には、理科教授のための施設として「学校園」が登場する。理科の項目の内容は次のとおりである。

東京高師附小は、第一部から三部に分かれて学級が編成される。第一部について、「三　本細目実施上並に教授上の注意」において、「本細目の実施に際し、特に注意を要することは、学校園の利用なり。園、田畑、草野等の植物にして、本細中(ママ)に挙ぐる所のものの、栽培、手入等は勿論、成るべく、児童各自をして耕鋤、施肥、害蟲の駆除等に当らしめ、以て、室内の教授と、有機的な連絡を、保たしめんことを要す。独り、植物の栽培に止まることなく、本細目の実施に伴ひて、取扱ひたる所の動物の飼育、養護の如きも、亦勉めて、児童各自をして之れに任ぜしめんことを要す」とある。(2) 第二部についても、「三　本細目実施上並に教授上の注意」において、「本細目の実施に際し、特に注意を要することは、学校園の利用なり」として、第一部と同じ内容が記される。(3) 第三部については、第二部と同様のため略される。このように理科教授における注意を述べる箇所で、植物の栽培や、動物の飼育・養護などの作業が求められる点に留意したい。植物や動物は単なる観察の対象ではなく、栽培、飼育の対象なのである。このような作業の必要性を教科教授において強調する点は、一九〇三年のものとの相違として理解できる。

注目したいのは、一九〇七年の『東京高等師範学校附属小学校一覧』の「児童取扱規程」の項目においても、学校園に関する記述が確認できることである。児童取扱規程は同年に改正されたが、(4) ここで学校園に関する記述が加えられている。一九〇七年の児童取扱規程のうち「四、児童ノ作業ニ関スル規程」の六番目の項目において学校園が次のに述べられる。(5)

(六) 運動場、学校園等ノ手入及動物ノ養護（第一、二部）

第十四条　臨時必要アル場合ニ於テハ児童ヲシテ運動場ノ掃除ヲ行ハシム例ヘバ運動会ヲ催サントスルニ当リ砂

利ヲ拾ハシメ掃除セシムルガ如キ其他テニスノグラウンドヲ掃除セシメ又ハ相撲場ヲ作ラシムルガ如シ

第十五条　当校設置ノ学校園ハ高等科ノ児童ヲシテ其手入ヲ為サシム例ヘバ播種灌漑施肥除草掃除等ニシテ学校園ノ各区域ニヨリテ当分ノ内高等科児童ニ分担セシム

第十六条　当校ニ於テ飼養スル動物ハ便宜相当学年ノ児童ヲシテ之ヲ養護セシム例ヘバ養鶏、養蜂、養蚕等ノ如シ此ノ場合ニ於テハ教員ハ全級児童ヲ指導シテ之ニ当ラシメ又ハ数組ニ分チテ分担セシムル等便宜ノ方法ヲトルモノトス

教授細目では、第一部の尋常小学科一、二年の理科の授業での使用が記されていたのに対し、高等科を中心とした児童を対象として、教科教授外での活用を想定しているのである。第四章で確認したとおり、一九〇二年以来東京高師附小では、教科外における訓育・訓練の機会として「花園」などが活用されていた。これらが学校園施設通牒の出された後では、「学校園」の用語をもって、訓育上の意義を明確にしながら教育課程に位置づいていたのである。

(2)　教育実践での活用

東京高等師範学校附属小学校の学校園の様子は、雑誌記事や訓導による著書等から読みとることができる。

一九〇六年八月一七日の『官報』の、「小学校児童校外観察ニ関スル研究」と題された記事では、「今般東京高等師範学校付属小学校ニ於テ研究調査シタル校外観察ニ関スル事項左ノシ（文部省）」と記され(6)、東京高師附小の「植物園」について説明されている。本記事は一九〇六年八月の『教育時論』にも収録される(7)。

まず「当校内植物園」を学校外の観察の場として、「引率シテ観察セシムル」ことが述べられる。また、「児童ノ採集シテ帰リタル実物ハ或ハ之ヲ標品ニ製シテ保存セシメ或ハ校園ニ栽ヘシメ或ハ昆蟲飼育箱又ハ水ヲ盛レル玻瑠器中ニ飼育セシムルヲ要ス」とも述べられる。ここからは、「植物園」が、学校外の観察のため、校外学習において採集した動植物の飼育や保存のための場所として活用されていたことがわかる。

一九一〇年一月の『教育研究』の記事には、東京高等師範学校附属小学校の浅倉政行が、「学校園に関する実地研究」の記事を載せている(8)。本文中では東京高師附小の学校園であることは明示されないが、朝倉の立場と、実践結果としての記述が読み取れること、また「東京高等師範学校附属小学校第三部」の池の例を挙げていることなどをあわせれば、これが東京高師附小のものであることは明解である。学校園を設け、「児童をして実地にこれが作業に従事せしむる」ことの「目的」を三点あげる。一点目は「生きたる教材を与へて、確実に観察を遂げしめ、明瞭なる知識を得しむる事」、二点目は、「自然物に接触するによりて、自然の美を知り、これを愛し、これが楽むが如き、高潔なる趣味をもたしむる事」、三点目は、「地所の修理より、植付、種まき、日常の世話等に従事せしむるによりて、勤勉の習慣を得しむる事」とある。

学校園の自然物に直接ふれることが、生きた教材として有益であることのみならず、美的観念や勤勉の習慣の養成にとっても有益であることが述べられる。これは一九〇五年の学校園施設通牒でも、学校園での「観察」、「高潔なる趣味」や「勤勉の習慣」の養成を意図されたことと同様の傾向である。

また東京高師附小の訓導であった松田良蔵は、一九一一年の著作『最新理科教授法』のなかで、学校園について興味深い記述をおこなっている。「東京高等師範学校附属小学校では」と記す箇所が散見され、棚橋源太郎以来の高師附小での学校園を、少なからず参考にしていることがわかる。第四編「施設論」に「学校園」の章が設けられ、「学校園の要素」として「児童園」が説明されるなかで、東京高師附小の例が挙げられる。(9)「元来学校園の作業は児童が自ら好んで行ふやうにならなければ、其の目的を達することが出来ない」とし、児童園として「各自に幾何かの土地を別けて借受け、此処を自由に経営することを許されるやうになれば、非常なる興味と熱心を以つて之れが作業に従事するものである」と述べる。そして東京高師附小では、「尋常一年から少しづ、の土地を与へて経営させてゐる」という。

その際の注意点として述べるのが、児童に自由に経営させることにも程度があり、「指導監督して行く」ことが必要であることとである。松田は、「人或は全く放任して児童にやらせて置いて好い結果を見ることが出来れば之れに越したことはないし、若し仮令失敗するやうなことがあつても、彼等は辛さ経験を嘗めて之れを再びせざらんが為めに、自ら適当なる方法を工夫発明するに至るものであろうから、放任して置くことは最も善良なる方法である」と、失敗を含めた児童の自由な経験を認めつつ、次のように述べている。

併しながら之れは極端なる自由放任主義を今日に復活せしめんとするもので、焼火箸の熱いことを知らしめるには之れを握らせて見るのが最も近道だと云ふのと異る処はない。それ故に学校教育に於ては仮令自由に経営せしむると云つても、常に其の大体のことは之れを指導監督して行くことが大切である。

つまり、東京高師附小の「児童園」の活動は、指導監督が前提にあり、そのうえで児童が興味と熱心をもって経営にあたることが望ましいとされる。松田自身が「極端なる自由放任主義」に否定的であるとおり、学校園の活動は完全な自由が許されるものではなかったのである。棚橋も同様に一九〇三年の「学校植物園」において、「高等科」の児童に、教師の指導のもと割り当てられた区画の手入れを手伝わせるように述べていた。

このとおり、東京高師附小の学校園の整備、経営を指導する立場にあっては、一九〇五年の学校園施設通牒のもとで成立する学校園そのものの具体化が目指されていたといえる。その目的はまさに、実物に接触させることで観察の効果を高めること、児童が経営にあたることによって作業の習慣を身につけさせること、美的な要素によって趣味を身につけさせることであった。

また、一九一三年の『東京高等師範学校附属小学校一覧』には、「研究事項分担常任委員」が列記されている。[10] ここに学校園が研究事項としてあるが、主任を松田良蔵とし、芦田恵之助、肥後盛熊が委員になっている。同書の「職員及担当事項」によれば、松田は第一部尋常第二学年の観察の担当、芦田は第二部尋常五、六年の担任、肥後は第二部高等一学年の担任であった。[11] 松田が一九一一年に刊行した著書『最新理科教授法』については前述のとおりである。[12] さらに松田は一九一三年には『新学校園』も刊行している。[13]

東京高師附小においては規程、教員の経営体制などへの影響を見る限りでも、学校園の整備が重要な事項とされていた。ここでは学校園での作業の過程で美的要素を備えた自然物に触れることが、観察の効果を高めるためにも、また美的観念や勤勉の習慣等の養成にとっても有効であると理解されていた。一九〇二年以来の東京高師附小での学校植物園や、一九〇五年の学校園施設通牒での学校園の構想を引き継ぎながら、東京高師附小の教育課程に学校園が位置づいていったことがわかる。

第二節　占春園の施設

(1)　占春園と学校園の区別

規程、教員の経営体制などへの影響を見る限り、学校園の整備が重要な事項として捉えられていたことがわかった。これは一九〇二年以来の棚橋源太郎の「植物園」などの成果を引き継いできた結果でもある。こうして学校園が整備されていく一方で、東京高等師範学校附属小学校には学校園として認識されない「占春園」という施設があったことを考慮したい。東京高師附小の校地の変遷を再度確認するが、一九〇四年に第三部の校舎を、大塚の松平大学頭頼誠の上屋敷の跡地に移し、一九〇九年には第一部、第二部の校舎も一ツ橋から大塚に移した。そして近世から引き継がれた上屋敷の跡地に併せて整備されていたのが占春園という庭園である。

一九〇九年には東京高師附小主事の佐々木吉三郎が、『教育時論』に「学校の庭園」と題した記事を寄せており、記事の編者は同校の「庭」について次のように述べる(14)。「学校の庭園といふものは、今日普通に見る、(ママ)如き平坦なのが勿論必要と思ひます、けれども第二期の庭園としては、本校の庭（東京高師）の様なのが必要で、この両者を具備するが理想的かと思はれます」。「平坦ではない庭」とは後に検討する占春園の形態と一致することから、占春園のことを指している可能性がある。

また前述の一九一〇年一月『教育研究』の、朝倉政行の記事「学校園に関する実地研究」では、東京高師附小の学校園の経営方法等を説明している(15)。ここで「学校園の中へは、出来る事ならば、是非一つの池を掘りたいのである」、

「東京高等師範学校附属小学校第三部には、学校園に接して猛暑の頃でも、水の涸るるとのない、一の池があつので（ママ）ある」とある。「学校園に接する池」も恐らく占春園のものであろう。

二つの記事に共通するのは、一般の「学校の庭園」、また「学校園」の整備について説明し、これと区別して自校の施設を例に出していることである。もし一九〇九年の『教育時論』の記事において述べられた「本校の庭（東京高師）の様」なのが本当に占春園を指すのであれば、編者がこれを一般の学校にも求めていることは現実的ではないが、学校園に類似した学校教育上の役割が占春園にも期待されていたことは興味深い。

いずれにせよ、この一九〇九年の記事において、佐々木や編者が学校園という用語を用いず、「学校の庭園」、「学校の庭」と述べていることからは、これらを一九〇七年の規程等で示された学校園と区別していたことが読みとれる。一九一〇年の朝倉の記事においても、学校園に設けるべき池の例として、東京高師附小の池を挙げているにもかかわらず、「学校園に接して」と表現しているように、学校園と池は区別されていた。

改めて東京高師附小の屋外施設の状況を整理しておきたい。まず移転前の一ツ橋の校地には、一九〇二年より棚橋によって実施された植物園の施設があり、これが少なくとも一九〇五年には学校園と呼ばれ始めた。そして第三部が一九〇四年より移転した大塚の校地には、占春園の施設があった。一九〇七年の規程からは第三部に対しても学校園の記述が確認できるので、大塚の校地にも学校園があったことになる。つまり、占春園という庭園があったにも関わらず、あえて理科教育上、訓練上の活用を見込んだ学校園が設けられたのであり、学校園と庭園をはっきりと区別する認識があったことがわかる。『東京教育大学附属小学校教育百年史』に掲載されている俯瞰図「東京高等師範学校全景図　明治四〇年頃　大塚校舎」（図1）には、占春園に隣接して「附小第三部校舎」と栽培のための区画された

図１　東京高等師範学校全景図　明治40年頃　大塚校舎

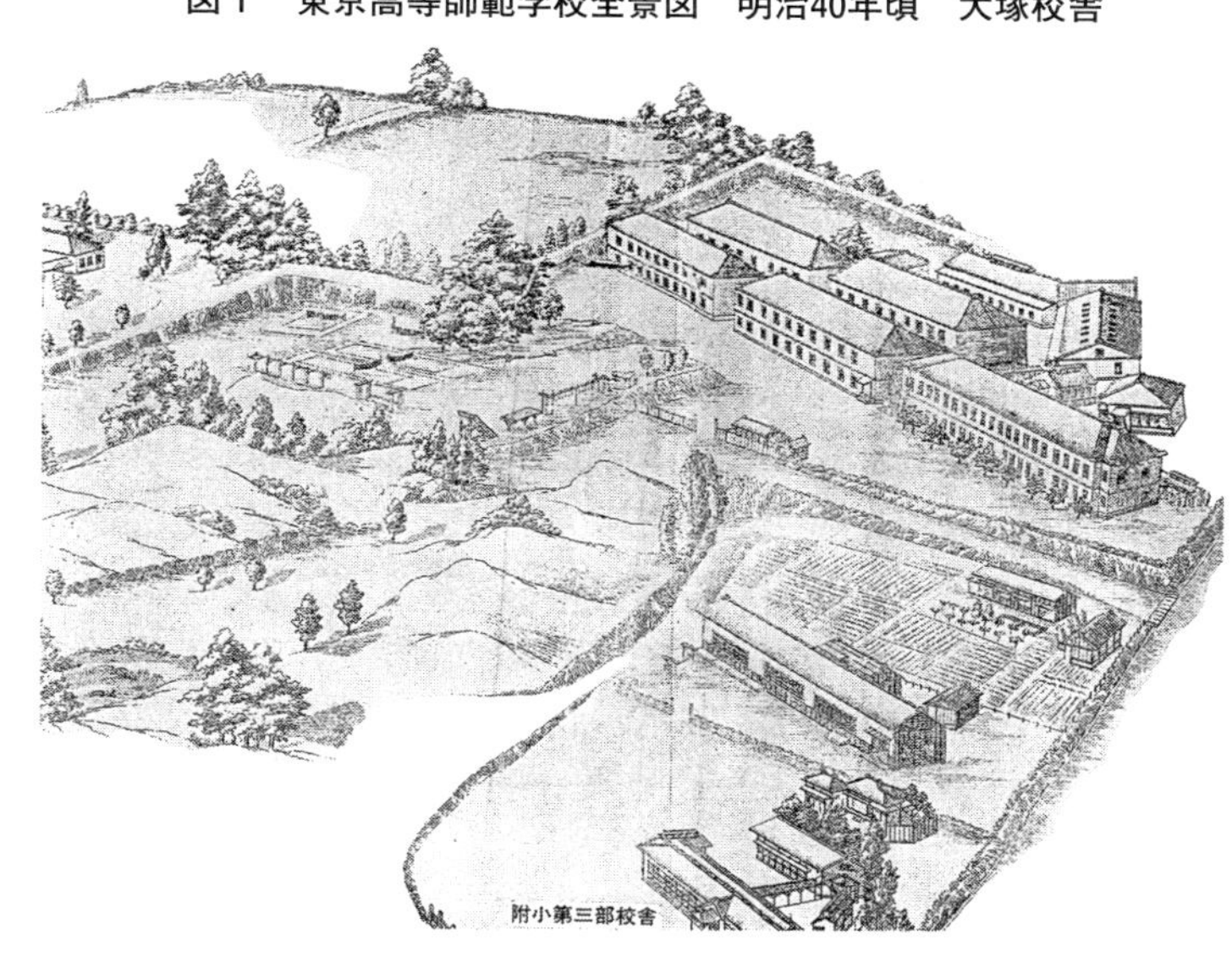

場所が確認でき、これが学校園であった可能性が指摘できる。(16)

(2)　占春園の回想

占春園は、運営側からすれば学校園とは区別される特別な施設であった。実際にこれらを使用した人々の回想からは、占春園に対するいかなる認識が示されるのだろうか。

『附属百年の想い出』には一八九〇年以降の東京高等師範学校附属小学校の卒業生や教員を合わせた四三名の回想が載せられる。(17)内容を確認すると、卒業生が「占春園」について述べるものが多数あり、タイトルに「占春園」を入れるものだけでも二名いる。また教員の回想は七名分あるが、二名が「占春園」について述べ、そのうちの一名がタイトルにも「占春園」を用いている。

一九一四年の附属小学校入学者は、「占春園の思い出」というタイトルで占春園を中心に回想している。(18)一九一四年の入学なので、大塚に移転後の校地であり、学校園と占春園が同じ敷地内にあったことになる。

西片町から小石川戸崎町に降り、植物園に沿って、長い道路を、真直ぐに進み、左折して小川の橋を渡ると、学校の裏門に辿り着く。門に入ると、緩い傾斜の坂道となり、これを登っていくと、右側に占春園が横たわっていた。入学早々、そこに美しい大きな池の姿を発見した喜びは、今でも忘れられない。

かくて、わたくしは、附小入学の日から、附中（当時は同じ高師構内にあった）卒業の日に至るまで十一年間、休暇を除いて、殆ど毎日占春園の傍を通りつぶさにその四季の移り変りを眺めることとなった。

学年の初めは、常に桜の季節であるが、春の嵐に花が敢えなく散って了うと…。

（略）

占春園は、学校の授業にも、良く利用された。四季を通じて図画の時間には、しばゝゞ占春園に出掛け、生徒たち思いゝゝの場所に陣取って、写生に熱中した。体操の時間には、よく池の周囲や小山の樹間を走らされ、冬には、生徒たちの吐く息が白く見えた。理科の教材としての動植物には、もとより占春園は事欠かなかった。手工の時間に、木材を本体とし、銅板を昇降舵とし、ゴム紐を推進力として造った潜航艇を、おのゝゝ池に持ち寄って、潜水競争をさせたこともある。

（略）

この占春園で、自然と親しみ、自然を観察する習慣を身に付けたことは、後年附属の卒業生から、幾多の科学者を輩出した理由の、一つではないであろうか。占春園の散策は、生徒の情操を豊かにし、少年の心に、美の憧憬を植え付けた。これは附属出身者の中から、優れた文芸家、美術家、音楽家等が生れたことと、関係がないであろうか。更にまた、見る場所ごとに異る占春園の様相と、その季節による目まぐるしい変化は、幼なごころに、豊かな想像力を培養せずにはおかなかった。このことは、後日多くの附属卒業生が、社会の各分野で、イマジネーションを駆使して、先人未踏の領域を開拓し、あるいは、国境を越えて、広く世界の各地域、各国で、多彩な活躍を展開するに至った原因を、なしてはいないであろうか。

（略）

回想のほとんどが占春園のことであることは不自然にも思われるが、それだけ占春園の印象が強かったともいえる。「占春園は、学校の授業にも、良く利用された」とあるように、占春園が教科教授上の効果を発揮していたことがわかる。注目すべきは、占春園の美しさやそこでの活動に対する教育効果について語っている点である。ここで述べられる自然と親しむこと、自然を観察する習慣を身につけること、情操を豊かするといった効果は、まさに学校園施設通牒に明記されていた自然物観察の目的、また美的観念の養成などの道徳教育上の目的に一致する。しかしながら、この執筆者以外の回想においても「学校園」という用語は確認できない。占春園が印象的で特筆すべき施設であったことの表れであろう。自然への親しみや、自然物観察への意欲や関心の養成の効果は、一部の児童にとっては、学校園よりも占春園のほうにあったといえる。庭園として極めて高いレベルの美しさを備えた占春園の施設のもつ、教育上の効果を確認することが出来る。

ちなみに一九三八年の第一学年の総合学習の題材には、学校園という名称はなく、植物園、農園、占春園が挙げられる[19]。こうして美的要素に特化した施設までもが教育課程に位置づくことができたのは、これまでに検討してきたとおり、一九〇五年の学校園施設通牒をめぐる学校園普及の動向のなかで、自然物の学校教育上の意義が教科教授上のみならず、道徳教育上の意義と合わせて理解される前提ができていたからだといえよう。

おわりに

学校のあらゆる機会に訓育、訓練の場を拡大させようとする動向のなかで、東京高等師範学校附属小学校には一九〇二年の段階で花園や学校植物園等の整備が奨められていた。本章では、一九〇五年の学校園施設通牒を経た後には、これが「学校園」という用語に代わって活用されていたことを確認した。さらに一九〇七年の『小学校教授細目』では、理科の項目のみならず、教科教授外の活動に関わる「児童取扱規程」の項目においても学校園の手入れが組み込まれていた。

一方で一九〇四年から移転が開始された東京高師附小の大塚の校地には、学校園とともに占春園という近世の大名庭園を引き継ぐ施設があった。同校の教員は占春園を学校園施設通牒のもとで推進された学校園と区別しながらも学校教育上の役割を期待し、実際に活用した児童にとっては学校園以上に占春園が印象的な施設として記憶され、これが理科教育や人間形成の面で効果的に作用していた様子が確認できた。

学校園をとりまく周辺環境として特殊なものではあるが、これによって学校園の美的観念の養成に関わる観点も強調されながら、東京高師附小独自の学校園の運営が展開されていった。こうしたイメージに加え、実際の運営方法としては、理科教授の材料配給のための学校園の活用例、訓練上の活用例が示され、より具体的な運営方法とともに、東京高等師範学校附属小学校の『小学校教授細目』、同校が主催する初等教育研究会の雑誌『教育研究』をもって、全国の小学校へ影響を与えたことが予想される。学校園施設通牒のもとで成立する学校園を積極的に普及させるための前提がここに形成されているのである。

注

(1) 東京高等師範学校附属小学校編『小学校教授細目』東京高等師範学校附属小学校、一九〇三年四月。
(2) 東京高等師範学校附属小学校編『小学校教授細目』大日本図書、一九〇七年四月、六二六―六二七頁。
(3) 同前、七四八―七四九頁。
(4) 『東京高等師範学校附属小学校一覧』東京高等師範学校附属小学校、一九〇六年五月。
(5) 『東京高等師範学校附属小学校一覧』東京高等師範学校附属小学校、一九〇七年五月、四三―四四頁。
(6) 『官報』第六九四一号、一九〇六年八月一七日。
(7) 「小学校児童校外観察に関する研究」『教育時論』第七六九号、一九〇六年八月。
(8) 朝倉政行「学校園に関する実地研究」『教育研究』第七〇号、一九一〇年一月。
(9) 松田良蔵『最新理科教授法』良明堂、一九一一年、五四九―五五二頁。
(10) 『東京高等師範学校附属小学校一覧』東京高等師範学校附属小学校、一九一三年七月、三〇頁。
(11) 同前、二四―二六頁。
(12) 前掲、松田良蔵『最新理科教授法』。「第四篇　設備論」第三章を「学校園」と題して論じている。学校園はおもに直観教授を中心とした教授上の材料の提供の場、また自然接触の場として捉えられる。学校に草木が栽培されることは「学校の初まると共に在つた」(ママ)ことであろうが、とりわけ「教授上に必要な材料を栽培するやうになつて、茲に或る目的を有つて造られた学校園が出来るやうになつた」のは、近年の傾向であると述べる。また、欧米の傾向に関しては、「十七世紀頃」から「高等の学校」には学校園があり、次第に「都市の膨張」などによって減少した「自然に接触する機会」を得るために、公園の設置等と共に学校園への要求が高まり、さらに「自然科学」への関心の高まりから直観教授の必要性が説かれ、「活きた直観材料を供給する学校園」が要求されるようになったと認識している。

(13) 松田良蔵『新学校園』目黒書店、一九一三年。
(14) 佐々木吉三郎「学校の庭園」『教育時論』第八八一号、一九〇九年一〇月。
(15) 朝倉政行「学校園に関する実地研究」『教育研究』第七〇号、一九一〇年一月。
(16) 東京教育大学附属小学校創立百周年記念事業委員会編『東京教育大学附属小学校教育百年史』東京教育大学附属小学校創立百周年記念事業委員会一九七三年、巻末。
(17) 東京教育大学附属小学校創立百年記念事業委員会編『附属百年の思い出』東京教育大学附属小学校創立百年記念事業委員会一九七三年。
(18) 同前、六一―六三頁。氏名のあとには「大正九年卒、最高裁判所判事」と記される。
(19) 林尚示「昭和一〇年代の学校カリキュラムにおける統合の問題に関する研究―東京高等師範学校附属小学校・国民学校の教育実践を中心として―」『教育方法学研究』第二三巻、日本教育方法学会、一九九八年三月。

第七章　東京女子高等師範学校附属小学校の作業教育と学校園

はじめに

一九〇五年の学校園施設通牒のもとで学校園が成立する過程と、直接的に関係をもつ東京高等師範学校附属小学校の実践への影響を確認してきた。本章以降は、東京高師附小と同地域である東京市での学校園を主たる対象として、都市部での展開に焦点をあてていく。

『東京都教育史』によれば、一九二〇年頃、東京市の理科教授の拡充にともなって、学校園の整備が求められていたという。一九二〇年に後藤新平が東京市長に就任し、一九二二年には後藤を会長とする財団東京市政調査会が発足した。調査研究のひとつには都市教育の問題があった。東京市政調査会は一九二六年には都市教育改善に関する「意見書」を文部大臣岡田良平などに提出し、ここに「本会ノ調査研究ヲ録セル参考書」として『都市教育の研究』を添えている。本書は、後藤の「平素の主義である自治、衛生、科学」が反映されて、「公民教授、衛生教授、理科教授」という初等教育の問題に重点が置かれた。(1) これにあわせて、理科教授が重視される傾向については、成城小学校における「自然科」や、「第一次大戦後の理科教育拡充ブームと自由主義教育運動」を要因に発足した一九一八年の理科教育研究会などの試みが挙げられる。このような動向のなかで、『都市教育の研究』においても理科教授の重要性が強調され、理科教授の機会を「野外」にもとめ、「学校園（各学校の学校園とともに「中央学校園」）などの施設・設備の充実」が不可欠だとされてきたことが述べられる(2)。

これまでの検討をふまえれば、理科教授の進展以外の目的、とりわけ道徳教育上の目的に着目した、学校園普及の背景について再考察していく必要がある。さらには、明確にされていない実際の整備の経緯についても留意することで、より現実的な実践像を明らかにしていきたい。とりわけ、大正期の学校の施設を考察するうえでは、小林正泰が明らかにしたように、関東大震災との関連を視野にいれることが不可欠である(3)。

本章でとりあげるのは、東京女子高等師範学校附属小学校の作業教育と学校園である。東京女高師附小について、社会科教育の歴史的な研究においては、一九二五年の「低学年全体教育」の取り組み、また一九二九年における「社会科」の設置が注目され、河南一のようにこうした実践の内容を検討してその特質や優れた点を評価するものがある(4)。一方、谷口雅子は、同時代の奈良女子高等師範学校附属小学校などとの比較をして、東京女高師附小における実践の「児童中心主義的観点」の不十分さを指摘する(5)。カリキュラム編成については、奈良女高師附小のように「低学年の教育課程が合科でうまるといった徹底的な改革を試みなかった」こと、「ある教科を特設する事」については明治後期からみられるものであったこと、各教科を作業化したことについては「従来の教授様式に僅かに子どもの表現活動を位置づけたといったもの」であったこと、「教科書に対する批判」をもたなかったことなどを挙げる。そしてこうした同校の実践には「模倣のし易さ」があり、これが各地の小学校に影響を与えていたと評価する。これらをふまえると東京女高師附小の実践は、教科や実践において優れた点がみられるものの、全体としては不徹底さも残るものであったともいえる。[6] ただし、この他校への影響力に関していえば、多くの先行研究も認めるところであり、[7] こうした例をとりあげることは、同時期に多数の小学校が特別なカリキュラムを編成することが困難であるなかで、いかに新教育的な要素が取り入れられたかを明らかにするために有効であろう。

この新教育的な要素と学校園の関係を明らかにするために、東京女高師附小において「児童教育研究会」が設けられて新教育の研究が始まったとされる一九一八年以降を対象に、学校園に言及する資料を検討していく。

第一節　東京女子高等師範学校附属小学校の新教育の研究

一九一七年に湯原元一が東京女子高等師範学校校長となり、附属小学校第一部に対する「実験的研究」の試みが始まった。一九一八年には理科教育の振興を契機として、直観科を第一部の尋常科第一学年から第三学年までに週二時間設け、歴史・地理・理科を第四学年からそれぞれ週一時間設けた。[8] 同年に「児童教育研究会」が設けられ、機関紙『児童教育』の刊行が開始された。[9] また一九一九年には第三部に実験学校の設置が計画された。これも世界各国で「理化学教育の振興」が計画されていることをうけての対策であり、「児童の個性を尊重し、学科課程を著しく変更して実験学校・作業学校の思潮に基づく新教育を実施する」ことであったとふりかえられている。[10] 北澤種一は一九二〇年より東京女子高等師範学校教授兼附属小学校主事となって新教育の研究を推進し、一九二五年には作業教育の実施を始め、一九三〇年には主事堀七蔵が中心となって各科で展開されていった。作業教育は、Arbeitspadagogik の訳語として、「労作」、「勤労」が訳にあてられることもある。『日本近代教育史事典』では、労作教育を説明して、一九世紀以来のヨーロッパにおける新教育運動の一環としてドイツを中心に起こった労作学校の教育をさし、旧来の学校に反対し「労作に立つ能動的学習・主意的教育」を主張して実践するもので、「児童の自発活動を尊び、また必要かつ可能な場合には手工的労作を重んずる」という点に特徴があったとされる(11)。

北澤が開始し、堀が推進した東京女高師附小の作業教育は、吉村敏之によれば、プロジェクトメソッドを用いて、「児童の心情や態度を陶冶すること」を教育の目的として重視するもので、「訓育の要素」が強く、「児童の認識の質」を問題にする姿勢が弱かったとされる(12)。東京女高師附小における新教育の実践の契機のひとつには、理科教育の振興があったことは確認したとおりであり、ここでの知識教授と「訓育」のバランスは、東京女高師附小の実践を検討するうえで注目したい点である。

堀七蔵は理科教授の改革に多大な貢献をした人物とされる(13)。一九二二年一〇月からの北澤の留学の間、主事代理を務め(14)、機関紙『児童教育』でも積極的に発言をおこなっている。一九二四年六月の「新教育に対する態度」と題した記事で堀は、新教育に対して「何でも新しきもの風変りな施設経営といへば、その善悪良否を問はず随喜するが如き軽率なる態度を相警しめねばならぬ」という当時の潮流に対する批判を込めた率直な見解を示している(15)。また作業教育については小学校令の示す知識教授、道徳教育の目的を果たすことを前提に、その効率を向上させるために生活作業の方法を取り入れようとした(16)。

堀によれば、作業教育をおこなうには数種の段階がある(17)。このうち、作業学校を設けて従来の教科や課程にとらわれず作業を行わせるもの、また小学校施行規則の定める各教科の課程を大幅に改編して各教科に作業教育を施すものについては、女高師附小で実験的におこなっているが、一般の学校では困難であるため、小学校施行規則に規定される各教科を「作業化」し、児童の作業による学習を尊重して「教育教授の能率」を高めることを奨める。そのため「教授時間」だけでなく、児童の学校生活全体を通して作業教育を施すために「運動場」、「学校園」、「廊下」、「図書室」、「博物館」等においてもこれを実行するように述べる[18]。また学校生活における花壇などの作業、学校図書室や博物館の施設経営などは、使丁費の節約のためではなく、「勤労を厭はず、すゝんで勤労を愛好し真に働くことの出来る人物を陶冶するの施設として行はれねばなりません」と述べるように[19]、労働への意欲、態度に関わる道徳性の涵養を必要とする考えがあった。

このとおり堀は状況に応じた様々な実施のレベルを設定していた。全国の学校教育を現実的に把握し、可能な限り作業教育の要素を取り込むための方法を提示しているのである。

各教科の「作業化」に関しては、北澤種一が一九二九年一月に次のように述べる[20]。

作業主義の徹底的実現を計らんと欲せば勢現行の教科課程なるものは之を改造しなければならぬ。否大に改造せられて仕舞う筈である。併し乍ら現代の教科課程表なるものを俄に変改して教材の配当を作業のプログラムに引直して仕舞ふことは一朝一夕のことでは無くして急に実現の可能性の乏しきものである以上自然に一般教育者を目標とし且現在の教科課程実施する上より、止むを得ず教材によつては学習学校の主義によつて之を教授するを認め、若し教材が許すならば其処に始めて作業学校の主義に立帰つて教育していくのがよいとする許容案である。

（略）

従来の学習一点張りの学校よりも余程改良せられたるものとなる筈である。

「作業化」を現行の教育課程を維持しながら可能な範囲で改良をする「許容案」として認め、多数の学習一点張りの学校を改善できると確信しているのである。この「作業化」は、谷口雅子によって「僅かに子どもの表現活動を位置づけたといったもの」として批判されたものである。確かに教授方法の改善や工夫は明治後期よりみられるものであり、一見特別に新たな点はないようにもみえる。学校園も明治後期のこうした動向に一致して整備が推奨されたものであるが、学校園にも目新しい点はみられないのだろうか。実際の取り組みから確認していく。

第二節　学校園の内容の変化

(1)　規則における学校園

東京女子高等師範学校附属小学校の明治後期以降の学校園の変遷を概観するために、まずは規則等を確認したい。一九一二年一一月の『東京女子高等師範学校附属小学校規程』では、(21)第二編「内規」第三章「附属小学校細則」第一節「職員服務ニ関スル規程」(七)「学校園」とある。第一条「学校園ニ栽培スヘキ植物ハ主トシテ教授材料ニ充ツヘキモノヲ撰フヘシ」とあるとおり、学校園に対して、植物を教材として用いようとする観点が強いことが明らかである。また、第四条には「学校園ヲ整理スル為ニ主任一名委員若干名ヲ置ク主任及ヒ委員ハ主事之ヲ命ス」とあり、学校園の経営が主に教員によって行われていることがわかる。(22)一方児童の役割に関しては、第八条で「学校園主任及ヒ委員ハ必要ニ応シテ児童ヲ率イテ学校園ノ手入ヲナサシムヘシ作業ヲナサシムヘキ学級時間等ハ予メ之ヲ定ムヘシ」とあり、やはり教員が児童に作業を行わせるという受動的なものであったといえる。学校園の主たる二つの目的のうち、東京女高師附小においては、とくに自然物の観察研究が重視され、教員の指導の下での作業が企図されていたということである。

つぎに、一九三〇年の『東京女子高等師範学校附属小学校要覧』に掲載される学校園に関する規定を確認する。[23] 本書には各種教授要項や内規などの項目が設けられ、内規の三番目に「学校園ニ関スル内規」があり、要旨が次のとおり記される。

学校園ハ動植物ノ飼育栽培観察実験観賞ニ供シ兼テ労作ヲ奨励シ自然愛好ノ精神ヲ涵養スルヲ以テ要旨トス

一九一二年のものに比べて、学校園に期待する役割が広範にわたっていることがわかる。また労作の奨励、自然愛好の精神の涵養といった、児童の道徳的な態度に関する観点が取り入れられている点に留意したい。

また、施設は植物園と動物園に分けられている。植物園には「学級園」、「理科教材園」、「実験園」、「一般教材園（観賞園ヲ含ム）」がある。動物園は「水棲動物飼養池」、「禽獣飼育場」がある。学校園には植物園係と動物園係がある。学級園は全校各学級に配当され、入学当初に配当される場所は卒業まで変更しない。理科教材園は尋常科第四学年以上の各学級に配当し、理科教材の「実験的栽培」に供し、「継続観察研究」を徹底させる。一般教材園（観賞園）は「校庭」のなかでも前記の学級園等以外で植物の栽培が可能な場所を充てる。一般教材園は「草木ヲ栽培シ児童ノ労作ヲ指導シ校庭ヲ美化シ鑑賞ニ資ス」もので、植物園係の指導の下で高学年児童に行わせるものである。このとおり、それぞれの区画に異なる役割をもった施設が整備される。

ここでは一九一二年から一九三〇年までの規則における変化として、学校園の役割が多様化したこと、このとき道徳教育上の目的が「労作」の用語とともに表れてきたことを確認しておきたい。

(2)　環境整備の必要性

学校園の内容の変化を詳しく検討していく。先述のとおり一九一八年より東京女子高等師範学校附属小学校における新教育の研究が進展した。北澤種一は一九一八年一一月の記事で[24]、現在の学校教育では「知育的環境」が優勢であることを批判し、理科であれば、理科の時間だけではなく、「児童の生活環境をして理科的にならしむる」必要があると論じた。そして、「植物園も動物園も校内に必要になつて来る、仮令そのズケール(ママ)は小さいにしても常に児童の生活と共に変化するところの植物界動物界があるといふ事が既に環境として要求しなければならぬことである。」と述べる。一九一八年の段階で、教科外において学習をおこなうための環境の整備が試みられていたことがわかる。直接学校園には言及していないが、類似の施設の必要性は少なくとも説かれていたと考えてよい。

また一九一九年六月の『児童教育』の口絵には「欧米小学校に於ける自然研究」と題して写真が掲載され、次のとおり説明されている(図1)[25]。

「米国紐育市コロンビア大学附属ホーレスマンスクールの学校園に於ける自然科の実験で、生徒は今、学校園で作業をして居ます。こゝの生徒は都会の子供ですから、皆学校園で色々な作業や、実験をするのです。田舎の単級小学校と比較して見て下さい。」

図1　上：ホーレスマン小学校の学校園

「下図は英国オックスフォード州のクリフトン、ハムプデンと云ふ田舎の単級小学校で、生徒総数九十人、教師三人。図中藁屋根の小屋は作業をする一つの小屋で、後方の建築物はこの村の民家です。生徒は今屋外で電気の実験をして居る。」

遠座知恵によれば、一九一九年に開始された第三部の低学年教育の研究は、プロジェクト・メソッドを中心になされ、ホーレス・マン小学校をモデルとしているという。(26) 同校の学校園を紹介し、東京女高師附小にすでに存在していた学校園に対して新たな観点を取り入れようとする意図がみられる。説明では都会においては学校園にしか作業や実験の場がないという懸念が読み取れる。都市化によって失われた生活のなかの作業の機会を学校において補おうとする発想である。こうした発想が東京女高師附小の学校園の要素として蓄積されたことを確認しておきたい。

(3)　関東大震災前後の経営

一九二三年九月の関東大震災後、同年一〇月より一九二四年三月まで小石川区大塚窪町の東京高等師範学校で授業をおこない、一九二四年四月より一九三四年三月まで従来の土地である本郷区湯島三丁目に「木造平屋仮建築校舎」を設けて授業をおこなった。(27) 図2は仮校舎であり、(28) 図3は仮校舎落成後の一九二四年度の敷地全体図である。(29) 図4は一八五〇年頃の湯島の絵図で、ここが昌平坂学問所であったことがわかる。(30)

堀七蔵は、一九二四年一月に、雑誌『児童教育』で震災をふまえての見解を次のように述べている。(31)

図２　年度の湯島の校舎落成図

図３　1924年度の湯島（東京女高師）の敷地

図４　1854～1860年頃の湯島の復元図

人間は自然を恐れ自然と親しみ、敬虔的な日を送らなければならぬ。しかし、自然の偉力に対して人間の無力を嘆ずるは愚かなことである。震災の如き非常事変に遭遇して、科学の価値を疑ふが如きは、人間にとつて余りに大きな自己の冒瀆である。(略)

また混雑に乗じて、社会の発達を害するが如き旧思想の跋扈して来たことも忌まわしい被害の一つである。

ここでは自然と親しみつつも、自然科学の進展が引き続き必要であることが確認されており、堀の理科教育に対する積極的な姿勢が読み取れる。

一九二四年三月の記事には、一九二三年度の震災前の校舎が存在する頃の尋常科第一学年の直観教授(32)の内容が記される(33)。尋常科第一学年から第三学年までのあいだの「自然界からの隔離」を解消することの必要性が説かれる。

「最初の時間が、『庭に出てこれが皆さんの庭だ』と話してやる、すると幼児達は、学校に自分達の畠のあることを非常に喜ぶ。」

「学校園の池にゐる金魚と異ふのをお父さんから買つていたゞいたといつて一匹持つて来るのもある。児童は学校に仕事しに来る心持ちになる。教へられに来るのではないといふ態度が涵養される。かうして最初から庭や野に出て、空気、土、日光、生物を相手にしながら勉強することが直観といふ学科の仕事だといふやうに仕向けなければならない。この態度この考へが出来れば、もうしめたものだ。」

「生物愛護といふ心情は、自分のものとして丹精する時に於てのみよく育まれるのである。」

「学校園では、大豆を最先に蒔いた。次に子供の持つて来た朝顔を蒔いた。畠で彼等に栽培させて、成長を直観し、花を直観し、種子の収穫を行ひ、それを各児に少しづつ分配し、残部を保存して明年度の分として貯へておくことを授けようとした。しかし御承知の通り昨年九月一日の大震災の難を蒙つた我が校のこと故、終始同一教材について直観教授することの出来なかつたことを遺憾に思ふ次第である。」

「学校園で自分の植物は可愛いものだ、大事にしなければならないといふ心芽を培つてから、植物園や公園等に遊んだ。そして、四辺に咲き乱れた草花、目新らしい樹木などの名前を見ながら、美的情操を養ひ、彼等の研究心をそゝり、且又それ等公共的作物を愛護せんとする良風を養ふことにつとめた。」

「自分達の畠」を児童に与え、栽培させることの意義が説かれている点に注目したい。自分のものとして栽培をすることで、対象への愛着が芽生え、自発的な態度が涵養されること、さらにこうした態度を養成した後であれば、一般の植物園等においても研究心などもつことができることが期待されているのである。なお「学校園の池」とは、図3の右下部分を指すと考えられる。図4と照らし合わせても、当箇所は昌平坂学問所からの歴史ある施設の屋外空間を引き継いでいることが想像できる。同校ならではの学校園の特徴である。

一九二四年一〇月の記事では、震災後の仮校舎で授業をはじめて間もない頃の直観科の様子がわかる。(34)「学校園の手入れ」を二時間設け、一年間の後片づけ、来年の準備として児童に「手入」をさせるのだという。そして「子供がする仕事であるから、多少は失敗もするだらうし、思つた程よい結果はみられないかも知れないが、一つの鉢に一の球根を植ゑて手をかけて育てることは子供達としても興味深く、喜んでするに相違ない」と述べられる。ここでも栽培による子どもの興味、関心の喚起が試みられる。「さつまいもほり」の時間も一時間設けられる。

学校園につくつてあれば、その花、葉、その他植物の外観は前に観察させてあるだらうが、一面に広がつてゐる葉や茎の連絡関係はどうなつてゐるのか、芽のつくところはどんなところかといつた点は、実際掘り出してみなければはつきりはさせにくい。十一月のはじめ頃、自由にそれらの点の観察を命じて掘らせる。

特徴は、単に外観を観察するだけの場合と、掘り出すという収穫作業の過程での観察との違いを意識している点である。一九一二年の規則では、学校園の意義は主に観察研究の材料であることに焦点が当てられていたが、ここでは単に実物を提示するだけでなく、手を加えるという作業によって、知識教授の理解が増すことが強調される。飼育栽培によって芽生える愛着の作用に、方法としての有用性を認めている点は興味深い。これも学校園施設通牒本文に明記されるものではあったが、比較的見た目の美しさによって興味、関心を喚起させる作用が着目されていた。児童に経営を任せて失敗をゆるし、作業自体の意義を認めれば認めるほど、美的な要素が後退することが懸念されるが、次項で確認できるような別の区画に「観賞園」を設けることで機能を分散させて、これを補ったのだと予想される。ここでは、児童に失敗を許す作業の場がここで確保されているということを強調しておきたい。

(4)「理科教授要項」の改正

一九二七年三月に東京女高師附小の「理科教授要項」が改訂され[35]、これに関する説明が一九二七年七月の『児童教育』においてなされている。本号には口絵で「教材園の手入」も掲載される。
理科教授の「方法」の項目において学校園について述べられる。

理科教授は学校園（植物栽培、動物飼育）博物館等児童の作業に基き事実を尊重し体験によりて学習せしむ。動植物教材は実物をはなることなく、又栽培飼育を重んじ観察と愛自然の方面とを重視す

ここで、何よりも先に学校園が記述されることからは、学校園への意識の高さが読み取れる。作業に基づいた事実と、体験による学習の方法が重視される。この要項の解説では、学校園は既に理科教授で必要とされてきたが、今日においては「単に教材となるべき植物を栽培し置き、理科の時間になつてそれを見て教授するだけ」にとどまらず、「動植物の愛護と絶えざる観察にまで持ち来さなければならぬ」として、今日的な学校園の意義を明記する。
一九二七年一〇月の記事の「理科指導案」から実施の例を確認したい(36)。理科担当の訓導田代順之(37)が、ニワトリに「なるべく卵を多く産ませるやうにするには？」という題材を扱っている。教師用書に「家禽の一例としてにはとりの形態、及びその卵に就いて教ふ」とあるのに対し、田代は「児童の生活指導といふ立場から」、「児童の実際問題」を基礎として「科学的態度」、「動物愛護の精神」を養うことを重視したいという。さらに次の方法を提示する。

若し出来得るならば、学校に於て児童と共に簡易な鶏舎でも造り、（課外）数羽を飼養し、指導しつゝ、児童に世話をさせるがよい。児童は輪番に卵の配されるのを非常に喜び、興味を以て世話するものである。かうして日常

の間に鶏乃至養鶏に関する知識を与へると共に、理科の一時間を活用すべきである。

教科を中心としながら、「課外」での飼育栽培も理科教授の一環として捉え、児童の生活によりそった題材を扱い、それを体験させることで、学習をすすめようと試みていることがわかる。

一九二八年度の第二学年については、学年の「教育題目」に、「校庭」、「学材園(ママ)」、「学校園」などをあげ、作業を分担させている。おたまじゃくしや金魚の飼育などが、学年をまたいで継続的におこなわれている様子がわかる。このおたまじゃくしの飼育などは「訓練上」にも有効であったという[38]。また家事科において学校園が有効であることに言及するものもある[39]。

一九二九年三月の記事で、田代は「学校園の経営方案」と題して学校園の説明をしている[40]。ここでは理科に関わらず、多様な教科での利用が見込まれていることがわかる。概要は次のとおりである。

一、教材園としての学校園
二、観賞園としての学校園
三、作業場としての学校園
四、自然愛好の精神養成と学校園
五、愛好の精神涵養と学校園
六、計画案作製上の準備調査

「国語読本に現れたる動植物教材」
「理科書、地理書に現れた動植物教材」
七、計画案作製及び実施上の注意
「理科材料云々といふ立場と離れても高学年は勿論低学年に至る迄学校園を教育上の見地より有数に経営すべきである。即ち教材園として作業場として、鑑賞園として全校挙て経営管理に参与するといふことでなければならない。」

一九三〇年の学校園に関する規則とほぼ同様の説明がなされる[41]。「国語読本」、「地理書」などを挙げて理科以外の教科との関連も述べている点が特徴である。

このとおり、主に理科を中心として、教科外の学習の機会を総合的に設けるものとして、学校園が注目されていたことが確認できた。作業によって喚起される学校園への親しみや、責任感等に注目し、飼育栽培という体験をとおした学習の方法が推奨されていたのである。また一九三〇年の『現代作業教育』の「学校園施設経営」の項目も田代が執筆しているが、美観、風致を意識することが随所で述べられ、こうした整備が児童と教師の協力によって実現されたことが強調される[42]。一九二三年の関東大震災後の惨状から現在の形態に至ったのは、「全校一致の共同作業」の賜であると説明されるのである[43]。震災後の仮校舎での授業をおこなうなかで、学校の美化を復元するためにも、限られた資源をもって教授方法を工夫するためにも学校園は有益な施設であったといえよう。

（5）「理科生活」のための学校園

　東京女高師附小訓導のなかでも理科教育を中心的に担ってきた吉田弘は、[44] 一九三一年の『各科作業教育』の理科の項目を執筆している。[45] 学校園については「理科教育環境の施設経営」の節で「学校園と家庭園」という項目を設け、旧来の学校園が「得られざる材料を栽培して教授用に供する」ものであったのに対し、「学校園は理科生活の場所とし、それをあらゆる教育の機会とし度いのである。理科生活指導のための学校園これが学校園経営の新意義である」として、新たな経営方法とその意義を説いた。「理科生活」という用語には、田代が述べるのと同様に、教科の時間以外も理科教授の一環と捉えるような意味合いが読み取れる。

　また一九三一年の著書『理科作業教育の実際』では、「作業教育施設論」の項目で学校園施設の目的をまとめ、[46] このとき注意として「作業教育の立場よりする時は、前述の職能を発揮せしむるのみでなく、植物研究に関して、又植物と共に生活せしむる所の作業場所たらしむるということ」を考えるべきだと述べた。さらに学校園の経営に相当の時間を費やして経営しているからといって、「客観的に評価し得る結果が得られなければ満足しない」のは従来の教育の欠点であるという。そして「自然愛だとか美的情操とかをねらつて居り乍ら、それに対する相当の効果があげられないといふ結果になる。こせこせしたしみつたれた要求を大局高所からさらりと捨てて、如何に喜んでその作業をなすか」を重視するように述べる。自然愛や美的情操を身につけさせることにとっては、客観的な評価よりも、児童の主観的な喜びのほうが重要だという見解である。ただし全てこうした経営にするわけにもいかないので、栽培の材料によって用途をかえるようにすすめる。目的によって学校園の経営を対応させ、機能を分化させようという試みである。

さらに従来との違いについて、これまでの植物の栽培は、観察材料を栽培している位の考えであって、説明的で知識的な取扱いであったが、「栽培そのものの中に多くの教育的意義を発見」する必要があるとした。扱う事項として「種子の選び方、学校園のプランを立てること、地面の耕し方、種子のまき方、苗の植えつけ方、間引の仕方、施肥中耕その他各種植物に特有なる手入れ等」を挙げた。[47] 吉田もまた学校園を単なる教材提供の場所と考えず、栽培という作業の過程そのものに着目するのである。一九三〇年の学校園の内規においても児童の自主性は重視されていたが、学校園のプランまでも児童におこなわせることは、一九一二年の教員主導の作業とはやはり大きく異なる点である。

また、学校園とは別の区画に「雑草園」を設けることを推奨する。[48] 通常であれば注意を引かない雑草も、「栽培して見ると矢張りこれにも一種の愛憐の情」がわいてきて、野外の一木一草にも関心をもち、児童が自然界に注意するようになるという。なかには「理科的研究の対象」にもなり、「栽培新種の発見への努力」が芽生えると期待する。学習の機会を広げ、理科教授の範囲を児童自身によって広げられるような工夫を考えるのである。

吉田の試みをもとに、理科教育を作業化すること、また教科の時間以外において、理科的な作業をおこなう例を確認したが、ここではとりわけ作業を通して現実感のある知識を獲得することや、生活全体において理科への興味、関心を生じさせるといった「知育的側面」が意識されていたことがわかる。

さらに吉田は、生活を通した学習の必要性をデューイの言葉に依拠して説明するが、例えばデューイの見解を次のように紹介している。[49]

今日では家庭に於ける生産的作業が工場に集中され、児童は家庭に於ける父母の作業を助けて大なる教育的影響を受くることが出来なくなり、又社会に於ける人の作業及び事務を観察し得なくなり、之に関する判断力及び発明工夫の精神を練る機会を失つた。庭園に於て動植物と親しみ之を飼養栽培することも都会では次第に出来なくなつた故、学校に於て殊更作業を用ひて、少年をして実際生活と関係を保たしめることは今日大いに必要とする

このとおり吉田は、デューイの見解を介して、児童は「将来の準備」のためでもない、「順当なる教育過程」としての「児童らしい生活」を経過して初めて成育するのだと主張する。吉田には、産業化、都市化によって失われた家庭での教育的な機能を学校園において補わせる意識があり、デューイのいうところの「実験的な思考」に重点をおき、これを栽培という作業を通して身につけさせようとしていたのである。

おわりに

東京女子高等師範学校附属小学校における学校園の取り組みは、「理科生活の場所」として、作業を通して実験的な思考を身につけさせようとする知育的側面を重視する傾向がみられるものであった。同時に学校園での飼育栽培による愛着の作用を利用した、自然愛の養成という広義の道徳教育に関わる観点もみられた。こうした作業の意義は、対象への知的好奇心の喚起のために重視されるものであり、明治後期の東京高等師範学校附属小学校の学校園で確認できたような、労働に堪える意思や、労働に対する興味を喚起させるという目的とは異なるものであることがわかる。関連して、作業において児童の失敗も許容する観点は、一九一一年の東京高師附小においてもみられたが、一九三〇

年代の東京女高師附小では、体験そのものを重視する考えとともに、これが一層強調されていた。

そして同校の学校園の大きな特徴は、教科外において様々な教科を総合した、合科的な体験学習をおこなうための施設として扱われたことである。同校訓導の吉田弘が、学校園は「理科生活の場所」であるのと同時にあらゆる教育の機会だとし、これをもって「学校園経営の新意義」と認識し、これまでの学校園との差異を強調したように、合科的であることは確かに学校園の活用における新たな特徴であったのだ。こうした学校園の活用は、教科の枠組みを残したまま新教育的な実践を実行したい場合にとくに有効であった。東京女高師附小においては、理科教育、自然科学の発展を契機として、新教育の研究が企図されていた。とりわけ震災後の危機的な状況において、特別な実践や施設の整備ではなく、わずかな工夫によって教育実践の改善を堅実に試みようとする東京女高師附小の期待に、学校園は応えることができたのである。震災後に同様の課題を抱えていた東京市の公立小学校にとってもこうした実践、また学校園は現実性をもった模範例として受けとめられていったのではないか。

注

(1) 小林重章「第一章第二節二項都市教育改善への模索」東京都立教育研究所『東京都教育史通史編三』第三巻、東京都立教育研究所、一九九六年、三五一―三九頁。
(2) 同前、四二頁。
(3) 小林正泰『関東大震災と「復興小学校」―学校建築にみる新教育思想―』勁草書房、二〇一二年。
(4) 河南一「昭和初期における「社会科」の試み―東京女高師附小の「社会科」―」全国社会科教育学会『社会科研究』第二一号、一九七二年。河南一「東京女高師附小における「社会科」実践の考察―題目に見られる授業観の受容と変容―」『社会科研究』第四一号、一九九三年、福田喜彦「昭和初期における「社会科」歴史授業実践の特質と限界—東京女子高等師範学校附属小学校の『東京の歴史指導』の単元に着目して—」『社会科研究』第六七号、二〇〇七年。

(5) 谷口雅子「生活教育の研究（三）」『福岡教育大学紀要』第四二、四三号、第二分冊、一九九三、一九九四年。

(6) 大正自由教育の諸実践が国定教科書の範囲内での学習方法の改善にとどまったことは中野光にも指摘されるとおりである（中野光『大正自由教育の研究』黎明書房、一九九八年、二七一頁）。

(7) 吉村敏之「東京女子高等師範学校附属小学校における「作業教育」」『宮城教育大学紀要』第二分冊、自然科学・教育科学、第三一号、一九九六年。谷口和也『昭和初期社会認識教育の史的展開』風間書房、一九九八年など。

(8)『東京女子高等師範学校六十年史』によれば、直観科は時勢に鑑み、「自然物・自然現象」のみならず、「児童の環境に於て直観し得る題材を選定し、専ら児童の直観に訴へて研究せしめる方式」をとり、歴史・地理・理科に進展する方案を実施したものだとされる（『東京女子高等師範学校六十年史』東京女子高等師範学校、一九三四年、二九六頁）。

(9) 前掲『東京女子高等師範学校六十年史』二九七頁。

(10) 同前、二九六—二九七頁。第三部は単級で二部教授を実施してきたが、単式多級に編成することにし、一九二〇年より附属小学校規則を改正し、一学級の児童定員を男女合わせて三〇名にし、第二部と同額の授業料を徴収するようになった（小原国芳編『日本新教育百年史　第二巻』玉川大学出版部、一九七〇年、二〇一頁）。

(11) 青木義輝「労作教育」『日本近代教育史事典』平凡社、一九七一年、二七三頁。

(12) 前掲、吉村敏之「東京女子高等師範学校附属小学校における「作業教育」」。作業教育論の著名なものには、デューイ、ケルシェンシュタイナー等が挙げられるが、とりわけケルシェンシュタイナーの「作業」は、高橋勝によれば、「自然や事物にはたらきかけ、観察し、ものを作り出す過程で、リアリティーのある生きた知識を獲得していくことができる」という「知育的側面」と、「子どもの心の中に、忍耐強さ、相互の協調性、奉仕の気持などの道徳的性格を形成する」という「訓育的側面」の二つの教育的意味が含まれている。日本においては訓育的側面が終始強調されてきたという（高橋勝「学校教育における「作業活動」のもつ意味―その二つの教育機能を分析して」『横浜国立大学教育紀要』第二五集、一九八五年。高橋勝「「作業」による学習の構造―ケルシェンシュタイナーのデューイ思想受容の視角分析を中心に」『横浜国立大学教育紀要』第二七集、一九八七年）。

（13）一九一〇年に東京高等師範学校本科数物化学部を卒業し、東京女子高等師範学校訓導となり、一九一二年には文部省の理科書編纂委員会の委員となっている（堀七蔵『日本の理科教育史　第一』福村書店、一九六一年、三三一頁。小原国芳編『日本新教育百年史　第一巻』玉川大学出版部、一九七〇年、四四三頁）。

（14）一九二四年度の堀の職位は附属女子高等女学校教諭で担当は理科であり、附属小学校主事代理であった（『東京女子高等師範学校第六臨時教員養成所一覧　自大正十三年四月至大正十四年三月』東京女子高等師範学校、一九二五年、一二五―一二七頁）。

（15）堀生「新教育に対する態度」『児童教育』第一八巻第八号、一九二四年六月。なお、本号ではドルトンプランに関する記事が多く載せられている。

（16）堀は、『各科作業教育』では、小学校教育の達成は「生活作業」によってなされると述べ、知識の伝授のみではなく、「児童の生活作業によってその生活に必須なる知識技能を修得せしめ、良国民としての教養をなし得る」ものであるとした。例えば、小学校令第一条において道徳教育及び国民教育の基礎を涵養するよう記されていることに対し、これが「児童の生活によつてのみ涵養することが出来る」と述べる。また、小学校令に記される生活に必須なる知識技能の修得についても、児童の生活そのものに着目して、実際の生活の経験によって得た「知識、実際的経験、体験のみが真に必須なる知識、生活に役立つ知識となる」と述べる。（堀七蔵『各科作業教育』東洋図書、一九三一年、一六―一七頁）。

（17）前掲『各科作業教育』二〇―二六頁。

（18）同前、二三頁。さらに「作業科」を特設して作業教育の精神、すなわち「勤労を尊ぶ精神」を涵養することをはかるものも挙げている。これは東京女高師附小における一九二九年の「作業科」の設置か、一九三一年一月の中学校令施行規則改正での「作業科」の新設を指していると考えられる。

(19) 同前、二七頁。
(20) 北澤種一「各科教授の作業化」『児童教育』第二三巻第一号、一九二九年一月。
(21) 『東京女子高等師範学校附属小学校規程』宝文館、一九一二年、二七―二九頁。第一編が「東京女子高等師範学校附属小学校規則」である。『東京女子高等師範学校六十年史』によれば、東京女高師附小では一八九四年より附属小学校規則が定められ、数回の改正が行われている。一九一二年の直前の改正としては一九一〇年二月、一九一一年三月がある（前掲『東京女子高等師範学校六十年史』二七〇、二九二―二九三頁）。
(22) 第五条では「主任及ヒ委員ノ任務概要」が九つの項目にわたって細かく記される。
(23) 『東京女子高等師範学校附属小学校要覧』児童教育研究会、一九三〇年、五八―六〇頁。
(24) 北澤種一「児童の環境整理を論ず」『児童教育』第一三巻第一号、一九一八年一一月。
(25) 口絵「欧米小学校に於ける自然研究」『児童教育』第一三巻第八号、一九一九年六月。
(26) 遠座知恵「東京女子高等師範学校附属小学校におけるプロジェクト・メソッドの研究実態」『カリキュラム研究』第一九号、二〇一〇年。東京女高師附小のプロジェクト・メソッドの研究は活動カリキュラムの構造的理解には至らなかったことが指摘される。
(27) 第一一章「敷地建物及経費」『東京女子高等師範学校第六臨時教員養成所一覧　自大正年十四月至大正十五年三月』東京女子高等師範学校、一九二五年、一四三頁。
(28) 口絵「落成せる東京女子高等師範学校」『児童教育』第一八巻第六号、一九二四年四月より転載。「編集だより」では「昨年（大正十二年）十月十五日より今年の三月末日まで、東京高師附属」のもとにいた際の様子が述べられる。
(29) 『東京女子高等師範学校第六臨時教員養成所一覧　自大正年十四月至大正十五年三月』東京女子高等師範学校、一九二五年より転載。所在地については第一一章「敷地建物及経費」に記される（同書、一四三頁）。

(30) 景山致恭、戸松昌訓、井山能知編「本郷湯島絵図」『江戸切絵図』尾張屋清七、一八四九—一八六二年、国立国会図書館所蔵。
(31) 堀七蔵「大震災の教育的利用」『児童教育』第一八巻第三号、一九二四年一月。
(32) 直観科では「人事界と自然界の二大分野」を含んで、「児童の環境周囲に存在するものを、在るが儘に直観し、考察する」ことが重視されていた（前掲『各科作業教育』三二一頁）。
(33) 吉澤喜久「尋常一年の直観教授」『児童教育』第一八巻第五号、一九二四年三月。
(34) 竹川ハル「秋草の直観（尋二）」『児童教育』第一八巻第一二号、一九二四年一〇月
(35) 理科研究部「改訂理科教授要項につき」『児童教育』第二一巻第七号、一九二七年七月。要旨には「理科は通常の天然物自然現象に関する一般的知識を与へその相互及び人生との関係を理解せしめ、観察を精密にし正確に発表し得る能を養ひ以て科学的考察の態度に導き自然界の神秘を直感し自然に対する敬虔の念と自然を受くる（ママ）心を養う」とある。
(36) 理科研究部「理科指導案の研究」（田代順之「にはとり」）『児童教育』第二一巻第一〇号、一九二七年一〇月。
(37) 田代の一九二七年度の担当は理科で、第三部尋常科第四学年の担任をしている（『東京女子高等師範学校第六臨時教員養成所一覧　自昭和二年四月至昭和三年三月』東京女子高等師範学校、一九三五年、一三二頁）。
(38) 田原美栄「第二学年の教育計画」『児童教育』第二三巻第三号、一九二九年三月。作業として、花壇では、畑地の割当や、花園の経営、植付の配置、種物や球根などの購入など級で分担させている。飼育として一年の時は金魚とおたまじゃくしを飼っていたがおたまじゃくしは蛙になってしまったので、金魚を継続して飼育するという。訓練上の利点については、「訓練上本学年で最も根本的な所は、感情の陶冶と自立的精神の養成とである」とし、「積極的方法としては生き物の飼育やお話等によつて感情を培つて行くことが出来る」とする。
(39) 高等科では、家事科で学校園が用いられている例も確認できる。「家事科は事実に関する普通の智識技能を得しめ生活の能率を務め家事経済を計り家事的趣味を助長し実際生活の指導を以て要旨とす」とある。「家事科指導に際しては共同生活の養

成に最もよき資料を有するもの故よく前要旨と相俟つてその訓練に努めるべきである。尚学校園に於る草花野菜の栽培に於ても共同の精神を養ふ事の出来るもの故常に注意して指導すべきである」とある（浅野たか「我が高等科の学級経営」『児童教育』第二三巻第三号、一九二九年三月）。

(40) 田代順之「学校園の経営方案」『児童教育』第二三巻第三号、一九二九年三月。

(41) 学校園全体の経営方法に関する留意点としては、学級作業園の配当を入学当初から卒業まで途中で変更させず継続して経営させることで、「自分の庭といふ親しみ」を感じさせ、熱心な経営が可能になるといった内容が述べられる。

(42) 「鳥類飼養設備」、「兎類飼養の設備」等が「教師と児童との共同によつて出来上がつたもの」であるという説明が随所でなされる。

(43) 『現代作業教育』児童教育研究会、一九三〇年、三六〇―三六三頁。

(44) 一九一九年に東京高等師範学校理科第二部を卒業した（堀七蔵『日本の理科教育史　第二』福村書店、一九六一年、五二六頁）。吉田の一九三一年度の職位は「教務掛」で、担当は理科である（『東京女子高等師範学校第六臨時教員養成所一覧自昭和六年四月至昭和七年三月』東京女子高等師範学校、一九三五年、一三八頁）。

(45) 前掲、堀七蔵『各科作業教育』。

(46) 吉田弘『理科作業教育の実際』文化書房、一九三一年、三八四―三八五頁。「教材がいつでも得られること」、「植物の生育を連続的に観察し得ること」、「植物を部分的のみならず全体的に観察し得ること」、「動植物の生活交渉を全体的に観察し得ること」、「美的情操を養ふ機会となること」、「自然愛を養ふ機会たり得ること」。

(47) 前掲『各科作業教育』二九五頁。小学校理科の教材について、「生物的教材の方面」、「園芸的教材の方面」、「理化的教材の方面」、「衛生的教材の方面」に分け、このうち「園芸的教材の方面」の項目で栽培と学校園に関する説明をしている。

(48) 同前、三〇一頁。前掲『理科作業教育の実際』三八九―三九一頁。「雑草園のためには手入の届いた学校園を使用するには及ばない」とし、運動場などの片隅でもよいとする。また自然界への親しみや、「自然愛護の精神」を涵養するという「心的陶冶」の機会にもなることもやはり言及している。

(49) デューイによれば、従来家庭を中心におこなわれていた生活のなかでの作業(Occupation)には、「社会において何事かを為し、何物かを生産する義務の観念などの訓練の諸要因」が含まれており、「観察、創意工夫、校正的創造、論理的思考、さらにまた実際的な物事にじかに接触することによって得られる現実感などが、絶えず訓練されていた」という(ジョン・デューイ著、市村尚久訳『学校と社会・子どもとカリキュラム』講談社、一九九八年、六六―七一頁)。また高橋勝によれば、デューイがこうした作業を学校教育に導入した意図は、「単なる技能訓練のためでも、職業準備」のためでもなく、「産業化以前に濃密であった生活共同体の機能を回復させること」と「その協同的作業を通して、より実験的な思考を身につけさせること」にあったとされる(前掲、高橋勝「「作業」による学習の構造―ケルシェンシュタイナーのデューイ思想受容の視角分析を中心に」)。

第八章　関東大震災復興事業における小公園と東京市公立小学校の学校園

はじめに

学校園施設通牒後の展開として、ここまでに東京高等師範学校附属小学校、東京女子高等師範学校附属小学校という特別な事例をとりあげてきた。新教育の研究自体、師範学校附属小学校や、私立の小学校を対象としたものが多いなか、鈴木そよ子は東京市の公立小学校を詳細に検討している。鈴木は、一九二〇年以降の東京市において教育研究の体制が整えられるなかでの新教育の広がりを明らかにした(1)。また小林正泰は一九二三年の関東大震災後の復興小学校の建築と新教育の実践との影響関係を明らかにした(2)。小林の検討した復興小学校の事例には、一九二六年の東京市立錦華小学校のように学校園が整備されていた例も確認できる。小林によればこの学校園は「新教育の実践を反映した施設のひとつ」とされる。また一九三二年に刊行された『東京市の教育』は、小学校の教授法の沿革を次のようにふりかえる(3)。「明治末期」から従来の教授法への反省がなされ、「最近の欧米の新教育思潮の輸入」と相まって、東京市の小学校でも「プロジェクト・メソッド、ドルトンプラン、或は作業主義の教育、合科教授等が試みられるに至った」。その経緯は「大正五年新教育主義による私立小学校が創設され、同八年には本市小学校に動的教育が実施されるに至り、此の当時から内外新教育の研究が漸く盛となつて来た」ものであった。つまり、一九一九年頃より東京市の公立小学校においては、新教育に関わる教育実践が展開されつつあったのである。

これら先行研究が主に対象とするのは、一九二〇年代の東京市の新教育のもとですでに普及を遂げていた学校園の展開であるが、学校園が東京市の教育にとって必要とされ、整備されていく経緯は明らかではない。

また整備の実際については、東京市という都市部ならではの特徴をふまえて考察する視点が不可欠である。とりわけ着目すべきは、一九二三年の関東大震災後の復興事業として、小学校に隣接して整備することが企図された五二の小公園との関係である。小公園の計画は、短期間に新設された数と面積が多い点、系統的な公園の配置基準が初めて適用された点、公園の意匠に斬新さがある点、小公園と小学校が一体として整備された点などが公園史上の画期として評価されている(4)。小公園と学校教育との関係に焦点を当てた研究では、三平久子、伊藤裕久らが、小公園が狭小な学校敷地を補い、小学校建設時の緩衝地として利用されたことを指摘している(5)。また内容に関して安場浩一郎は、「防災・保健機能の増大の意味だけでなく、教育の側からの社会教育施設としての学校―公園の接合への要請と、公園行政の側からの、公園への社会教育の意味付与を、折衷したもの」として小公園と小学校が隣接したことの意味を論じている(6)。

このとおり先行研究においては公園行政による防災上の課題と、学校教育上の校地の拡充などの課題が小公園の用地を活用することで折衷されたことが評価されている。ただし復興事業に必要な用地の取得が主に土地区画整理としておこなわれ、宅地の一割が無償減歩されることなどに対して住民による反対運動がおこったように(7)、用地取得をめぐる多くの困難を抱える東京市において、こうした小公園の用地が十分に確保され、とりわけ学校教育上の要求に十分に応えていったのかという点には疑問が残る。こうした課題が東京市の学校園の展開のなかでいかに表われてくるのか。一九〇〇年代にさかのぼりつつ、小公園と学校園の整備上の兼ねあいに留意しながら検討していきたい。

第一節　東京市の公立小学校

(1)　東京市の教育

『東京都教育史』によれば、東京府の教育にはそれぞれの地域の社会的構造の特徴を反映した三つの相があるという。[8]そのひとつである東京市は、一八八八年の市制町村制、一八八九年五月の市制特例によって、特別市として編制された地域であり、「首都として政治上、経済上での日本全国の中心機能」をもち、「「舶来文明」のセンター」としての役割を果したとされる。東京市には、独立の市長・助役が置かれず、府知事が市長の職務を執行していた。東京市の教育の特殊性は、小学校において公立学校が全国平均で九割を占めていた状況に対して、私立学校が八割を占めていたことによって、「文部省の方針とは異質な私的形態による「公教育」」がおこなわれていたことにあるという。[9]

一八九八年には、特別市の指定が廃止され、一〇月から市制一般適用の普通の地方公共団体になった。これにともなって市の規模での小学校の教育の統一が促進される。公立小学校の経費負担と維持管理の主体が従来は区であったのが、市へと転換されようとしたのである。[10]また日清戦争以後の「社会の近代化」にともなう就学率の上昇とともに、公立小学校の増設を求める機運が起っていたことをうけ、一九〇〇年前後より、東京市長の松田秀雄を中心に小学校増設がすすめられている。[11]この頃から、東京市が一括に維持管理をおこなう公立小学校をめぐる議論が盛んになり、一九〇〇年七月二八日には東京市教育会が設立され、松田と東京市議会議員の星亭が積極的に関与した[12]。

こうした状況のなか、一九〇三年から一九一二年の間の東京市長は尾崎行雄が務めている。尾崎は一八九八年の大隈内閣において文部大臣をつとめ、なかでも自由民権運動の時期以来教員の言論集会に制限を加えてきた省令・訓令・内訓・達・内達二二種類を一括廃止したことが、業績として評価される人物である[13]。一八九六年に発足していた帝国教育会は義務教育費の国庫補助実現を求める問題に取り組んでいた最中であったため、帝国教育会に集結する教育関係者はこの一括廃止を非常に歓迎したという。この帝国教育会での一八九八年八月の「帝国教育会茶話会」での演説が不敬とされ、文部大臣の辞任に至ったことは有名である。尾崎は東京市長就任後、一九〇四年七月からは東京市教育会の会長も務め、これをサポートしている[14]。東京市教育会の機関誌である『東京市教育会雑誌』においては、尾崎自らが東京市民に必要な教育について論考を寄せており、教育への関心の高さをうかがえる。

一九〇七年一〇月以降「市立小学校長会」、「同各区委員会」が開かれている。この会の開催時には尾崎が「訓示演述」をおこなっており、ここから尾崎が求める東京市の教育の内容を読み取ることが出来る。

第一回目の校長会は一九〇七年七月四～六日に開催された。このとき尾崎は、主に「小学校長の職責重大なること」と「市民に徳行特に公徳を高むべきこと」について演説している[15]。まず校長の地位が高く、任務が重いことを説き、「生徒の精神行為」を左右することのできる教師が「日本の前途をその双肩に担へるもの」であるとして、教師の任務の重要性を説いた。そして身につけるべき道徳性について次のように述べる。

本市の如き世界の大都市は、其の出生地即ち移住地ありといひ得べき地方人と異り、住民出入頻繁にして、従つて生活状態も日々に変化し、四隣の者の姓名さへも知らざるが如き様なり。斯く変化劇しきがために、一般に都会の人は智恵に敏きも、徳行は軽薄なりとの評を招けり。都会の風潮が滔々として地方に伝播することを思へば、市民の徳行を奨むることは一日も之を緩ふべきにあらず。特に西洋各国の都市に比して、我が市民に公徳心の欠乏せることは争ふべからず、公園の器物破壊、植木の傷害、其他事例頗る多し。又児童が乞丐の真似をなし、西洋人の跡を追ひ金銭をねだること、市の附近には珍らしからずといふ。此の悪習漸次増加の傾向ありと聞くは恐るべきことなり。幸ひに本市内には未だ此の事あるを知らずと雖も、予防的の注意を要すべきことは言ふまでもなし。児童に乞丐の真似をなさしむるを見ては、外人は之を何と評すべきか。彼の公徳心の欠乏といひ此といひ国民の品位に関する重要の事項たるを信ず。(略)

まず東京市が世界の大都市であることが確認される。次に人の出入りが激しいために「徳行」が乏しく、このような風潮が地方に伝わることを危惧する。そして東京市が地方に対する見本であるという自覚を喚起させ、東京市民に「市民」として必要な徳行を身につけることを推奨するのである。なかでも「公徳心」の欠乏は彼にとって重要な問題として認識される。公徳心の欠乏について、一点目に公共物の破壊などを挙げ、二点目に他の都市において子どもが西洋人に金銭をねだるという悪習を挙げている。いずれも西洋との比較、西洋人からの評価とともに問題が言及されており、西洋の風習をもとにした公徳心について述べている。そしてこの公徳心の欠乏が「国民の品位」に関わるため、「予防的の注意」を要するという。

ここからは公徳心という西洋基準の品位を身につけることが、日本国民にとって、とりわけ東京市の児童にとって必要とする尾崎の認識が読み取れる。このように欧米諸国の文化や習慣を積極的に取り入れた新たな社会的な道徳観を再編しようとする見解は、第四章で確認した、日露戦争後の帝国主義的段階における道徳教育の潮流を反映するものとして理解できよう。

（2）東京市民としての智徳養成のための学校園

東京市立校長会の討議決定では、学校園の整備に関しても取り上げられた。一九〇九年一一月八日の第三回目の校長会、一九一〇年二月八、九日の第四回目の校長会では、同じ諮問事項、協議事項が扱われ、第三回目の校長会では、諮問事項と協議事項が共に調査委員に附託され、尾崎行雄の演説もおこなわれている。第四回目の校長会では、調査委員に附託した調査案について討議された(16)。

諮問事項は「市民として智徳養成上必要なる項目を定め其の実施の方法及資料を調査する件」であった。本諮問が出された経緯について、「是より先市長は各小学校長に対つて、「本市小学校児童に、自治体たる首都の模範的市民として必要なる素養を与ふるために、小学校に於て特に施行すべき教授訓練上の方策如何」といふ問題を提出し、其意見を求めたるところ、其の答申の精粗一ならざるは素より、方法また区々にして一般的ならざりしが故に、其の答申を参考として共同施行の法案を立てんがために本案を諮問することとなれり」という説明がなされた(17)。この議題自体を尾崎が発したということ自体が重要である。尾崎は一九〇七年の第一回目の校長会のときより、東京市民としての徳行・公徳心の養成を重視し、「国家の品位」に関わる問題として認識していた。このような尾崎の課題意識は、東京市小学校長への調査、また委員による調査というかたちで実行されていくのである。

第三回目の校長会で、調査委員への諮問に対する調査の附託がおこなわれていることから、これ以前に尾崎が各小学校長に諮問していることになる。その内容は小学校において、「自治体たる首都の模範的市民として必要なる素養」を与える為の教授訓練上の方策を問うものであった。第五章第二節でも確認したとおり、日露戦争後の地方改良運動期において町村の立て直しが急務とされていた。この状況での「自治体たる首都の模範的市民」という表現は、自治体のひとつとしての東京市を自覚させるものであり、とりわけ東京市が他の地方に対する模範として特別である意識を喚起させるものとして読める。そしてこの尾崎の発案に対して小学校長から様々な回答が寄せられたため、これを一般化し、「共同施行の法案」を設けることになり、このために「市民として智徳養成上必要なる項目を定め其の実施の方法及資料を調査する件」という諮問がされたという経緯である。つまりこの第三、四回目の校長会では、東京市の小学校において地方の模範となる東京市民としての素養を養成するための、共通の教授上、また道徳教育上の内容と方法を決定する討議がなされたということになる。

この小学校長からの多数の答申を概括した主たる二四項目が「調査案」として挙げられた。これをもとに第四回目の校長会で討議されたと考えられる。この調査案は第三回目から第四回目の校長会の間にまとめられたものであるので、第三回目の尾崎の演説の内容が少なからず影響している可能性があり、また第四回目の討議、討議内容の決定についても同様である。

第三回目の校長会での尾崎の演説は、次に確認するとおり「公共心の欠乏」を主題として、東京市民に「道徳習慣」を身につけさせることの重要性を説いたものである。

まず、「多摩川沿岸の人民」による河川の使用において塵芥の放棄などがみられ、この原因を「因襲の然らしむる所なるべき」とし、「学校に於て幼児より教導其の宜しきを得ば、之を改むること難事にあらざるべし」として、学校での「教導」によってこうした習慣を改善できると提案する。さらに東京市民は河川を「汚物棄場」のように捉え、塵芥を捨てるなどの行為を平然としておこなっていることを遺憾とする。なかでも「道路河川の公共物たるを弁へざるか、往々塵芥を道路に棄て、又河川に投ずるがために、平生は掃除の人夫を要し、出水の際には是がために道路堤防の破壊を大にし其の修繕費は軈て棄てたる各自の負担となるを知らずとは愚も亦甚だしと謂ふべし」と述べ、東京市民が、道路河川を公共物として理解せず、塵芥を道路河川に棄て、その清掃、修繕のための費用を自らが負担することさえも知らないことを愚かなことだという。尾崎は市民に公共物に対する理解そのものが欠乏していることを危惧しているのである。さらにロンドンでの前例をもとに、公共衛生の観念の欠乏による被害の甚大さを、環境衛生の面や費用の面から訴える。そして公園などの公共施設における器物破損や盗難なども、習慣の問題として教育によって改善できるという見解を示した。

そして締めくくりとして、「之を要するに。〔ママ〕我東京市をして将来他の都市に比して特色を有し、誇るべき道徳習慣を樹立して、地方の人士一度足を市内に入るゝ時は、必ず何等か得る所ありて、恰も一の教育所たるの観あらしめんことを希望して已まざる所なり」と述べる。東京市を地方の人々にとっての「教育所」とみなすという表現には、尾崎が考える東京市の教育の特色が端的に表れており、このために「誇るべき道徳習慣の養成」が求められるのである。「誇るべき道徳習慣」とは、ここまでに述べられてきた公共心・公共衛生の観念である。尾崎が東京市民としての道徳教育の必要性を充分に意識していたことが確認できる。

第四回目の討議決定事項については、第一章から第四章までのタイトルや項目が記されるのみである。第一章では

「自治制の大要を教授し自治的の訓練をなす事」と掲げ、その具体的な内容について第一項から第四項まで設けている。第二章では「愛市の念を養成すること」を掲げ、第一項から第三項まで設けている。第三章では「首都の市民たる品格を養成すること」を掲げ、第一項から第四項まで設けている。第四章は、第五項から第八項まで設けている。第四章は第三章の主旨に基づく内容であると考えてよいだろう。「附記」では「本案」について、市内小学校において各教科目にわたって適宜の時間に教授すること、本案実施の資料は当該学校長が定めて教授の材料にすること、本案の内容によって「市民科教授資料並市民読本」を編纂する必要があることと記された。「本案」を詳述した資料がある可能性もあるが、ここで示された概略的な「本案」を共通事項として、各学校において適宜に応用することが推奨されたとも考えられる。

タイトル、項目を読む限りではあるが、全体として、タイトルごとに教授上、訓練上必要な内容がそれぞれ挙げられていることが特徴的である。たとえば第一章の「自治制の大要を教授し自治的の訓練をなす事」では、第一項において、「自治制度の大要及び実際を教授する事」と記され、第二項では「権利義務の観念を養ひ特に選挙権を尊重するの思想を養ふの事」と記される。知識教授と観念、思想の養成が共に必要とされていることがわかる。

またこの第四項では「市設事業を知らしめ且之を愛護するの念を養ふ事」とあり、その内容として、「実業教育」、「公衆衛生」、「慈善事業」、「教化事業」、「其他公園市区改正土木水道の事業」と記された。これは、第三回目の校長会での尾崎の演説において急務とされた「公衆衛生の観念」の養成に関わる内容だといえる。ここでは公共衛生の仕組みを理解しないことによる被害の甚大さが説かれた。もしこうした尾崎の見解がふまえられていたとすれば、ここでの「施設事業を知らしめ」という記述は、損益をふまえた判断ができることが意図されたものだと読むこともできる。

さらに第三章、第四章の「首都の市民たる品格を養成すること」とは、まさに尾崎が第一回目の校長会でも説いていた「国民の品位」に近い表現である。第一項では「皇室に対する心得を授くる事」、第二項では「外人に対しては常に首都の市民たる面目を保つへき事」、第三項では「雅正なる言語を用ふる習慣を養ふべき事」、第四項では「特に礼儀作法に嫺はしむる事」、第五項では「勤倹貯蓄を奨励する事」、第六項では「高尚なる趣味を養成する事」、第七項では「長所を進め短所を補ふ事」、第八項では「体育を奨励する事」が挙げられた。とくに第二項の「外人に対しては常に首都の市民たる面目を保つへき事」では、「外人を敬重する事」、「親切を尽すへき事」という内容についても記しており、第一回目の校長会での尾崎の演説において言及された、西洋人に対する悪習の改善に関する観点との関連がみられる。また第七項の「長所を進め短所を補ふ事」において「公徳心の欠乏を補ふこと」が挙げられた。尾崎は、校長会に対して議題を投げかけるだけでなく、その討議内容にまで影響を与えていたのである。

注目したいのは、これらの観点と学校園を関連させて論じている点である。第四章第五項の「高尚なる趣味を養成する事」の内容はつぎのとおりに記される。

一　校舎の設備を審美的にする事
二　学校園を拡張し且整理する事
三　特に技能的の学科を審美的ならしむる事
四　言語容儀を優美ならしむる事

五　自然美を愛するの習慣を養ふ事

「高尚なる趣味」とは、学校園施設通牒の文言にある「高尚ナル趣味ノ助長」と同様の表現であり、ここでは、その高尚なる趣味の方法としての学校園の有効性が明記されていた。尾崎の主張には、東京市民の備えるべき素養に西洋基準の品位が必須であることが繰り返されたが、こうした学校園施設通牒で述べられる学校園の有益性が、こうした東京市校長会の討議決定の場においても、理解されるに至っていたのだといえる。

また五つの小項目においては、「審美的」、「自然美」など、「美」という言葉が全てに用いられた。学校園施設通牒でも学校園が「美的観念ノ発暢」にとっても有効であることが示されており、やはりこうした効果も討議において共有されていることがわかる。東京市の小学校において地方の模範となる東京市民としての知徳養成の方法が模索されるなか、学校園のあらゆる機会に美しさを備えることによる道徳教育上の機能が注目され、その拡張、整理が求められていたのである。

(3)　理科教授上の活用

第七章冒頭で確認したとおり、『東京都教育史』によれば、後藤新平を中心とする東京市政調査会は、都市教育の問題として理科教授も重視していた。後藤が東京市長に就任するのは一九二〇年だが、これ以前よりも理科教授の必要性はもちろん説かれており、前項で詳述した尾崎行雄市長期の東京市教育会、市立小学校長会においても、理科教授は重視される。[18]すでに一九〇九年には東京市教育会は、『理科教授ニ関スル調査』を編纂しており、東京市教育会が東京市の教育に関する調査、講習会の開設、「図書館其他通俗教育に関する事業を経営すること」などを実施している。『理科教授ニ関スル調査』では、理科が小学校の教科目のなかで最も研究を要するものとして位置づけられ、本会が挙げた委員によって調査がなされたと記される。(19)

この『理科教授ニ関スル調査』においても学校園が言及される。要目は第一項「設備及方便物」、第二項「教授方法」、第三項「教材」、第四項「教員ノ理科知識補充法」から構成される。第一項「設備及方便物」には、「理科教室」、「学校園」、「実物配給法」、「方便物ノ研究」、「公園ノ設備」の小項目が挙げられ、学校園については主に「学校園」の小項目で述べられ、「実物配給法」の小項目、「公園ノ整備」の小項目、また第二項「教授方法」のうち「現今教授上ノ欠点及ビ其矯正法」の小項目においても多少言及される。

小項目の「学校園」の内容は次のとおりである。

（甲）　校地アル場合

(1)　水田ヲ装置スルコト（稲、慈姑、蓮、芹、魚、水蟲ノ類）
(2)　畑ヲ装置スルコト（穀物、野菜、花卉ノ類）
(3)　樹木ヲ栽培スルコト（節木、挿木、取木等）
(4)　鉢栽ヲナスコト
(5)　動物ヲ飼養スル設計ヲナスコト（鳥、魚、昆虫、兎、猿猴、養蚕等）
(6)　温室及苗床ノ装置ヲ設クルコト

(7) 地理ノ基礎観念ヲ養フニ足ル設計ヲナスコト

(乙) 校地乏シキ場合

(1) 鉢植ニシテ棚装置懸垂装置トスルコト(水田、畑産ノ草木等)

(2) 動物ヲ飼養スル設計ヲナスコト(昆虫、養蚕、小鳥、水虫、魚ノ類)

(丙) 注意

(1) 美感ヲ養フ目的ヲ忘レザルコト(珍奇ニ趨ラザルコト)

(2) 可成教材ヲ網羅スルコト

(3) 栽培ノ量ハ実地使用ノ際全体ニ行キ渡ルヤウニスルコト

(4) 植物ノ排列ハ教材順ト四季別トニヨルコト

内容の特徴は、理科のみならず地理も含んでいるように、他の教科教授での応用が想定されていることである。重要なのは、理科教授の方法として学校園を用いる際の注意において、「美感ヲ養フ目的」が必須であると示されていることである。すでに確認してきたとおり、学校園は、東京市民としての智徳養成、高尚なる趣味の養成のための有効な施設として理解されていた。その具体的な方法として、学校におけるあらゆる機会に「審美的」、「自然美」といった「美」の要素を付加することが要された。こうした方策をふまえ、理科教授の機会にもこれを適用しようとしていたことは注目に値する。

一方同書は、理科教授の方法を論じることが主題としてあり、あくまでも教授細目に即した教授上の効果に関心が向けられている。第二項「教授方法」で、「現今教授上ノ欠点及ビ其矯正法」の小項目が挙げられるなか、学校園における問題点も指摘される。「学校園ノ施設、植付植物ノ撰択其ノ宜シキヲ得ズ且之ガ利用ヲ怠ルモノアリ」とし、例として学校園の位置、区劃、植物の分類が不適切であることや、教授に必要な植物が植えつけられていないことが挙げられる。これら問題点への「矯正法」として、「教授細目ト対照シテ」必要な植物を植え付けて分類整理すること、「学校園利用ノ方法ヲ考究スルコト」と述べられる。また教授の方法全体に対する問題の具体例が列挙されるなかで、「教授ニ際シテ学校園ノ他校内ニ於ケル事物等ノ利用ヲ欠ケルモノアルコト」が挙げられる。これに対する「矯正法」は「教授法研究ノ方法ヲ立ツルコト」だという。つまり、理科教授の方法としての学校園を用いる場合の問題点は、「教授細目」に掲げられるような必要な植物が学校園に植えられていないこと、正確な分類を考慮した植物の配置がなされていないこと、また、学校園の活用自体がなされない場合もあることだと認識されたのである。知識教授としての目的を優先させるが、道徳的観念の養成についても配慮を欠いてはならないという、両者に対する理解が読みとれる。

校地の規模に対する配慮についても留意したい。校地が十分に得られない場合について、鉢植え、棚、懸垂などの工夫された整備方法が提示されるが、校地のある場合に比べて内容の充実度が低いことは一見して明らかである。これに関連して注目したいのは、同書の第一項「設備及方便物」の「公園ノ整備」の小項目である。[20] ここでは「市公園」に「実際生活ニ密接ナル理科的材料ヲ撰ヒテ之ヲ学術的ニ排列スルコト」などが挙げられ、公園に対して理科教育のための活用が見込まれている。さらには「公園ノ一区劃ヲ割キテ学校園部ヲ設クルコト」、「学校園部ニハ教授材料トスベキ鳥獣魚類ノ飼養場ヲ付設スルコト」と述べられている。公園のなかでも理科教授において活用できる空間に対して「学校園部」と呼んでいる。

これは、単に校地外の自然物を教材として利用しようというものではなく、「学校園部」という理科教授に必要な施設を校地外に積極的に設けようとする発想である。これは校地を十分にとることが難しい土地の状況を鑑みた、東京市ならではの学校園の実施の方法として理解できよう。この点が、次節で検討する関東大震災後の復興事業における小公園の整備と密接に関わってくるのだが、ここでは一九〇九年以降の東京市において、学校園施設通牒のもとでの学校園推進の動向を背景に、美的観念の養成や教材提供の機能を担う屋外施設の拡充を求める認識が芽生えていたことを確認しておきたい。

(4) 東京市の教育方針に即した学校園の例

一九一五年に刊行された『東京市立小学校施設事項第一輯　附東京市立小学校長会及同各区委員会記事』は東京市立小学校のなかでも「特殊なる工夫研究を遂げて、之を実際に施設し、成績の見るべきものを蒐集」したものであり、これを小学校等に配布して参考にさせようとしたものである。[21] また、翌年一九一六年には『東京市立小学校施設事項』がだされ、第一輯に記載された六九校以外の市立小学校の事例が掲載されている。[22] ここに掲載される実践内容は、「特殊」で、一般的な市全体の実態を示すものではないが、前項までに確認してきた東京市の教育方針を具現化した例としては適切であるとみなし、紹介しておきたい。

浅草区石濱尋常小学校の記事は、[23]「学校園」と「校外教授資料」の項目から構成されている。学校園は、まず一九〇七年の新築と共に設置され、一九一〇年に洪水にあいながらも、一九一三年の運動場の整備とともに二四坪拡大させている。一九〇七年の時点での学校園の広さは「幅一間長五間面積五坪の校園六個」の合計三〇坪で、場所は運動場の周囲で、内容は「教科に関係ある普通植物」を栽培したものであった。たとえば「用材植物」として「赤松の外三十種」、「有毒及薬用植物」として「肉桂の外十七種」、「農芸用植物」として「茶の外三十五種」等が挙げられている。一九〇八年から一九〇九年にかけては「附近篤志者より風致木として、柳、椎、桜、梧桐、扁柏等数十株の寄附」があり、これをもって「漸次校園たる観を呈せり」と述べている。一九一三年八月には運動場を「砂利敷」から「人造石」にし、「第七校園二十四坪の増置」をした。「第七校園」は、「地理的模型及び、水草又は水中の小動物飼養の目的にて、小池を設け、動物自然の生活状態を観察すに便ならしむる施設をなせ」るものであったとされる。また、校園には校園名と坪数を記した立札を設置しており、この目的が「都会児童に了解せしむるに困難なる地積を知らしめんがため」であったと述べられる。また「経営方法」については、「第一校園より第六校園」は「第五六男女児童」に配当し、受持ちの区画を定めて「特定植物の外、彼等児童の好む植物を栽培することを自由にせり」としている。「第七校園」は「共同園」として「共同事業にして自己の責任を知らしむ」とある。作業日が各組毎週三回設けられている。作業中は「学年の担任訓導指揮監督の任に当り、校園係は時々其作業の状況を視察し、彼等児童の勤怠を認め奨励的意味の外、訓練上の必要より批評をなす」とする。

教科に関係のある植物の栽培を試みていることからも、教科教授の材料としての活用が主に意図されていたといえる。一九一三年の増置の際に設けられた小池には「地理的模型」としての役割も見込まれ、また校園の立札に面積の理解を助けるための工夫がなされているなど、理科教授に限らず様々な教科での活用が期待されていたことがわかる。また五、六学年を対象にして児童の好む植物の栽培がおこなわれているが、「校園係」が児童の作業を批評するとあるとおり、作業自体への自由度が高かったとは言い難い。また「風致木」といった景観上の配慮から植樹したものも校園の内容として捉えている。注目したいのは経営方法において、担当訓導の「指揮監督」のもとで共同作業をおこなうことが求められ、これに訓育上の意味が見出されていることである。

麹町区番町尋常小学校については、[24]記事の全てが「学校園」の説明に充てられている。この学校園は一九一一年三月に改築校舎の落成と同時に設置されたという。「運動場の周囲、校舎西北隅の空地及器械体操場の周囲」を利用したもので、約四七坪の規模で、「小自然園」、「教材園」、「苗床及予備園」、「風致園」の四区から成る。「小自然園」は、「運動場の周囲凹字型の土地」を幅三尺、長さ二〜五間に区画して、「蔬菜園」、「果樹園」、「水田」、「池水」、「自由園」などにあてたものである。「教材園」は、北側の日当たりの悪い場所にあり、約一坪の小区が六つある。各学年に配当し、当該学級の教材として必要な植物を栽培させ、自由に使用させるよう図られている。「苗床及予備園」は、三つの小区からなり、苗床の不足時に使用させるという。「風致園」は、器械体操場の周囲が塀で囲われている様子が「殺風景」であるため、「塀より四尺位の幅を沿階草にて区切り果樹及観賞植物を栽植して其の風致を添えた」ものである。管理方法の説明では、「一学級一園」を受けもつことが基本とされ、各分担区に「組長」を一名置くことが求められている。組長の仕事には「学校園の指揮命令に従ひ当番と共に作業に従ふこと」、用具の管理点検、日誌の記入などがある。

理科教材に直接用いることが明確に意図された区画として「教材園」があるものの、各学年一坪の配当とされているとおり、小さく実験的な栽培がおこなえる程度のスペースであることがわかる。一方「小自然園」は一一の小区からなり、内容も充実している。このなかで「自由園」というものがあるが、これについては「日当り悪しく且つ小区なり栽培の種類一定せず児童をして自由に工夫せしむ」と説明される。つまり児童の自由に作業できる区画が設定されているということであるが、言い換えれば、その他の区画においてそれが可能であったかは疑わしい。管理方法における「指揮命令に従ひ」という文面からも、児童が主体的に作業をおこなうというよりも、学校園の経営のための作業をあてているといった印象がぬぐえない。また殺風景を解消するための「風致園」が設けられ、景観上の配慮が学校園をもってなされていることも注目できる。

下谷区谷中尋常小学校の例では、(25)「御大礼奉祝校舎落成祝賀記念会及其事業」として、「記念園、学校園」が設けられている。設置時期は記されていないが、記念園の樹木を選んだ理由に「御大典御奉行の大正四年に応じたるなり」とあることから、一九一五年以前に設けられていた可能性がある。「記念園」の項目では、「一段高き二十坪の地」があてられ、中央正面に月桂樹を植え、その左右に対称的に様々な樹木を配置している。将来「記念林」になること、また「一種森厳の感を起さしむ」こともねらっている。「教材園」については、「各学年の教材たるべき植物を区域を別にして栽培す」として、「長さ十八尺幅四尺」の区画が六つあると記されている。「果樹園」は「長さ十四間幅一間」、「観賞園」は「幅三尺長さ十二軒」とされる。「水生植物園（附水生動物）」は、「幅三尺長二間深さ二尺の池」とされ、「教材として用ふべき水生植物及び或種の水生動物を養ふ」とされる。

記念園の説明には、教科教授に関わるような記述がみられない代わりに、景観形成のための配置の配慮がなされている。そのことで「森厳の感」を喚起させるといった、感覚への働きかけを試みている。一方、教材園は各学年で異なる内容にすることが求められ、教科教授に適応させることが必要とされている。「水生植物園」については「池」とも置き換えられているが、単なる観賞用の池ではなく、教材としての効果を求めていることがわかる。主な用途を、観賞のために置くもの、教科教授の材料に置くもの、またこれらを両方備えたものが様々に整備されており、これらは「記念園、学校園」として総称されているのである。

赤坂区赤坂高等小学校仲之町尋常小学校については、(26)「児童の観察実験基礎としたる理科教授法及び其の施設及附教便物観察室」と題され、そのうちの「施設」の項目において学校園の説明が一文記されている。設置時期は記されていない。「校舎に添ひて窓下に二間に三尺程の地面を尋五以上の各学年に与へて教材植物を植栽し児童自ら之が経営の任に当り以て理科観察の材料配給場となし又実習観察の場所となす」とある。児童の作業が求められていること、理科教授の材料としての効果が期待されていることが確認できる。

麻布区南山尋常小学校については、(27)同校の七つの特殊な整備のうちの一つとして「学校園の施設」がとりあげられている。設置時期は記されていない。概要には「国定教科書に準拠し、風土の関係上栽培する能はざる植物の外、凡てこれを網羅し、教科書に表れざるものと雖、教育上裨益ありと認むるものは凡て植栽す」と述べられている。「記念園」、「学校園」、「蔬菜園」、「水田」、「学校林」、「風致観賞園」の六つの区分がされている。「記念園」の説明には「明治天皇昭憲皇太后崩御敬悼式記念樹（真榊）」、「神宮殿下御誕辰記念樹（柏）」、「日露戦役記念樹（茶）」等と記されている。「学級園」は、第四学年以上各級に約〇、七坪ずつ分けられ、「当該学級に必要なりと認むるものを、学級担任指導の下に児童をして栽植管理せしむ」とされる。「蔬菜園」は、主に教材に充てられるとされる。「水田」は「いね」、「がま」などを栽植するとされる。「学校林」は「校地北側の斜面約五十坪を利用し、さくら、もも、かし、くは等の老樹の間に、いちご、みつまた等諸種の灌木喬木及び草木を植栽し、山林の景を実現す」と説明される。「風致観賞園」は、「校舎校庭の周囲」を利用するとある。教材や「裨益ありと認むる」植物等を植栽したり、盆栽を配置したりするという。また「日本全土をセメントにて表はしたる約三坪の池を掘り、鯉、金魚等を飼養し、傍らに大なる藤二株を栽植し、面積全校庭の約半の棚に纒繞せしむ」とある。

管理方法としては、「平素の管理は、職員中の学校園係主として之に任じ、上級児童をして手伝はしむ」とある。ここでは教員が主体になって経営にあたり、その手伝いを児童がおこなうということが明確に示されている。

利用方法の効果には、訓育上の効果が次のように挙げられる。

日常実際教授に利用する智育方面は勿論、訓育上の効果も亦甚大なるを信ず、特に崩御の祭日に当りて、御聖徳を仰望せしむる資とし、又日露戦役記念日には、四五年来児童をして製茶の実況を目撃せしめ、且つ五月廿七日の海軍記念日を期し、新茶の風味を味はしめ、以て当時を追懐せしむるの料とす

南山尋常小学校の学校園については、国定教科書に基づく教科教授の材料としての利用を重視していることが分かる。さらに特徴的なのは、これ以外にも「記念園」を設け、「天皇崩御」の記念樹や、日露戦役の記念樹が植栽されており、これらが「智育方向は勿論、訓育上の効果も甚大なる」と述べていることである。また本校でも「風致観賞園」には、景観上の配慮を読み取ることができ、「学校林」についても「山林の景を実現す」とあるように、山林に見立てた景色を学校内につくろうという意図がみられる。学校園の個々の区画に教材として用いることを主たる目的として、各々の活用が見込まれていた。さらにこれらの活用を可能にするための維持管理、経営がなされているため、職員が中心にその作業にあたることになる。作業に児童が加わることはあっても、教員の管理下において手伝うといっ

たものであった。

次に深川区東陽尋常小学校については、[28]地理の教授上の「基礎観念」を明らかにするための「地理指教用の模型園」に関して述べられている。模型園は、校庭の一隅の一七坪余の場所に設け、二三〇円の経費を要したものだとされる。「自然を離れて、人工的なること」を遺憾としながらも、「平面的なる地図、若くは片々たる模型の類を示すよりは、はるかに、理解を容易ならしむる効果あり」と述べている。

これまでの事例において校庭の一画に整備された学校園、教材園が、主に理科教授のための施設として求められていたのに対し、この事例が地理教授での活用を主に求めていることに着目したい。地理教授のための模型としてならば充分な設備であるにも関わらず、「自然を離れ」ていることへの懸念があることも特徴的で、教授上の理解以外の自然に関わる何らかの要素が必要であることに意識的であることが読み取れる。

このとおり、東京市において高く評価された小学校の教育実践の例においては、学校園の整備の例が散見され、なかには東京市教育会や東京市小学校長会が求めたような、知徳養成のための施設として活用される例が確認できる。

第二節　復興事業における小公園との関わり

(1) 小公園の計画の経緯

前節において確認できた一九一〇年代の特別な学校園の例の一方で、土地の狭さを原因として、多くの小学校が校地の外に学校園を求めようとしていたことに留意せねばならない。手がかりとなるのは公園そのものの整備状況であり、具体的には一九二三年の関東大震災後の復興事業として、小学校に隣接して整備することが図られた五二の小公園との関係である。

一九二三年九月一日の関東大震災の後、一九二三年九月二七日勅令四百二十五号帝都復興院官制がだされ、帝都復興院は「内閣総理大臣ノ管理ニ属シ東京及横浜ニ於ケル都市計画、都市計画事業ノ執行及市街地建築物法ノ施行其他復興ニ関スル事務ヲ掌ル」ものとされた。公園については一九二三年一〇月の復興院計画局第二技術課よる「帝都復興公園計画案」において、(29)「常時に在りては衛生、休養、慰安の機関として、非常時に在りては防火、避難、救護の要所」であると記された。この計画案では、焼失区域内において公園を新設、拡張するための予算を一億千百八十三万二千円として、八箇所の「都市公園」、一五箇所の「近隣公園」、八〇箇所の「児童公園」を設け、これらの総面積を一〇〇万坪にすることが記される。公園の整備が、衛生などの観点に加え、震災を契機とした防災上の観点から意義が認められ始める段階である。

一九二三年一一月一日には、各省の次官や学識経験に富む人物を集め、各省との事務や打合等を円滑におこなうための帝都復興院参与会第一回が開催された。(30)一一月二日から四日の第一委員会での内容は、「第一委員会決定要綱」にまとめられ、(31)一一月九日の帝都復興院参与会第二回の議題とされる。このうち「主要街路ノ施設及其ノ規格ニ関スル件」では、「土地ノ収用ハ区画整理ノ方法ニ依ルコト　是ハ当局ヨリ諸外国ノ例ヲ説明ニナリマシテ、耕地整理ト略々似タヤウナ方法ニ依ツテ拡ゲタ土地ノ収用、小学校若クハ公園ノ如キモノハ出来ヤウ」と記される。(32)そして校地整理法の方法に似た土地区画整理の方法によって、小学校や公園のための用地の収用ができると説明される。

注目したいのは「各種営造物ノ配置ニ関スル件」に関する議論である。ここで岡田啓介参与によって第一委員会での議案が次のとおり朗読、説明される。[33]

学校ノ敷地殊ニ市内ニ於ケル小学校ノ敷地ニ付キマシテハ、適当ノ位置ヲ選定シテ実際ノ必要ニ応ジ拡張ヲ図リ、児童公園ノ用ヲ兼ネシムルコトト云フ希望ガアリマス、是ハ小学校ノ如キハ児童ガ通学シマス区域ノ略ボ中央ニ置イテ欲シイ、サウシテ唯今焼跡ノ小学校ノ坪数ハ平均九千何百坪ニナッテ居リマスガ、之ヲ約倍位ニ拡張シテ一廓ニ樹木ヲ植エテ、児童公園ノ用ヲ兼ネテ貰ヒタイ

公園の整備によって校地の拡張を補うのではなく、校地面積の拡張自体をおこなって、ここに児童公園の役割を求めている。つまり、小公園によって校地の狭さを補おうとする、この後の計画とは逆の発想である。

また一一月の復興院理事会の「帝都復興予算概要」では、東京市において公園整備の事業をおこなう方針がたてられた。[34] この案が一一月一五日の帝都復興院評議会第一回において諮問され、可決された。「復興計画区域及復興事業ノ規模ニ関スル件」のうち、公園の位置について「官公有地ヲ公園用地トスルモノノ他数箇所ニ遊園ヲ設ケ尚出来得ル限リ焼跡地域内ニ於ケル小学校地ヲ拡張シ児童公園ノ用ヲ兼ネシメムトス」と評議会幹事の金井清によって議案として朗読され、[35] また帝都復興院総裁宮尾舜治もこれに説明を加えているとおり、ここでも校地面積の拡張が想定されていることがわかる。このとおり一九二三年一一月の段階では、公園の整備を必要とする認識の高まりのなかで、小学校の校地の拡張も視野にいれた大規模な構想がなされていたのである。

一二月一〇日よりはじまる第四七回帝国議会を通過した「帝都復興事業費其他総額」は五億七千三百四十三万八千

八百四十九円であった[36]。震災当初の復興事業の施行方法として、焼失地全域を公債の発行によって買収し、整理のうえ売却、貸付ける案があったが、こうした予算削減を経て土地区画整理の方法を既成市街地に適用する方法が採用されていった[37]。このうち公園事業費は総額二千三百八十五万九千円であり、公園の事業は「国施行」と「地方公共団体施行」に分けられ、東京市施行の公園費総額一千万のうち、三分の一が国庫の補助をうけた[38]。

一九二三年一二月二四日法律第五十三号特別都市計画法が出され、第一条で同法のいう特別都市計画が東京及び横浜に対する都市計画を指すことが規定され、また主に土地区画整理に関する内容が規定された。まず第三条において「耕地整理法第四十三条ノ規定ニ拘ラス建物アル宅地ヲ土地区画整理施行地区ニ編入スルコトヲ得」と記されたことで、建物のある宅地が「土地所有者、関係人及建物ニ付登記シタル権利ヲ有スル者ノ同意[39]」を得なくても編入できることになった。また第八条第一項では「第五条ノ土地区画整理ノ施行ニ因リ土地区画整理地区内ニ於ケル施行後ノ宅地ノ総面積カ施行前ノ総面積ヨリ一割以上ヲ減少スルニ至リタルトキハ其ノ一割ヲ超ユル部分ニ対シ勅令ノ定ムル所ニ依リ補償金ヲ交付スルコトヲ要ス」と記され、宅地の減歩率が一割を超えない場合には無償で取得されることになる。さらに第八条第二項では「前項ノ宅地トハ勅令ニ依リ公共ノ用ニ供スル土地ト定ムルモノ以外ノ土地ヲ謂フ」と記される。一九二四年三月十五日勅令四十九号特別都市計画法施行令の第二十七条に、「特別都市計画法第八条ノ公共ノ用ニ供スル土地トハ地目ノ如何ニ拘ラス道路、広場、堤塘、溝渠、運河、河川、公園又ハ公共物揚場ノ用ニ供セラルル土地ヲ謂フ」とされたとおり、公園用地を土地区画整理事業によって確保することが規定されたのである。

一九二四年二月一日勅令第十四号特別都市計画委員会官制がだされ、特別都市計画法に基づき東京と横浜の都市計画に関する調査、審議を担う特別都市計画委員会が設けられた。また帝都復興院官制が廃止され、一九二四年二月二十三日勅令第二十六号復興局官制がだされ内務大臣の管理に属することになった。公園に関しては、復興局の計画案が特別都市計画委員会の審議を経て、一九二四年四月一日内務省告示第百七十号で、三つの大公園の新設の事業がすすめられるよう告示された(40)。復興局建築部公園課がこの大公園の事業を担い、用地の取得はすべて土地区画整理施行区域に編入せず、買収によって取得された(41)。

一方で、小公園の事業は東京市が担うことになった。一九二四年三月二四日調発第百七十三号で、東京市があらかじめ調査していた小公園の計画が東京市長永田秀次郎から内務大臣水野錬太郎に稟請される。これが復興局で協議された後、再度五月九日に市長から内務大臣に稟請されたのが「公園新設計画並之カ事業執行決定方稟請」である(42)。このうち「東京市小公園設定ニ関スル説明書」では、東京市の公園の総面積が七五万余坪であり、人口一〇〇人に対してわずか三一坪であるため、これを拡張する必要がある旨が述べられる。そして、今回の計画において平均九〇〇坪の五二箇所の小公園を整備することで合計四千六百坪の公園の面積が確保され、人口一〇〇人に対して三五坪にまで増加できることが説明された。人口あたりの面積をもって空地の必要性を説く点は、都市計画ならではの発想である。

そしてこの用地の取得について、整理施行地区外にある佃島公園、月島公園の二箇所を除く他の五〇箇所についでは土地区画整理事業として執行する方針であることが説明された。小公園の位置の選定については、「既設公園配置ノ状況並ニ焼失区域内ニ復興セラルヘキ小学校ノ位置等ヲ考慮シ可成小学校ニ隣接シテ之ヲ設置スルノ方針ヲ採リ以テ小公園トシ市民就中児童ノ利用ニ供セシムトス」とする。このとき都市計画上の必要性を前提とする小公園の整備について、小学校に隣接させることが明記されて市民や児童の利用にとっても有用であることが示されたのである。

こうした東京市による小公園の計画案が一九二四年五月二二日の特別都市計画委員会第六回総会において「東京都

市計画小公園ノ新設及其ノ事業執行年割ノ件」として附議され、一九二四年六月二七日の特別都市計画委員会第七回総会において可決され、一九二四年七月四日内務省告示第四百二十四号で告示された[43]。ここに新設する五二の小公園が記され、一九二四年度から五箇年度にわたって継続執行すること、この事業の一部が土地区画整理事業として執行されることが記される。土地区画整理の実施にあたり、実際に用地を無償で取得されたのは上六公園のみであり[44]、東京市の施行する小公園の用地ほぼ全ては、一割を超える部分に対して補償費を払うことで取得された。つまり公園用地のために宅地の一割以上が減歩されたのである。

(2) 小公園に対する反応

震災後の復興事業にとって用地の確保は重要な課題であり、予算が十分に得られないなかで土地区画整理による宅地の減歩によって事業がすすめられようとしていた。こうした状況において校地面積の拡張が実現しがたいものであることはいうまでもない。これに対する東京市の学務を担う立場の見解は、「校地拡張の費用は復興事業として認められないので、せめて従来敷地の減少を防く事とし区画整理事業当局に対し市学務委員会の決議を以て現在敷地より減少せざるよう申請した」と述べたとおり[45]、校地の拡張を望みつつも現実的な反応を示すものであった。

校地面積の拡張の要求を補うものとして計画されたのが五二の小公園だったが、復興事業の対象となった復興小学校は一一七校であり、明らかに全ての小学校への対応はなされていない。先述した一九二四年五月九日の「公園新設計画並之カ事業執行決定方稟請」のうち「東京市小公園設定ニ関スル説明書」では、特別都市計画委員会において焼失区域全部の小学校に小公園を併置するように土地区画整理を施行してほしいという希望が提出されたが、その実現

には「多額ノ補償費」がかかるために不可能であると説明されたことが記されている。(46)

また一九二四年五月二二日の特別都市計画委員会第六回総会の終了後、「東京都市計画小公園ノ新設及其ノ事業執行年割ノ件」を改めて討議するために、澤柳政太郎を委員長として、復興局職員を含む一六名によって小公園特別委員会が開かれている。ここで全ての復興小学校に小公園を設けられないことに関する議論がなされ、この理由について「土地区画整理委員会ノ時ニ問題ガ出テ、ソンナニ余計坪数ヲ潰サレテハ益々住宅地ガ減ルカラ困ルト云フ意見ガ出ル」という発言がなされる。(47) また小学校に近接している既存の公園をふまえて新設の小公園の配置を計画し、全ての小学校に小公園を設ける努力をしていることも主張され、既存のものと新設のものを合わせれば九一校の小学校に小公園が附属するという計算を出している。(48) 最終的には原案どおり五二の小公園を整備することとなり、全ての復興小学校に小公園の整備する構想は通らなかった。このとおり都市計画委員会においては、焼失区域全部の小学校に小公園を設けることの必要性が論じられていたものの、宅地減歩の問題も考慮されながら予算の都合上それが不可能であると認識されていた。

一方、宅地の減歩を余儀なくされる土地区画整理事業は住民にとって受け入れがたい事業であり、これに対する反対運動もおこっている。安場浩一郎によれば、復興事業における小公園の意義については「保健・衛生、児童の教育・体育の施設、および防災上の機能」の点が住民によって認められていたことが指摘され、第一〇地区の千代田小学校から公園設置の要望がなされるという例も確認されているが、小公園を含む「オープンスペース」が土地区画整理によって確保されることについては「減歩率が上昇し、換地による悪影響を受けるため、生活、営業の再建をむしろ阻害するもの」として住民の反対が大きかったという。(49) 安場の検討したもの以外でも、たとえば墓地及び寺院境内地などの整理除斥地を多く含む第三六地区においては、小公園によって建築面積が一層減縮することが反対の大きな理由となっており、これが緩和されれば「反対すべきいはれなき」と主張される。[50]小公園事業の過程では、小公園自体の必要性が認識されつつも、住民にとっての宅地減歩の問題と関わって用地の取得が困難な状況であったのだ。

こうした小公園の計画に対して学校教育に直接的に携わる教師はいかなる反応を示していたのか。一九二三年三月に、東京市政調査会の顧問として招聘した「チャールズ・エー・ビーアード博士」の寄付をもって、市民賞論文基金が設けられた。ビーアードの指定条件に従って、東京市内の小学校及び中等学校の教師より募集した論文について、澤柳政太郎、湯原元一、岡実が審査をおこない入選論文が決定された。この入選論文六つをまとめて刊行されたのが『帝都復興と教育者の希望』である。[51]ここで校地の狭さを問題視する主張が多くみられる。校地自体の拡張を望むものもみられるが、これを補う小公園の計画については六名すべてが肯定的な意見を述べている。たとえば「児童美術館」や「共同的遊戯」、「児童心身の調暢」などの保健や環境の改善ために必要であること、また小公園の一隅に「自由製作所」となる建物を設けることで小学校ごとに設けることが困難な手工教室の代用ができることなどが、肯定の理由として挙げられている。[52]なかでも、二葉尋常小学校訓導兼校長安藤謙助は公園や学校園における掃除等について、「自治的精神」の養成の方法として有効であると挙げている点に着目したい。[53]学校園における作業が注目され、保健や衛生とは別の観点から屋外施設の拡充を求めている見解がみられるのである。

このような要求にも関わらず、前述のとおり、校地面積の拡張も、また校地の代用として全ての復興小学校に小公園を整備することも、復興事業費が不十分であることを主な理由に対応が難しい状況であった。こうした対応に対して校長安藤謙助は鋭い批判を加えている。「当局は市内百九十二校に対し五十二校だけ」小公園を設けようとしており、「四分の三の大多数小学校を『止むを得ざるが故に』といふ口実の下に等閑に付するならば、市民教育の平等統一は期して得られないことになるであらう」と述べる[54]。ここで東京市内における復興小学校以外の小学校までをも言及の対象にしている点が重要である。つまり、復興事業における小公園の計画によって校地の狭隘さに関する問題が解決されたかのようにみえるが、これが震災以前からの課題であったことを改めて提示し、復興小学校以外を含めれば、実際にはそれが解決されていないというのである。安藤の批判のとおり、東京市が一括に維持管理をおこなうべき公立小学校に対して、校地設備の面で「平等統一」の方策がとられていないという意味においても、小公園の整備が学校教育上の課題に十分に応えるものであったとは言い難い。

このとおり、小公園の整備自体については、教師による支持をうけ、特別都市計画委員会においても住民においても少なからず意義が認められていたといえるが、帝都復興事業としておこなわれた小公園の事業に関しては、それぞれの立場における用地確保の問題をめぐって、十分な納得が得られないものであったことが確認できる。

(3) 小公園の学校教育上の意義と学校園

小公園の計画が、校地の整備の充実という学校教育上の要求に十分に応えることが困難ななか、事業はいかに進められていったのか。

東京市の復興小学校の事業は東京市臨時建築局の学校建設課[55]が主導した。小林正泰によれば、このときの学校建築の規格は一九二七年の『東京市の小学校建築』から読み取れるという[56]。同書では小公園について、「復興小学校に於て校地が狭い事を補ひ、兼ねて附近児童の遊戯場としての使命を持つて」設けられたものであることが説明される[57]。

ここで注目すべきなのは校地の計算である。校地の坪数は、小公園が附属される場合においては、校地の坪数と小公園の坪数を含めた数値で明記され、附属する場合の例として小公園を含めた平面図も明示される[58]。さらに「屋外運動場と空地の施設」に関する項目では、「小公園の附属している場合」には、ブランコ、ベンチなどの設備を「公園内に持つて行つて設けられる」と記される[59]。公園用地があたかも校地であるかのように思わせる説明になっているのである。

復興小学校の建設に際して、「校地選定・取得等の学校建設「計画」に専念」していた東京市学務課においても、小公園の学校教育上の活用できる点が主張された。学務課は一九二五年には学務局になり、『東京市小学校特別教室の設備』を編集している[60]。同書の「理科科編」では、六つの大項目が挙げられ、項目のひとつに「博物施設」があり、この案として「校内博物施設基本案」と「小学校附設小公園基本案」が挙げられる。「校内博物施設基本案」には「学校園設備」と「博物教室内設備」がある。「小学校附設小公園基本案」の項目では「小公園を平均九〇〇坪とし其の四割三六〇坪を植物動物鉱物等の設備地として其の中に散策経路を約五〇坪充つるものとす」等とされる[61]。校地外の小公園を学校園のように教材として用いることのできる「博物施設」として位置づけているのであり、ここでもまたこれが小学校の管理する施設であると思わせるような記述になっている。

学校建設課においては、校地の面積自体が小公園によって拡張されたように記述され、また校地の機能が小公園によって代用できることが主張された。また学務局においては、とくに校地の教材提供の機能が小公園によって代用できることが述べられた。実際には校地の面積自体の拡張がなされるものでないにも関わらず、学校教育上の機能の代用が可能になることを主張することで、学校の屋外施設の充実が可能になったかのようにみえるのである。

こうした小公園の学校教育上の意義については、一九二五年の『東京市帝都復興事業概要』でも「小学校に隣接せる土地を選定し一般小公園と異なり特殊の機能を有する児童遊園地に為すもの」とされ、小公園の植物を「小学校の教材として利用」できることが説明されている。[62] 小公園の事業を主導した東京市公園課課長井下清は一九二八年の著書の「学校小公園」の項目では次のとおりに述べている。[63]

学校公園なる名称は便宜上の略称であつて小学校隣接小公園と云ふべきものであるこれは方面公園と児童遊園の一種と見るべきものにして、小学校の隣地に設け両者相連絡して其働を大ならしむるものであつて、東京市の復興計画に於て五十一カ所(ママ)も一挙に営造されることになつた特殊な小公園の型式である。

（略）

学校より見れば此の公園は校庭の延長となり、運動場教材園の拡張となる。公園よりすれば学校構内を直接に利用することは出来ぬが、其隣地に広い空地があり、不燃質の大建築物が建てられて居る事は空気の清澄、日射の充分なること、共に非常時に際して保安地としての機能を増大するのみならず、学校の一部を一般に公開するときには公園と共に慰安教育の方面的センターを為し、民衆教育に休養慰安に社会事業の宣伝に利用することが出来る。

まず「学校公園」はあくまでも小公園であり東京市公園課の管理下にあることが確認される。そのうえで学校教育にとっての利点は、校庭の延長として、また運動場と教材園の拡張として、効果があることだと説明される。運動の他に、教材としての機能に言及している点に着目したい。一方公園にとっての利点は、校地という空地が隣にあることによって、衛生上、防災上の効果を高めることだと説明される。なお先行研究において言及される社会教育上の意義についてもふれられている。学校教育上、都市計画上の機能をそれぞれ充実させられると説明されるのである。さらに小公園の整備の方法については次のように述べる(64)。

植込は教材園を兼ねる為め、なるべく多種の植物を配植したいのであるが公園としての風致を損じてまでも雑然と自然分科などに依り分類して植ゑんとすることは本末を誤つたものである。植物の分類などよりも、小自然を模し植物が自然の生態を知らしめることが必要であつて、箱庭式にはなるが、森林があり其間には下木下草苔類が生え、原野風な芝地花壇があり、其間に僅な水景を添へる如き自然風景を骨子とし其内に地理と博物の教材をも配することがよい。

風致に配慮し、公園としての機能を損なわない範囲で、教材園としての機能を備えることが企図されている。運動のために必要な用地のほかに、小公園に付随する植物に着目して、博物教授などのための教材として用いるための配慮が必要だと説明しているのである。井下は、学校園が校地において果たしてきた教材提供の機能について学校教育にとって重要であると十分理解していたといえる。そしてこの機能の代用が小公園で可能になることが、教育関係者にとって魅力であることをふまえてこうした主張に至ったのだろう。

最後に小学校と小公園の実際の整備の例を確認したい。本節（1）で確認した一九二四年五月九日の東京市による小公園の計画案では、[65] 小学校に公園が「隣接」するものと「近接」するものを区別して記している。「近接」については、「学校ヨリ約三町ノ距離ニアル公園」と説明される。復興事業として計画される小公園で、「近接」するものとして挙げられたものは一七あり、小学校の間には「一町」から「三町」(約一〇九メートルから三二七メートル)までの距離があり、およそ三割の小公園は校地と直接につながる設計にはなっていなかったのである。

図1は、一九三二年の『東京市教育復興誌』に小公園の代表例として掲載された本郷区の湯島小学校と新花小公園である。[66] 運動場と小公園を直接つなげてその間に低い隔たりを設けているが、前述の東京市の計画案からもわかるとおりこうした例がすべてではない。また一九三二年の『東京市教育施設復興図集』には復興小学校の外観写真、平面図等が載せられているが、これを確認する限りでも約半数が「近接」して配置されている。隣接するものについても、図2の京橋区の明正小学校と越前堤小公園のように、[67] 道路を挟んでいるような例も多い。こうした校地と小公園の距離を考えれば、井下が述べたように小公園が「校庭の延長」であるという感覚にはなりにくいものである。機能面における屋外施設充実の意義が主張されることは、こうした形態面での違和感を解消するものとしてはたらいたと考えられる。

図１　湯島小学校と新花小公園

図２　明正小学校と越前堤小公園

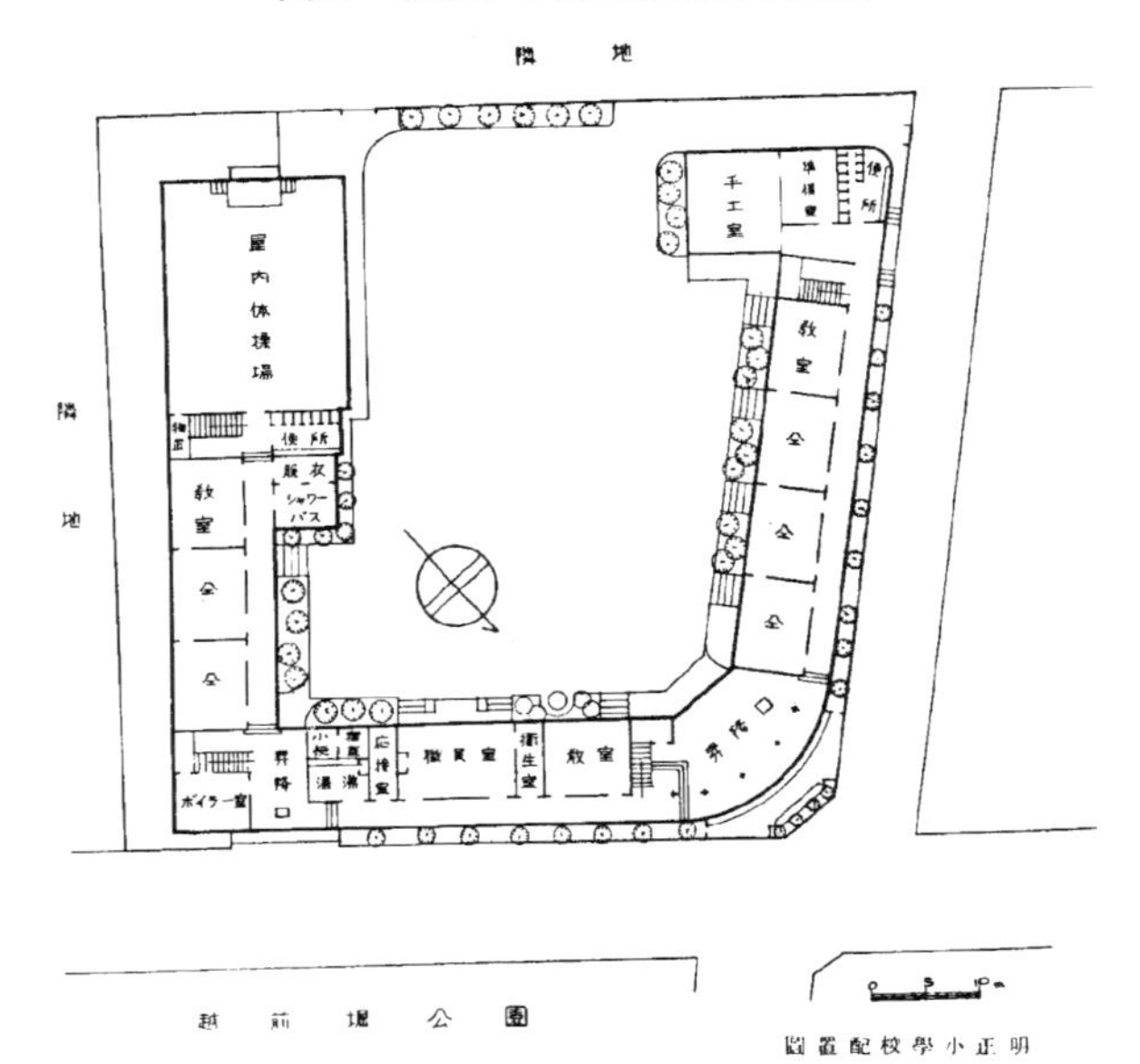

おわりに

日露戦争以後の地方自治がもとめられる状況において、一九〇〇年代の東京市では市長尾崎行雄の積極的な関与のもとでこれに応じる独自の教育政策が構想されていた。とりわけ東京市民には、地方の模範となるような徳行・公徳心の養成、交渉なる趣味の助長を求める方針が掲げられた。こうした広義の道徳教育の方法として学校園の整備が必要とされたのである。同時に東京市の課題として理科教育の発展があったが、こうした知徳養成の場においても、学校園の美的な要素がもたらす効果が注目された。一九〇五年の学校園施設通牒のもとでの学校園推進の動向と軌を一にして、東京市における学校園の整備が推進されつつあったのである。

一方で、土地の限られた東京市は、学校の外に学校園を求めることによって、公園が学校園の機能を担うことが構想された。この実現は、一九二三年の関東大震災以降の帝都復興事業における小公園の計画と密接に関わって進展したのである。学校教育を担う立場にとっては、校地の拡張を求めつつもそれが困難であり、小公園を計画する側にとっては、土地区画整理事業のなかでも防災上の観点からも小公園の確保を進めたい状況であった。ここで小公園を小学校に隣接させ、学校教育上の配慮をすることでそれぞれの要求を一致させることが図られた。しかし実際には、復興事業費の制限によって用地確保が困難であるために、小公園の計画は小学校の校地面積の拡張の要求に応えるものでもなく、その代用として整備を図った小公園も全ての東京市の小学校に対応できるものでもなかった。そこでこうした校地面積に関わる形態面での対応の不十分さは、学校園の美的観念の養成や教材提供などの機能が小公園によって拡充できることを明示することで補われようとした。一九一〇年代から学校園の必要性を認めてきた東京市の学校教育上の要求がここでひきとられているのである。こうした学校教育上の機能を拡充させることの意義は、都市計画上の空地の確保を後押しするための有効な理由として働いたといえる。このとおり東京市では、学校園そのものを校地において拡充する方向には展開せず、都市計画上の要求と学校教育上の要求を一致させ、校地の外に学校園の機能を代用させながら、小学校教育にとって必要な施設として位置づけられていったのである。

注

（1）鈴木そよ子「公立小学校における新教育と東京市の教育研究体制—一九二〇年代を中心に—」『教育学研究』第五七巻第二号、一九九〇年六月。鈴木そよ子「一九二〇・三〇年代の東京市における教師の教育研究活動—私立小学校訓導協議会・市教育研究会を中心に—」『国際経営論集』第三号、一九九二年三月。
（2）小林正泰『関東大震災と「復興小学校」—学校建築にみる新教育思想—』勁草書房、二〇一二年。
（3）東京市役所『東京市の教育』東京市役所、一九三七年、三五—三六頁。
（4）安場浩一郎「震災復興五二小公園の計画思想に関する研究」『ランドスケープ研究　日本造園学会誌』第六一巻第五号、日本造園学会、一九九八年三月。
（5）三平久子、伊藤裕久「併設小学校との関係から見た震災復興小公園の成立過程に関する研究」『都市計画　別冊　都市計画論文集』第三三号、日本都市計画学会、一九九八年一〇月。
（6）前掲、安場浩一郎「震災復興五二小公園の計画思想に関する研究」。
（7）石田頼房『日本近代都市計画の百年』自治体研究社、一九八七年、一五八—一六四頁。
（8）佐藤秀夫「第三編総説　東京における近代教育の形成」『東京都教育史』通史編第二巻、東京都立教育研究所、一九九五年、四―六頁。

（9）前掲『東京都教育史』通史編第二巻、五頁。

（10）同前、一二頁。

（11）同前、五〇九頁。

（12）山本恒夫「東京市教育会主催「通俗講談会」の展開過程」『淑徳大学研究紀要』第四号、一九七〇年三月。これ以前にも東京市には一八八三年発足の東京府教育会、一八八九年発足の下谷区の教育会などがすでにあった。設立の経緯が官主導のものであり、市から五千円の補助金を得ていることなどから、東京市教育会は、当時特殊な教育会として位置づいていたとされる（渡部宗助「第三編第六章第四節　教育会等の教育団体の活動」前掲『東京都教育史』通史編第二巻、四四三―四四四頁）。

（13）小股憲明「尾崎行雄文相の共和演説事件―明治期不敬事件の一事例として―」『人文学報』第七三号、一九九四年一月、二〇三頁。

（14）渡部宗助「第四編第六章第三節　府教育会と市教育会」前掲『東京都教育史』通史編第二巻、九〇八―九一〇頁。

（15）東京市教育課編『東京市立小学校施設事項第一輯　附東京市立小学校長会及同各区委員会記事』一九一五年。

（16）同前、目次八、九、四〇頁。

（17）同前、一八頁。

（18）一九〇九年の第三、四回目の校長会では、協議事項に「本市に適切なる理科教授要目調査の件」が挙げられる（前掲『東京市立小学校施設事項第一輯　附東京市立小学校長会及同各区委員会記事』附録、二四―三一頁）。ここでの要目は、「文部省編纂理科書」、「東京市小学校長会編纂理科教授細目」、「東京市教育会編纂理科教授細目」を参考として選定したものだとされる。「東京市教育会編纂理科教授細目」とは本項で検討する『理科教授ニ関スル調査』の内容と少なからず関連があるものだと考えられる。なお一九二四年には東京市教育局が東京市独自の理科要目の必要性から委員を設けて編纂にあたり一九二五年には『理科要目』が刊行されたという（東京市教育局編『東京市学校調査第二輯』一九二七年、一四三頁）。

(19) 東京市教育会編『理科教授ニ関スル調査』鍾美堂、一九〇九年、一頁。
(20) 同前、三―四頁。
(21) 前掲『東京市立小学校施設事項第一輯　附東京市立小学校長会及同各区委員会記事』諸言。
(22) 東京市役所教育課編『東京市立小学校施設事項』東京市役所、一九一六年。
(23) 前掲『東京市立小学校施設事項』(第二輯)、二八〇―二八四頁。
(24) 前掲『東京市立小学校施設事項第一輯　附東京市立小学校長会及同各区委員会記事』二五―二九頁。
(25) 前掲『東京市立小学校施設事項』一三四―一三八頁。
(26) 同前、一九一―一九五頁。
(27) 同前、一七二―一七六頁。
(28) 同前、一七八―一八〇頁。
(29) 復興事務局編『帝都復興事業誌　建築篇・公園篇』復興事務局、一九三一年、一〇―一二頁より再引用。
(30) 太田圓三『帝都復興事業に就て』復興局土木部、一九二四年、三頁。
(31) 『帝都復興院参与会速記録（第二回）』、帝都復興院、一九二四年、四頁。
(32) 同前、七頁。
(33) 同前、一二―一三頁。
(34) 前掲『帝都復興事業誌　建築篇・公園篇』一五―一七頁より再引用。
(35) 『帝都復興院評議会速記録（第一回）』帝都復興院、一九二四年、一五頁。
(36) 前掲『帝都復興事業誌　建築篇・公園篇』一八頁。
(37) 前掲、石田頼房『日本近代都市計画の百年』一五六頁。
(38) 前掲『帝都復興事業誌　建築篇・公園篇』一八―二〇頁。

(39) 一九〇九年四月一三日法律第三〇号耕地整理法第四十三条。
(40) 内務省告示第一七〇号「東京都市計画並都市計画事業及其ノ執行年割ノ件左記ノ通大正十三年三月三十一日内閣ノ許可ヲ得タリ」(『官報』第三四七九号、一九二四年四月一日)。
(41) 前掲『帝都復興事業誌　建築篇・公園篇』六四頁。
(42) 同前、二六―三〇頁より再引用。
(43) 内務省告示第四二四号「東京都市計画小公園ノ新設及其ノ事業執行年割ノ件左ノ通大正十三年七月三日内閣ノ認可ヲ得タリ」(『官報』第三五五九号、一九二三年七月四日)。
(44) 丸山宏「土地区画整理事業における公園問題」『造園雑誌』第五五巻第五号、日本造園学会、一九九二年三月。
(45) 『東京市教育復興誌』東京市役所、一九三二年、三一三頁。
(46) 前掲『帝都復興事業誌　建築篇・公園篇』二九、三〇頁より再引用。
(47) 復興局編『特別都市計画委員会議事速記録』第三冊第三号、復興局、一九二六年、四〇頁。
(48) 同前、三九―四一頁。
(49) 安場浩一郎「関東大震災後の復興事業におけるオープンスペース計画に対する住民運動の研究」『ランドスケープ研究　日本造園学会誌』第六〇巻第五号、日本造園学会、一九九七年三月。
(50) 大山斐瑳麿編『帝都復興区劃整理事業ニ関スル報告』一九二九年、一一、六〇、六一頁。
(51) 東京市政調査会編『帝都復興と教育者の希望(第一回後藤子爵記念市民賞入選論文)』東京市政調査会、一九二四年。
(52) 同前、一一、二五―二八、六一―六二頁。
(53) 同前、五〇頁。
(54) 同前、四三頁。
(55) 一九二四年の三月の職制改正で区画整理局とともに臨時建築局が設けられた。

(56) 小林正泰『関東大震災と「復興小学校」―学校建築にみる新教育思想―』勁草書房、二〇一二年。
(57) 古茂田甲午郎『東京市の小学校建築　建築学会パンフレット』第一輯第六号、建築学会、一九二七年、一二頁。
(58) 同前、三六―三七、四四―四五、七〇頁。
(59) 同前、五七頁。
(60) 東京市学務局編『東京市小学校特別教室の設備』山海堂出版部、一九二五年。川村兼五郎『法規活用小学校の実際経営と管理法』上巻、教育行政社、一九三〇年、六二六―六四七頁にも収録される。同書の内容は、喜多明人が東京市の事例として言及したものである（喜多明人『学校施設の歴史と法制』エイデル研究所、一九八六年、一〇四―一〇七頁）。凡例では「本調査ハ本市小学校設備ノ参考ニ資センタメ曩ニ市訓導協議会ニ諮リ左記委員ヲシテ調査セシメタルモノナリ」と記される。鈴木そよ子によれば、東京市立小学校訓導協議会は、一九二二年より東京市教育局のもとに行われていた教育研究活動を担う組織であったとされる（前掲、鈴木そよ子「公立小学校における新教育と東京市の教育研究体制―一九二〇年代を中心に―」前掲、鈴木そよ子「一九二〇・三〇年代の東京市における教師の教育研究活動―私立小学校訓導協議会・市教育研究会を中心に―」）。
(61) 前掲『東京市小学校特別教室の設備』。
(62) 東京市復興総務部編『東京市帝都復興事業概要』東京市復興総務部、一九二五年、一一九―一二〇頁。
(63) 井下清『公園の設計』（公園叢書第四巻）、雄山閣、一九二八年、一〇五―一〇七頁。
(64) 同前、一〇八―一〇九頁。
(65) 前掲『帝都復興事業誌　建築篇・公園篇』三四―三九頁より再引用。
(66) 前掲『東京市教育復興誌』三三七頁より再掲載。
(67) 東京市役所編『東京市教育施設復興図集』勝田書店、一九三二年、八二―八三頁より再掲載。

第九章　公園・緑地計画における学校園

はじめに

関東大震災後の復興事業においては、文部行政に直接的には関わらない都市計画の立場から、教育の内容にまでふみこんだ関与がなされる状況があったことを確認してきた。都市計画は、一九一九年の「都市計画法」の制定と一九二三年の関東大震災の復興事業を経て、公園、緑地に関する議論が活発化するなか、一九三三年には東京緑地計画が登場する。現在では、学校ビオトープのように、学校の自然が社会的課題と関わりあう例は珍しくないが、そうした関係が成り立つ端緒は、大正期の進展期にあったと考えることができるのではないか。そしてそれは学校園に従来期待されてきた役割が変化する明確な転換期であったともいえる。

本章ではこうした観点をふまえて、公園、緑地計画の進展のなかでの学校園の位置づけを明らかにしていきたい。公園計画の歴史に関する先行研究の蓄積は多い(1)が、学校教育との関連を論じるものは少ない。野嶋政和のように学校教育と公園の関係を衛生、体育等の観点から詳細に論じたものはあるが(2)、多くが公園史を概観するなかで一部の教育的な機能について言及するにとどまる(3)。繰り返しになるが、学校園の教科教授のための材料を配給をするという機能は、公園設置の意義としても無視できないものとなっていた。こうした関係性をふまえて、公園、緑地計画の展開を検討していく必要がある。

第一節　造園家上原敬二の学校園

(1)　造園学の体系化

一九一九年の「都市計画法」制定以降、多くの造園関係者が都市計画における公園の整備に関心をよせていた。(4) 関東大震災後の公園に関する事業も、後藤新平が林学者の本多静六に調査・構想を委嘱したことに始まる。(5)

白井彦衛によれば、(6) 近代造園学は一九〇〇年初頭における本多静六、本郷高徳、田村剛らによる海外の造園学の事例への着目に始まり、一九一五年以降の明治神宮造営を中心的に担った人物によって発展を遂げたという。明治神宮造営においては、林学を専門とする本多静六、本郷高徳、田村剛、上原敬二などが林苑を分担し、農学を専門とする原煕、折下延吉などが庭園を分担したことによって、林学、農学それぞれの系列による独自の方法論が展開された。これが専門教育における造園の講義にも影響し、造園事業においては、林学系は国立公園協会の設立などに関わる自然公園を対象とし、農学系は震災復興事業をはじめとする都市計画上の都市公園を対象としてきたとされる。(7)

これらの公園論の特徴は、一九一六年に片岡安が『現代都市之研究』(8) でアメリカの「Park system」を「公園系統」として紹介したことに始まり、多くの造園家がこの影響をうけたものだということである。(9) 当時の公園系統の解釈の主流は「「偶然」の位置に公園を作るのではなく、都市内外にそれぞれの公園の目的に応じて適切に配置すること」であり、公園同士を連絡させるものとさせないものの、両方の考え方があった[10]。個々の公園を系統的に結びつけて配置しようとする公園系統の考え方は、一九三三年以降の緑地概念の普及と共に「緑地帯」、「緑地系統」へと変化していったとされる[11]。

注目すべきは造園関係者を中心として展開される公園論のなかに、公園の一部に学校園を位置づけるものが散見されることである。もっとも早いものでは一九一九年に東京臨時調査課長の笠置正が、公園を普通公園、特殊公園、行道樹、装景広場、名所、学校園の六つに分類している例がある[12]。笠置もまたアメリカの Park system の影響をうけているという[13]。笠置は学校園について、「教育の目的に於て設備したる公園を云ふのでありまして、一般の公園は花などを折ることは絶対に禁じてありますが、此種の公園は花を折りて生徒各自に渡し教育の一助となすが如き特殊の公園を云ふのであります」と述べる。これはあくまでも公園としての学校園の説明であり、学校園が従来学校教育のなかで論じられてきたことに対する認識の低さが読みとれる。

また、専門教育での林学系の造園の講義においては、早い段階から学校園への言及が確認できる。林学系の代表的な人物ともされる本多静六が、一九〇五年に学校教育における植林の必要性などを説いていた点は興味深い[14]。

奈良女子高等師範学校では、一九〇九年よりおこなわれた「園芸」の講義において学校園がとりあげられている[15]。同校の「園芸」の実習地である「学校園の設計」について折下延吉[16]が講義をおこなっていたという。一九一二年の学級日誌によれば、一九一二年九月二八日に「学校園及ビコレニ関係アル例、一、小学校及ビ補習学校ノ例、二、学校園其他園芸開設ニツキテノ注意」という授業があり、これを三井ヒサエが担当していた可能性も指摘される。三井ヒサエは、一九一六年には東京帝国大学農科大学林学科の講義「景園学」を学外より聴講しており[17]、本多静六らの影響を読み取れる。ここで学校園の内容として挙げられたのは、奈良女子高等師範学校における「園芸」の実習地としての学校園、また小学校等の例である。つまり師範学校の生徒自身が「園芸」の実習をおこなうための施設と小学校児童のための施設が、ともに学校園として理解されているのである。

また一九〇九年創設の千葉県立園芸専門学校では、[18]「庭園論」のなかで学校園が扱われている。[19]「庭園論」は第三学年に対して週三時間おこなわれ、一九一三年から講師を務めた本郷高徳は、ここで学校園を公園の分類に位置づけ、「独乙折衷式庭園」の項で触れていたという。本郷は東京帝国大学農科大学林学科において本多静六、田村剛とともに「景園学」の講義をおこなっていた人物である。これらの情報は同校第三期生である森歓之助の在学時代のノートによるものであり、森は一九二二年より同校の助教授となって「庭園論」から変更された「造園学及都市計画論」という講義を担当したという。ここでの学校園の内容は明らかではないが、園芸の専門教育の分野においては学校園が公園の一部として扱われていたことが重要である。

この時期、学校園そのものを主題にした著作や、学校園に触れる造園関連書が多々確認できる。特筆すべきは造園家の第一人者である上原敬二が、一九二四年の『造園学汎論』において、公共造園を説明するなかで学校園について言及し、[20]さらに一九三一年に『作業教育　学校園の設計と造園法』を刊行して、学校園の学校教育上の意義や成立の経緯をふまえた見解を示していることである。また、前述の森歓之介は、一九二八年には『学校々庭ノ設計』という著作を、日本庭園協会発行の造園専門書『造園叢書』の第二二巻として刊行している。日本庭園協会は一九一九年に本多静六、本郷高徳、田村剛、上原敬二という東京帝国大学農科大学林学科のメンバーが発起人となって創設された団体である。[21]森は本著において、学校園という言葉には教材園や園芸場などを指す狭義の意味と、学校校地全体を意味する広義の意味があるが、本著においては広義の学校園について述べるという意図を明瞭にするために「校庭」という用語に改めて表題に用いたと述べている。(22)

また永見健一は雑誌などに学校園に関する論考を寄せている。一九一九年に東京帝国大学農科大学林学科を卒業して一九二三年に東京市公園課に務め、一九二四年に東京高等造園学校の創設に関わりながら常任講師も務めた。(23)さらに一九二六年には九州帝国大学農学部林学科の助教授となり造園学を講じた。(24)一九二六年の『造園学雑誌』に載せられた記事では、「林学の正課として課すべき造園学講義要目教案」の項目のなかに「児童遊戯場と学校園」が設けられている。(25)さらに一九三二年に刊行した『造園学』では、近代公園の一部に学校園を位置づけている。(26)ここで「学校造園」という章を設けて、校舎を除く学校の敷地に対する「造園の計画修飾工事の一切」を学校造園として、その内容を「運動遊戯広場」、「教材園」、「修飾園」、「其他」に大別している。東京高等造園学校の創設に関わった後の造園学の講義において学校園について述べているのである。

このとおり造園学体系化の過程で、学校園は、造園の専門教育の分野として取り上げられ、とりわけ上原敬二、森歓之介、永見健一らのような林学を専門とする人物によって詳細に論じられていた。

(2) 上原敬二の造園論と学校園

上原敬二は、造園の専門教育の第一人者とされる人物である。上原は一八八九年に生まれ、一九一四年に東京帝国大学農科大学を卒業、同大大学院へ進学し森林美学を専攻、一九一五年五月に明治神宮造営局技手となり、大学院を退学する。東京帝国大学農科大学在学時には本多静六に師事し、明治神宮造営局技手も本多の下で務めていた。一九一九年に本多が主導する日本庭園協会の創設にも携わった。一九二〇年四月には林学博士号を取得し、七月から欧米へ留学した。一九二三年二月に内務省都市計画局公園事務嘱託、一〇月には帝都復興院の技師に任命される。そして一九二四年七月に造園を専門とする各種学校である「東京高等造園学校」を創設した(27)。また欧米留学の経験をふまえて一九二四年には『都市計画と公園』を刊行し(28)、公園系統に基づいた公園の計画を述べていた(29)。同年には『造園学汎論』も刊行し、公共造園を説明するなかで学校園について言及した(30)。さらには一九三一年に『作業教育　学校園の設計と造園法』を刊行して、学校園の学校教育上の意義や成立の経緯を踏まえた深い見解を示していた。造園学の体系化へ携わるなかで、上原が学校園についてどのような見解をもっていたのか確認していきたい。

一九二四年の『造園学汎論』では、造園学を「人間生活の上に使用、享楽の為め種々の程度に於て美観と同時に利用の目的を達するやう土地を意匠設計する理論を考究する学術である」と定義し、学校園については美観と実用の関係を説明するなかで「植物園、動物園、樹木園、学校園等は美観と実用の折衷である」と述べた。「美観」と「利用」をそなえた景観形成の方法が学校園にも適用されようとしているのである。

本書は第一編「造園史」(History of Landscape Architecture)、第二編「個人造園」(Private Landscape)、第三編「公共造園」(Community Landscape)、第四編「都市公園」、第五編「国立公園と風景問題」で構成される。学校園については第三編「公共造園」の第二章「教化造園(Institutional Landscape)(31)」の第一節において、五頁もの紙面を割いて説明される。「教化造園」とは、「国民教化薫育」を目的とする「国家」、「自治団体」、「個人経営にか丶る機関」に「造園的施設」を加えて、教化の質を高めようとする目的で研究されるものだという。ちなみに本章の第二節は「野外教育施設」、第三節は「植物園(Botanic Garden, Botanic Park)」、第四節「動物園(Zoological Garden)」である。第一節の学校園は次のように述べられる。

砂漠の様な校庭に草花を栽培し、記念樹を植栽し、園芸を奨励した結果生徒の気風が一変して殺伐より穏健にと変つたこと又は趣味性を増したとか色々な実例を耳にするので学校園の経営如何によつては校舎の品位を高め、生徒の思想を善導し、構内を清新にし、生徒に生ける教材を供し、自由散策の地を与へ自然に親しむの気風を助長するものである。新しき学校園は新しき学校設計には必ず相伴つて考察されねばならぬ。地価の高い地方の学校にあつては屋上を利用するものもよく又数校共同の学校園とするもよろしい。

ここでは、一九〇五年の学校園施設通牒で示された、学校園による教材の提供や品性陶冶等の効果が述べられている。土地の状況に応じた配慮として屋上での学校園整備が奨められており、都市部において土地確保が難しい場合の工夫がみられる。

「学校造園」の対象について次のように述べている。

一般的なものには幼稚園、小学校、中等程度の学校、高等専門学校、大学、学熟(ママ)、講習所の類。(略) 特殊なるものには造園学校園芸学校、農林学校、聾啞盲吃音学校、体育学校水産学校、美術学校、音楽学校等があり夫々その学校の目的とする所に応じ校庭が利用されるやうな設計を立てなければならない。即ち実習場、試験場、練習場、運動場等は一般の学校と異り更に大規模に立て或いは学校林となり演習林となるまでに進むやうな場合にも至るであらう。

このとおり対象とする教育機関を幅広く設定していることが特徴である。第五章では、一九〇五年の学校園施設通牒が主に初等、中等教育機関の児童生徒にむけて学校園の施設を推奨するものであったことを確認した。ここではその範囲を超えて高等教育機関の施設や、さらには専門教育の分野における「実習場」なども含まれていることがわかる。上原が広範囲にわたる教育機関に通用する新たな施設として、学校造園を論じようとしていることがわかる。また上原は、これらの学校にそれぞれ対応した設計を必要とした。これは学校園施設通牒において主に小学校の児童に対する教科教授や道徳教育上の効果を高めるという明確な狙いがあったことと対照的である。つまり文部省を主導に学校園の目的を明示して整備の普及を促していた時期とは異なり、一九二〇年代は個々の解釈と必要性に応じた学校園の整備がすすめられる時期にあったのである。

そして学校園を学校造園の範囲に含めて詳細に説明したのが一九三一年の『作業教育　学校園の設計と造園法』である。[32]本著の構成は第一章「総論」、第二章「校庭」、第三章「運動場」、第四章「学校園」、第五章「野外教育」としている。この第四章「学校園」では、学校園を「校庭、運動場等を除いた生徒の為に実際に園芸を課するか又は圃場花園として区割して施設されたる部分をいふ」とし、「学校園を以て、学校造園を代表せる」と述べている。ここからは上原が学校園を学校造園の一環として認識していることがわかる。

上原は、既存の学校園に関する著作や論文を検討しており、ここには一九〇五年の学校園施設通牒に関連するものや国内外の参考書が幅広く含まれている。ここに先述の一九二八年の森歓之介の『学校々庭ノ設計』も挙げられており、上原もまた学校園には校地全体を指す広義の意味と、その一部の教材園などを指す狭義の意味が同時に含まれるという森の見解を共有していたと考えられる。そして従来の日本の学校園においては主に小学校を対象とした「学校園芸」、「応用園芸」の範囲を出るものではなかったことを確認したうえで、「園芸万能、園芸本位の思潮を改め、造園本位にして立たなければ新時代の学校造園は望みを得ないと思ふ」と述べている。つまり、上原は一九〇五年以降の学校園が小学校の児童を対象とした、植物園等の系譜を引き継ぐ施設であったことを理解し、そのうえで新たな「学校造園」という概念を提示しようとしているのである。

このとおり書名に学校園とあるが、本著において上原が試みていることは学校園芸、校庭、運動場等を包括した「学校造園 School Landscape」の考察である。これによって学校園芸を広い意味で扱うことができるとも述べている。上原は「学校造園」、「School Landscape」の「意義」を次のように述べている(33)。

> 学校造園とは学校生活といふ、人生のある楷梯に於て履修すべき貴重なる知と情と意の教育を受ける場所にあつて、その設備、環境を造園的方面に求めて、統一ある有機的設計と合理的施工の下に完成されたる造園によつて教育の恩恵を十分に満したいと云ふ点に意義を認め(略)

学校園によって教育の効果を高めようとするのは、学校園施設通牒と同様の主張であるが、ここで注目すべきなのは学校園の質を高めようとする試みである。そしてそれは、単に学校園を整備するだけではなく、「統一ある有機的設計と合理的施行」の下でおこなわれることで可能になると考えられている。これはまさに造園家上原ならではの発想であり、美観と利用の目的を達するために土地を意匠設計するという造園の考え方が表われている。

上原の関心は、学校園を「美観」と「実用」の目的のもとで設計されるものだと述べたとおり、美的な要素と「実用」をいかに折衷させて、学校教育上の有効性を高める景観形成を可能にするかにあった。上原の考える学校園は、あくまでも学校教育のための施設であることを必須とした上で、その目的や方法をより広く想定したものであった。学校園を設置する目的は、広範な教育機関においてそれぞれ設定されるものであり、その方法は、有機的な設計と合理的な施工の下でおこなわれるものとされた。そしてこれらは単独の施設として設けるのではなく、校地全体の設計において施設間の有機的なつながりを考慮して設置を図るという造園設計の考え方が反映された。学校園実施の目的の設定、学校園による教育的な効果を高めるための方法の提示が、文部省などの教育行政を主導する立場の外よりみられたという事実と、これが造園学の体系化に尽力した上原敬二によって示されていることは特筆すべき点である。

第二節　東京緑地計画における学校園

(1)　都市の空地としての学校園

一九三二年にはじまる東京緑地計画は、日本で初めての広大な緑地計画で、地方計画を含めた構想を示唆するものとして評価されるが、ここでは公園や学校園が緑地の一部として位置づけられている点に着目したい。一九三八年には、北村徳太郎を代表とする公園緑地協会の雑誌『公園緑地』で、「学校庭園」の特集号が刊行され、一九三九年には内務省技手の太田謙吉が緑地に学校園を位置づけ、一九三九年には、内務省事務官の高橋登一が学校園について述べていた。彼等はこの東京緑地計画の主要メンバーである。ここで学校園がどのように捉えられていたのか、前説の上原敬二らの見解と比較しつつ考察していく。

先行研究では、東京緑地計画は一九三三年にレクリエーション、行楽の機能を重視した「環状景園地」とともに構想されていたこと、[34]郊外における農業地域の確保がねらわれていたことが明らかにされている。[35]また一九三七年以降は都市拡大防止の目的や、防空緑地としての機能が特に重視されるようになったとされる。[36]

一九三二年八月一五日に飯沼一省都市計画課長が議長となって東京緑地計画協議会設立のための打合会を開き、同年一〇月一〇日に東京緑地計画協議会の設置が決定された。一九三二年一二月には協議会の原案作成のための幹事会が開かれた。[37]なお幹事会には内務技師の北村徳太郎、都市計画東京地方委員会事務官高橋登一、都市計画東京地方委員会技師太田謙吉、東京府土木部土木技師水谷駿一、東京市保健局公園課長井下清がいる。[38]一九三三年一月二五日には内務省、東京府・市をはじめ隣接三県にわたる「関係当事者及び学識経験者」を委員とする東京緑地計画協議会が開かれた。[39]協議会を中心として緑地に関する調査、議論がされ、公園は緑地のひとつに分類され、学校園も同様に緑地のひとつに分類された。[40]緑地という概念の登場により、学校園と公園が並立した緑地の一部として位置づけられたのである。

一九三三年一二月に開かれた第二回目の東京緑地協議会では、[41]緑地の「意義」や「分類」が定められた。[42]議事の「緑地ノ意義ニ関スル件」では、「緑地トハ其ノ本来ノ目的ガ空地ニシテ宅地商工業用地及頻繁ナル交通用地ノ如ク建蔽セラレザル永続的ノモノヲ謂フ」とされている。「緑地ノ分類ニ関スル件」では、緑地を「普通緑地」、「生産緑地」、「緑地ニ準ズルモノ」に大別し、さらに普通緑地を分類して「共用緑地」のなかに学校園を位置づけた。

学校園は、「学校附属ノ苑地ヲ謂フ」とされ、「一定ノ面積ヲ有スルモノ」と「前号以外ノモノ」に分類される。また「緑地ノ基準ニ関スル事項」では、学校園の面積は「小学校園」では「八〇「アール」以上」、「中等学校以上ノ学校園」では「二「ヘクタール」以上」とされる。さらに「施設、面積其ノ他機能ニ順ヒ各種公園ニ準ズ」とある。ここから協議会においては緑地を建築物の建設や交通用地として用いない空地として捉えていることがわかる。小学校において八〇アール以上の面積を有する教材園や農園としての学校園があったとは考えられず、運動場、あるいは運動場を含めた校地全体を指して学校園としてみなした可能性が高い。一九三四年八月の緑地に関する調査の結果では学校園の項目はみられないが、共用緑地の項目には、「運動場」、「球技場」などが挙げられている(43)。つまりここでの学校園は、学校教育上必要とされてきた教材園等でも、教育の効果を高めるために造園設計の対象とされた校地でもない施設であったといえよう。

一九三七年以降、緑地に防空地としての役割を見込んだ緑地計画が進んでいく。緑地計画の中心にいた内務技手の太田謙吉や内務事務官の高橋登一も防空地としての緑地を論じ、緑地の一部に学校園を位置づけている(44)。太田謙吉は一九一七年に東京農科大学農学科を卒業し、明治神宮造営局に務めたのち、「都市計画における公園緑地行政とあわせて、都市近郊の農林業用地の用途的向上を理論的に究明した人」と評される人物であった(45)。一九三九年の『東京緑地計画協議会決定事項集録』で最終的に示された学校園は次の図表1に示すとおり、学校園の地積が中等教育以上の機関の校地そのものの地積とほぼ一致している(46)。

図表1

	名　　称	位　　置	地　積（ヘクタール）	管理者又ハ経営者
一	慶應義塾大学予科	横浜市神奈川区日吉町	32.62	小泉信三
二	法政大学予科	川崎市木月	11.75	小山松吉
三	陸軍士官学校	神奈川県高座郡新磯町	49.58	陸軍省
四	東京工業大学	東京市目黒区大岡山	26.03	文部省
五	成城学園	東京市世田区成城町	14.87	銅直男
六	陸軍予科士官学校	〃　牛込区谷本村町	36.00	陸軍省
七	第一高等学校	〃　目黒区駒場町	23.07	文部省
八	陸軍戸山学校	〃　牛込区戸山町	35.19	陸軍省
九	学習院	〃　豊島区目白一丁目	21.89	宮内省
十	東京帝国大学	〃　本郷区向ヶ丘彌生町	50.35	文部省
十一	東京高等蚕糸学校	東京府北多摩郡小金井村字小金井	16.36	〃
十二	東京高等農林学校	〃　〃　府中町字蛇窪	24.16	〃
十三	東京商科大学	〃　〃　谷保村国立大学町	28.14	〃
十四	千葉高等園芸学校	千葉県東葛飾郡松戸町	14.55	〃

（一）一四箇所、383.95ヘクタール　（二）該当スルモノ無シ

（2）農園、運動場の観点

一九三六年には公園緑地協会が設立された。これは湯沢三千男を会長として飯沼一省、池田宏、石川栄耀、丹羽鼎三、太田謙吉、田村剛、井下清、北村徳太郎などの東京緑地計画などの都市計画事業に関わる人物によって発起された(47)。機関紙『公園緑地』を刊行して、一九三八年一〇月には「学校庭園特輯号」を出している(48)。ここでは「農園」や「運動場」を含んだ施設を学校園、学校庭園と呼んでいる(49)。学校庭園という用語の説明として、学校園という言葉は、運動場を意味しているものか農園を含んでいるものかがわからず、明確に区別をつけ難いために「便宜上、公園緑地協会側で用語の内容を大号次の如く取り扱つた。本特輯号は学校農園や運動場等之も扱つた故に、「学校庭園特輯号」と名打つた所以であつて」と述べている(50)。一九二〇年代において学校園の解釈が広がり、農園や運動場を含めて理解さ

れていた状況が、こうした用語の解釈にそのまま表れている。そして、本誌においては学校園について学校農園や運動場等も含めて捉えているという趣旨をより正確に伝えるために、学校庭園という言葉を便宜上用いているということである。

本誌の目次にて「郊外学校庭園に就て」と題された記事のなかでは、５つの事例が掲載されている。それぞれの執筆者と施設の名称を確認すると次のとおりである。

東京府立第六中学校校長　二階源一　「東京府立第六中学校朝陽学園」
東京府立第一高等女学校校長　櫻井賢三　「東京府立第一高等女学校総合修養道場　神代学園」
東京府立第一商業学校校長　金井浩　「東京府立第一商業学校園芸作業場　東光原」
東京市日本橋区役所教育係主任　大西幸彦　「日本橋区郊外学校園」
東京市四谷区教育会主事　玉野清吉　「四谷区郊外教育農園」

「日本橋区郊外学校園」では「日本橋区内一万の学童をして」、「尋常科、高等科の事情を考慮して」などとあるように、小学校での活用が図られ、「四谷区郊外教育農園」では、「一般区民」の利用が図られている。これらは土地の確保が難しい東京市において、運動や農作業をおこなうための施設を郊外に設けることで対応しようとしたものである。本誌で特集が組まれることにも表れているとおり、一九三〇年代後半には都市部の学校教育においても、運動や農作業の意義が重視されていたのである。こうした目的に応じて、様々な名称をもった施設が設けられるなか、「学校園」という用語を用いているのは、日本橋区の初等教育段階の児童を対象にしたものである。
この日本橋区郊外学校園については、日本橋区の学童のための「郊外学校園」を「千葉県市川市新山」の一二五・六アールの土地に設けたことが紹介されている。これは、学校別に約二アールづつ区分した「学校別実習園」が七〇アール、各学校が共同して教材園や見本園として用いるための「共同実習園」が二六アール、「運動場」が一五アール、その他、建物、広場、園路、池などで構成されている。また四谷区については、「東京府北多摩郡狛江村和泉」の「二、八一二坪」の土地に「学校農園」を設けているのである
本誌では、この他にも様々な立場からの緑地や公園と教育に関する論説が掲載されている。文部省体育課長の岩原拓は「教育緑地の必要性に就て」と題して、青少年の発育にとっても、理科教材としても都市の緑地が教育上必要であることを述べている。また文部省嘱託大西栄次郎は「公園緑地と都市学童の保健」と題して、「子供の健全な発育と健康保持」のために「学校園乃至郊外学舎等」の「自然的環境」が必要であると述べている。東京府立園芸学校長の山本正英は「都市の教育と園芸作業」と題して、都市の生徒児童が郊外の農園において園芸作業をおこなうことで心身に与える効果について述べている。内務技師で東京緑地計画の中心メンバーである北村徳太郎は「都市の空地政策より見たる学校庭と小公園の関係に就て」と題して、「公園計画標準」を根拠にして公園行政上空地が必要であると述べたうえで、教育行政上においても運動場を必要とする観点から空地の必要性を述べている。(51)
ここで共通して述べられていることは、学校における緑地や庭が、保健や体育の観点から学校教育上必要であるとする主張である。岩原、大西、山本が学校の緑地や庭を自然、自然環境を含めて捉えていたのに対し、北村は「学校庭」を主に運動するためのスペースとして捉えており、公園計画上の空地としての機能を重視しているのである。

おわりに

一九〇九年に東京市の公園に「学校園部」の整備が図られたことに始まり、学校園の教材提供の場としての機能が小公園に見出され、以来公園計画において学校園の存在が組み込まれてきた。一九二〇年代から進展する造園学の体系化のなかで、主に林学系の造園家による公園論において公園の一部に学校園が位置づけられるようになる。なかでも上原敬二は、学校教育上の効果を一層高めようという観点から造園の手法を用いた学校園の設計を試みた。ここに学校園という単独の施設を個別に整備するのではなく、体操場を含めた校地全体を学校園として捉えて整備をしていこうとする発想がみられた。

さらに一九三二年以降の東京緑地計画においては、一層都市計画上の学校園の意義が明確に意識されるようになっていた。学校園が緑地の一部として位置づき、主に都市の空地としての機能が重視されていたのである。上原があくまでも学校教育上の効果を高める観点から、学校園に都市計画上の発想を取り入れていたのに対し、ここでは学校園の都市計画上の意義が主に説かれた。

都市計画における土地の確保の説明のために、学校教育上の意義を取り込むなかで学校園を利用する構造は、第八章で確認した一九二三年の関東大震災復興事業における小公園と学校園の関係と同様である。これが一九三〇年代の緑地、公園計画の段階になると、農園、運動場としての意義がより強調されて論じられた。少なくとも、一九〇五年の学校園施設通牒前後においては、農村部でこうした側面が強調されることはあっても、都市部の学校園では、教科教材として利用することや美的観念を養成することなどに重点がおかれてきたはずである。学校園を都市の空地としてみなす場合において、自然物は必ずしも必須ではなく、美的な要素を付与する機能などは後景に退くことになる。一九三〇年代の公園・緑地計画のなかで、学校園は造園学や都市計画という学問分野とそれに依拠する都市政策と密接に関わり、その期待をより直接的に含みこんでいった。さらに戦時体制における防空地、農地としての機能までも学校園の範囲にとりこむことは、従来の学校園の概念とかけ離れた理解であるといわざるをえない。

注

（1）佐藤昌『日本公園緑地発達史』上下巻、都市計画研究所、一九七七年。日本公園百年史刊行会編『日本公園百年史―総論・各論―』日本公園百年史刊行会、一九七八年。白井彦衛「都市の緑地保全思潮に関する研究」『千葉大学園芸学部学術報告』第二八巻、一九八〇年。

（2）野嶋政和「明治末期における都市公園の近代化と学校体育」『ランドスケープ研究』第五九巻、日本造園学会、一九九六年三月。

（3）丸山宏『近代日本公園史の研究』思文閣出版、一九九四年。

（4）前掲、佐藤昌『日本公園緑地発達史』上巻二五九―二六四頁、下巻一三頁。

（5）前掲、白井彦衛「都市の緑地保全思潮に関する研究」一五頁。

（6）前掲、白井彦衛「都市の緑地保全思潮に関する研究」六七頁。

（7）一九〇〇年初頭より着目されてきた造園学の体系化は、一九一五年以降の明治神宮造営を経て一層促進され、専門教育の分野で造園に関する講義が、林学系、農学系によってそれぞれおこなわれるようになる（前掲、白井彦衛「都市の緑地保全思潮に関する研究」六六、六七頁）。造園に関する講義は、一九〇九年に鏡保之介によって設立された千葉県立園芸専門学校で「庭園学」が講じられ、一九一五年には本多が東京帝国大学農科大学で「課外課義造園学」を講じ、林学科において本多、本郷、田村が「景園学」を講じ、さらに一九一九年には農学科において原煕が「造園学」を講じた（田村剛「我国に於ける造園学の発祥」『造園研究』第四輯、一九三二年）。

(8)「park system」の訳が公園系統とされている。アメリカにおいては、セントラルパークの建設による税収増大や良好な市街地開発という成功をおさめて以来おこなわれてきた、市街地誘導の目的で公園やパークウェイのネットワーク化が park system の萌芽だとされている。（石川幹子『都市と緑地―新しい都市環境の創造に向けて―』岩波書店、二〇〇一年）。

(9) 前掲、佐藤昌『日本公園緑地発達史』下巻、二〇―二六頁。上原が公園計画と学校園を一緒に述べたのは、アメリカのパークシステムの構想が影響している可能性もある。一九一八年より田村剛が公園を造園の一種として論じたことに始まり、造園学の体系化がすすめられていた（前掲、佐藤昌『日本公園緑地発達史』下巻、五頁）。

(10) 真田純子「東京緑地計画の計画理念に関する研究」東京工業大学博士論文、二〇〇五年。三八頁。

(11) 前掲、佐藤昌『日本公園緑地発達史』下巻、二六頁。

(12) 笠置正「都市計画と東京市の公園」『都市公論』第二巻第八号、一九一九年八月。

(13) 前掲、佐藤昌『日本公園緑地発達史』上、二三五―二四一頁。

(14) 針塚長太郎寄稿「本多林学博士の学校林視察談」『教育公報』第二九五号、一九〇五年五月。

(15) 西村公宏「三井ヒサエと女子園芸教育の黎明」『造園雑誌』第五五巻第五号、一九九二年。

(16) 一九〇八年に東京帝国大学農科大学農学科を卒業し、一九一五年に明神宮造営局技師に任ぜられる。一九二三年の関東大震災の後にできた内務省復興局の建築部公園課長を命ぜられる（前掲『日本公園百年史―総論・各論―』三八二頁。

(17) 田村剛「我国に於ける造園学の発祥」『造園研究』第四輯、一九三二年。

(18) 千葉県立園芸専門学校は一九〇九年四月に開校、一九一四年四月に千葉県立高等園芸学校に改称、一九二九年に文部省に移管され千葉高等園芸学校になり、現在の千葉大学園芸学部となる。

(19) 西村公宏「千葉県立園芸専門学校における庭園論と校庭整備の関係について」『造園雑誌』第五七巻第五号、一九九四年。

(20) 上原敬二『造園学汎論』林泉社、一九二四年。近代造園学を体系化し緑地の保全論についてもふれていることが評価される（前掲、白井彦衛「都市の緑地保全思潮に関する研究」六六頁）。

(21) 上原敬二『この目で見た造園発達史』「この目で見た造園発達史」刊行会、一九八三年、九〇—九五頁。

(22) 森歓之助『学校々庭の設計』（日本庭園協会編『造園叢書』第二二巻）、雄山閣、一九二八年、一頁。

(23) 東京農業大学地域環境科学部造園科学科編『近代造園学八〇年のあゆみ』東京農業大学出版会、二〇〇六年。

(24) 九州帝国大学編『九州帝国大学一覧』第一四冊、一九二六年、九七頁（農学部職員の項目に「林学教室　造園学　助教授林学士　永見健一　大阪」と記されている）。

(25) 永見健一「造園教育に就いての考察」『造園学雑誌』第二巻第三巻、一九二六年三月。

(26) 永見健一『造園学—理論実際』養賢堂、一九三二年、一六九頁。

(27) 上原敬二発、東京府知事宇佐美勝夫宛「私立学校設置ノ件ニ付申請」一九二四年六月二六日（東京都公文書館所蔵）他。学校設置の目的は「本校ハ造園ニ関スル最モ新シキ教材ト教育方針ノ下ニ学術ト技術トヲ授ケ人格高キ実際的技術者ヲ養成スルヲ以テ目的トス」と記されている。場所は東京府豊多摩郡渋谷町の東京農業大学内であった。このような一九二四年以降の上原による東京高等造園学校の創設、一九二五年の日本造園学会の創設、『造園学雑誌』の創刊などの一連の行動は、造園学の体系化の試みであったと上原自身が述べている（『造園学雑誌』第一巻第一号、一九二五年一一月）。

(28) 上原敬二『都市計画と公園』林泉社、一九二四年。

(29) 前掲、佐藤昌『日本公園緑地発達史』上巻、二六三頁。佐藤によれば『都市計画と公園』は「公園についての本格的研究書として、わが国で初めての大著」と評される（前掲、佐藤昌『日本公園緑地発達史』下巻、五頁）。

(30) 前掲、上原敬二『造園学汎論』。近代造園学を体系化し緑地の保全論についてもふれていることが評価されている（白井彦衛「都市の緑地保全思潮に関する研究」六六頁）。

(31) 前掲、上原敬二『造園学汎論』二六六頁。「国民教化薫育」を目的とした造園的施設とされる。第二節は「野外教育施設」、第三節は「植物園（Botanic Garden, Botanic Park）」、第四節「動物園（Zoological Garden）」である。
(32) 上原敬二『作業教育　学校園の設計と造園法』中文館書店、一九三一年。
(33) 同前、五頁。
(34) 前掲、真田純子「東京緑地計画の計画理念に関する研究」。
(35) 石田頼房『日本近代都市計画史研究』柏書房、一九八七年。二〇六—二〇七頁。
(36) 田中正大「東京緑地計画—成案の成立と実現—」白幡洋三郎共編『造園史論集』養賢堂、二〇〇六年。
(37) 「東京緑地計画経過」『公園緑地』第三巻二、三号、一九三九年。
(38) 前掲、佐藤昌『日本公園緑地発達史』上巻、三七四頁。
(39) 前掲『日本公園百年史—総論・各論—』二二八頁。
(40) 東京緑地計画協議会『東京緑地計画協議会決定事項集録』一九三九年。
(41) 第一回が一九三三年一月二五日、第三回が一九三五年一二月二三日、第四回が一九三九年四月一二日に開かれた（前掲、「東京緑地計画経過」）。
(42) 都市計画東京地方委員会編『第二回東京緑地計画協議会速記録』都市計画東京地方委員会、一九三四年。
(43) 「普通緑地調書」『東京緑地計画調査彙報』第三号、東京府、一九三四年八月。
(44) 太田謙吉「地方計画と緑地（前後篇）附—緑地法の制定を望む—」『都市公論』第二二巻二—三号、一九三九年二—三月。高橋登一「東京環状緑地帯実現に関する試案」『公園緑地』第三巻二、三号（東京緑地計画特輯号）、一九三九年三月。
(45) 前掲『日本公園百年史—総論・各論—』
(46) 「東京緑地計画協議会決定事項集録」『公園緑地』第三巻二、三号、一九三九年三月。
(47) 前掲、上原敬二『この目で見た造園発達史』二一八頁。

(48) 『公園緑地』第二巻第一〇号、一九三八年一〇月。

(49) 一九三九年九月の『公園緑地』では、「空地利用協会」の提唱する空地を利用した「学校農場」に関する記事が多く載せられている。ここでの事例は「東京府立第九中学校」、「東京上野高等女学校」、「東京府立第五高等女学校」等が挙げられる。

(50) 前掲『公園緑地』第二巻第一〇号、一一頁。

(51) 一九三三年七月二〇日内務省次官発地方長官都市計画委員会長宛通牒「公園計画標準」(『公園緑地』第二巻第一〇号、二〇頁)。

終章

第一節　本書の成果

本論文では近代日本における学校園の概念を明らかにするために、一九〇五年の学校園施設通牒のもとで成立する学校園を主な検討の対象とし、また同時にこの学校園を分析の視座に据えて、その前史や後史を含めて学校園と関連施設の展開を明らかにすることを課題とした。そして具体的な課題として次の五点を設けた。

第一の課題は、学校園施設通牒以前の関連する屋外施設の系譜を整理することである。

第二の課題は、学校園施設通牒に直接関連する事例において、実際に期待された役割と機能や形態を検討することである。

第三の課題は、学校園施設通牒のもとで成立する学校園の概念を明らかにすることである。

第四の課題は、学校園の展開を明らかにするために、大正期の学校園を検討することである。

第五の課題は、学校園と周辺地域の関係性に焦点を当て、現在の屋外施設につながる要素を明らかにすることである。

これらの課題に対して本書が明らかにしてきたことを示したい。

第一の課題について、学校園施設通牒以前の関連する屋外施設の系譜を整理するために、近代教育の始まる学制期以降の施設整備の状況を概観した。第一章では、明治初期の状況として、小学校の校舎整備が優先事項とされるなか、屋外の施設への関心が低かったことを確認した。ただし数少ない例としては、高等教育機関において近世の施設を転用した美的な景観形成のための庭園や、理科教授における実験材料としての池の存在も確認できた。第二章では、一八八〇年以降、農業教育の振興をうけて小学校の校地の一部に「実業園」などが整備される例を確認した。さらに学校施設関連法令の整備が進む一八九〇年代以降は、とりわけ一八九〇年の小学校令における「体操場」や「農業練習場」の規定に連動して、体操場の一画に様々な屋外施設が登場した。この系譜を大別すれば、一つは理科教育のための施設であり、もう一つは農業教育のための施設であり、主に知識教授の目的が強調された。さらに「植物園」や「庭園」と称する施設の系譜では、品性陶冶養成という広義の道徳教育の目的が顕著に表れていた。こうした系譜を学校園施設通牒のもとで成立する学校園と比較してみた場合、同通牒に示されるほどに内容の総合性はなく、自然物観察や品性陶冶養成の目的を、それぞれ強調するかたちで個々の施設が存在している状況であった。

第二の課題は、学校園施設通牒に直接関連する事例において、実際に期待された役割と機能や形態を検討することであった。第三章では、農業教育のための施設の系譜を確認した。兵庫県立農学校の辻川巳之介による実践は、学校園施設通牒に深く関与する文部省実業学務局の針塚長太郎も注目した事例である。辻川は近代の報徳思想をもって農業教育の振興を促進し、そのための施設として学校園の実施に取り組んだ。辻川は学校園施設通牒に先立つ一九〇二年より兵庫県立農学校にて「学園」の整備に取り組み、通牒の出された一九〇五年にはすでに、彼の指導のもとで兵庫県加古郡のほとんどの小学校に学校園が整備されつつあった。内容に関しては、農業教育の知識や技能の習得だけでなく、意欲、関心、態度といった道徳性の涵養に関わる部分を学校園の美的な要素によってすすめようとする意図がみられた。これは一八九〇年の小学校令の高等小学校の農業科に関する規定において示された「農業ノ趣味ヲ長シ兼ネテ節約利用、勤勉儲蓄ノ習慣ヲ養ハンコトヲ要ス」を、まさに学校園によって実現したものだった。こうした経緯をふまえれば、学校園施設通牒本文の「労働勤勉ノ習性ヲ養成」という文言が小学校令の文言と一致していることは明らかであり、そしてこれが勤労一般というよりも、従来からの農業教育に関わる目的を暗に表していることも明解である。

第四章では、理科教授のための材料提供を目的とした学校園の系譜について確認した。知識教授のために実物を提供するための施設は、明治初期や一八九〇年代にも確認できたが、こうした系譜が一九〇〇年代に入ってからは、東京高等師範学校附属小学校の棚橋源太郎の研究に結実する。棚橋は学校植物園として実験的な整備をはかり、一九〇二年より運営にあたっており、学校園推進の動向に結びついていく経緯が確認できた。

この系譜の特徴は、学校園の知識教授上の有効性と同時に、訓練の機会としての意義も見いだしていた点にある。一八九〇年代より道徳教育が小学校教育の主要な目的とされ、各教科課程の内容にもこの影響が及んでいた。学校園施設通牒と関連する一九〇〇年代初頭の二つの事例からも、確かに知識教授と同時に道徳性を養う意図がみられるが、こうした動向の背景には、日本の帝国主義的発展に応じた道徳教育の方法の改善、また新たな内容が模索される状況があった。修身教授を中心に、あらゆる教科教授に道徳教育の内容を貫徹させることが図られるなか、とりわけ一九〇〇年代からは、方法上の改善策として、教科教授外のあらゆる機会において道徳教育を実施しようと試みられる。

内容としては、実業思想の養成、公徳心の養成などが重視され、これを備えた人物の養成が求められた。こうしたなか学校園における作業や美的な要素の意義が認められていったのである。

第三の課題は、学校園施設通牒のもとで成立する学校園の概念を明らかにすることであった。第五章では、学校園施設通牒本文と、これと同時に送付された参考書の検討を主におこなった。ここでは品性陶冶養成の方法としての学校園の有用性を説いたうえで、自然物観察の研究という教科教授上の効果を同時に掲げるという図式をみることができた。結果として、学校園は教科教授、道徳教育の目的を総合的に含んで、学校教育全体にとって有益であることが示された。そして土地の状況に応じた弾力性のある運営を認めることにより、実際には様々な機能や形態の施設を含んだ包括的な概念として提示された。

第四の課題は、学校園施設通牒後の学校園の展開を明らかにするために、大正期の学校園を中心に検討することであり、そのために東京高等師範学校附属小学校と、同じ東京市に位置する東京女子高等師範学校附属小学校、公立小学校の学校園を検討の対象にした。

第六章では、学校園施設通牒以前より棚橋源太郎の携わってきた東京高等師範学校附属小学校の学校園を検討した。従来の取り組みを引き継いだ理科教授や訓練のための学校園があり、同校の規程にもそれが反映されていた。一方で、一九〇四年に移転した大塚の校地には、近世からの「占春園」という大名庭園が存在し、相補的に活用されていたことが明らかになった。

第七章では東京女子高等師範学校附属小学校の学校園を検討した。同校で実施されていた作業教育は、既存の教科を「作業化」しようとする比較的実現性の高いものであった。学校園はこうした実践に適した施設として期待され、さらには教科外において合科的な体験学習をおこなうための施設として活用されていた。このとき、学校園での作業が、明治後期の東京高師附小で認められていたような訓練上の意義よりも、児童の知的好奇心を重視し、比較的児童の自由な活動が認められていた点は特徴的である。

第八章では、東京市の公立小学校での学校園の展開を検討した。尾崎行雄を市長とする教育政策のなかで、東京市の小学校において地方の模範となる東京市民としての素養を養成するための知識教授上、また道徳教育上の方法が模索されていた。とりわけ東京市の小学校における共通の指針を探るなかで、理科教育の振興とも関わりを持ちながら、学校園の高尚な趣味の助長の効果が注目されていた。

第五の課題は、学校園と周辺地域の関係性に焦点を当て、現在の屋外施設につながる要素を明らかにすることであった。

第八章第二節より、東京市の公立小学校の学校園と、関東大震災後の復興事業における小公園の関係に着目した。東京市において学校園の必要性が高まる一方で、土地の不足が課題であったが、都市の小公園に学校園の機能を分化して補うことで解決が図られた。一方で、小公園を計画する立場にとっても、土地を確保するための説明として、学校園の機能とともに学校教育上の意義を論じることが意味をもった。東京市における学校園の普及は、関東大震災後に著しく発展を遂げる都市計画と密接に関わりながら進んだのである。

第九章では、東京の公園・緑地計画と学校園の関係を検討した。一九二〇年代において、すでに学校園は都市政策事業にとって無視できない存在であり、文部行政に直接的に関わらない立場からの言及が盛んになっていく。当時体系化が進んでいた造園学の立場においても、学校園を公園の一部として位置づけて、造園設計の対象としていこうとする見解がみられた。造園家である上原敬二は、学校園を造園設計の対象として、学校園の整備にその手法を取り入れることで質的な向上を図ろうとした。さらに一九三二年以降の東京緑地計画においては、学校園の意義が一九二〇年代とは異なるかたちで提示され始める。それは都市部における運動場としての機能や、農場や防空地としての機能が強調された点であり、戦時下における特徴であるとともに、一九〇五年の学校園施設通牒のもとで成立する学校園の概念からの隔絶として理解できる。現在の学校の屋外施設のように、社会的課題の要請が直接的に反映される構造がここにみられるのである。

第二節　近代日本における学校園

本書では、近代日本の学校園の成立と展開の経緯を考察してきたが、学校園施設通牒のもとで成立する学校園について特筆すべきことは、一九〇〇年代の道徳教育の新たな潮流を背景として推奨されたものであった点である。当時の日本は帝国主義的な発展の過程にあり、学校教育においては、これに応じた新たな人間形成のための内容と方法が模索されている状況であった。一八九〇年代以降、小学校の修身科を中心に進められてきた道徳教育に対して、修身教科書の改善が図られ、修身科の内容を実行するための訓練の方法、学校生活全体をとおして道徳教育をおこなう方法が構想されていた。こうした新たな潮流に合致して、学校園施設通牒のタイトルには主たる目的のひとつとして、「品性陶冶養成」という道徳教育の目的が明記され、本文にはその方法としての有効性が強調される内容と構成がなされた。特徴的なのは、口授や教科書による伝達ではなく、「自然ニ接触」するという体験を通して、道徳性を養なおうとする方法上の工夫であった。また学校園における作業は、修身科の内容を実行する訓練の方法として期待される側面もあった。

道徳教育の方法としての有効性は本書で対象とした事例からも読み取れるものであり、全国の模範校として位置づく東京高等師範学校附属小学校や、ここで学校園の研究に取り組んだ棚橋源太郎が意識的に実際のカリキュラムに反映させていたことを強調したい。棚橋は、日本の帝国主義的発展を志向し、理科教授の進展に取り組んだことが中野光らの先行研究によって評価されてきた人物である。こうした評価に加え、本書では彼が教科教授だけでなく、国際社会に通用する人物の養成を学校生活全体において志向していたこと、そのフィールドとして学校園を位置づけていたことを明らかにした。

新井孝喜が論じたように、明治後期の学校園が、明治初期の実物教授の実績を引き継ぎ、その進展と密接に関わっていることは確かである。ただし、こうした学校園以前の屋外施設と学校園は、その意義に道徳教育の目的が強調され、主に児童を対象に全国的に普及が試みられた点において大きく異なる。従来の植物園などの施設が高等教育機関などにおける特殊な施設であったのに対し、学校園は、一九〇〇年代の産業経済の発展を志向する社会情勢をうけて、農村部まで含み込んだ新たな教育課題が浮上するなか、初等教育段階での実業思想の養成のために構想された新たな施設だったのである。

このように、学校園実施において掲げられた二つの目的は、いずれも帝国主義的要請のもとで重視された学校教育の課題と密接に関わる。堀尾輝久は、対外的な帝国主義的膨脹政策のなかでの国内のリベラリズムが、国外への「帝国主義」とは矛盾しないことを論じ、この帝国主義が与える教育への影響が、国民の一般的知識水準の向上と、「優秀民族としての誇りを中心とする国民意識の注入」のための普通教育の強化や技術教育の要請としてあらわれるとした。[1]このように堀尾が欧米の政治経済と教育史の問題として論じた事項を、小川智瑞恵が日本の明治後期の教育思潮として浮田和民に即して「倫理的帝国主義」として論じたこともまた、この帝国主義的段階の教育の「自由」な展開と「帝国主義」の関連として注目できる。[2]「優秀民族」として身につけるべき道徳性は、学校園施設通牒の高尚な趣味、品性の陶冶、美的観念の養成といった文言に表れている。これを養成するための学校園の参考として掲げられたのは、近世の大名庭園でも、農村部の田畑でもなく、ドイツの Shulgarten であった。

一九〇五年の学校園施設通牒の成立には、こうした社会的要請を色濃く受けた教育課題が大きく影響した。一方でこれが実際に普及するための基盤についても留意する必要がある。学校園施設通牒では、学校園の実施は土地の状況に応じた適宜な方法でなすよう記された。土地の情況に応じた弾力性のある運営が推奨されることは当時珍しいことではなかった。学校園は「土地の確保」という点での配慮が必要である。明治後期の学校園の普及は、先行研究も示してきたとおり、一八九〇年の小学校令以降の体操場の整備の促進が大きく関連していた。第七章以降で検討した東京市の事例においても、やはり一九二三年の関東大震災とその後の復興事業が影響力をもった。学校園普及の背景には、いずれも土地の確保を可能にする大きな要因があり、これが明治後期においては文部行政における制度であり、大正期の東京市においては都市政策の進展であったといえよう。

とくに大正期において学校園の需要が高まるなか、東京市では現実として土地の確保が困難な状況にあった。この問題に対して都市計画上の利点と学校教育上の利点を互いに組み込むことで解決が図られたように、学校園の実施は、学校教育上の要求のみでは成り立ちがたい。現在の学校の屋外施設がそうであるように、あえて自然物を設置し、運営していくための後押しが、教育行政に直接関わらない立場からも必要となったのである。こうした学校教育上の目的を越えた社会的課題が学校園に組み込まれる前提はここにできあがった。

さらに一九三〇年代以降の東京緑地計画の段階になると、学校園の解釈が拡大し、都市の空地として学校園が理解されてくる。学校園の存在が都市計画において認められ、土地が確保されるという意味では、学校教育にとって意義のあることである。ただし、防空地、農地の機能が強調される内容に関していえば、少なくとも一九〇五年の学校園施設通牒のもとで提示された学校教育上の意義とは明確に異なるものであった。ここに、本書が主たる対象としてきた学校園施設通牒のもとで成立する学校園の概念からの転換をみることができる。

本書が近代日本における学校園の概念の解明にあたって、一九〇五年の学校園施設通牒のもとで成立する学校園を主たる対象にしてきたことの意味を確認しておきたい。一九〇五年の学校園施設通牒のもとで成立する学校園を分析の視座の中心に据えて、近代教育が始まって以来の関連施設を検討したことで、学校園に期待された役割と機能や形態が明らかになった。とりわけ学校園施設通牒の出された一九〇五年は、理科教育や、農業教育をはじめとする実業教育、さらには道徳教育までを包括する目的のための方法を希求する流れが醸成された段階であった。ここに教育方法としての学校園が普及するための土台がつくりあげられ、学校園は当時の学校教育にとって十分な効果を発揮できる施設だという包括的な概念として設定された。「自然物ノ観察研究ト品性ノ陶冶養成ニ資シ教育ノ効果ヲ円満ナラシメ」という学校園施設通牒の結論にはこうした背景が存在したのである。

注

（1）堀尾輝久『現代教育の思想と構造―国民の教育権と教育の自由の確立のために』岩波書店、一九七四年、七五―七九頁。

（2）小川智瑞恵「浮田和民における人格論―キリスト教理解とシンクレティズムをめぐって―」教育史学会機関誌編集委員会編『日本の教育史学』第三八集、教育史学会、一九九五年一〇月。

初出一覧

本論文の各章は、主に次の論文と発表原稿を加筆修正したもので構成されている。その他の章は書き下ろしである。

第一章　明治初期における学校の施設

・田中千賀子「明治初期における学校の庭園の諸相―山梨県都留郡を中心に―」『武蔵野美術大学大学院博士後期課程研究紀要』第四号、武蔵野美術大学、二〇一一年三月。

第三章　初等教育における「農業ノ趣味」と学校園　―兵庫県立農学校の辻川巳之介による実践から―

・田中千賀子「学校園と初等教育における農業の趣味―兵庫県立農学校の辻川巳之介による実践から―」『日本教育史学会紀要』第三巻、日本教育史学会、二〇一二年一二月。

第四章　東京高等師範学校附属小学校における棚橋源太郎の「学校植物園」

・田中千賀子「明治後期の教育課程論における学校園の造形と道徳教育―東京高等師範学校附属小学校を中心に―」『成城大学共通教育論集』第四号、成城大学、二〇一二年三月。

第五章　一九〇五年の学校園施設通牒における学校園の成立

・田中千賀子「学校園概念の成立―一九〇五年学校園施設通牒をめぐって―」『日本の教育史学』第五二集、教育史学会、二〇〇九年。

第六章　東京高等師範学校附属小学校における学校園

・前掲、田中千賀子「明治後期の教育課程論における学校園の造形と道徳教育―東京高等師範学校附属小学校を中心に―」『成城大学共通教育論集』第四号、成城大学、二〇一二年三月。

第七章　東京女子高等師範学校附属小学校の作業教育と学校園

・田中千賀子「大正期における学校園」教育史学会第五四回大会口頭発表、於早稲田大学、二〇一〇年一〇月。

第八章　関東大震災復興事業における小公園と東京市公立小学校の学校園

・田中千賀子「東京市の公立小学校における学校園の展開」『日本の教育史学』第五五集、教育史学会、二〇一二年一〇月。

あとがき

本書は、二〇一一年三月に武蔵野美術大学大学院造形研究科に提出し、同年九月に学位の授与をうけた博士論文「近代日本における学校園の成立と展開」を加筆修正したものです。博士論文の主査である武蔵野美術大学の造形学部高橋陽一先生、副査の建築学科の立花直美先生、建築学科の長尾重武先生、学外の副査として一橋大学社会学部の関啓子先生、お茶の水女子大学文教育学部の米田俊彦先生に、深く感謝を申し上げます。

史料調査の過程で多くの方々にご協力いただきました。特に兵庫県立農業学校同窓会「錦江会」、兵庫県立有馬高等学校、加古川市立加古川小学校の教職員の皆様には、所蔵資料の調査を快く受け入れていただきました。また針塚長太郎氏の調査にあたっては針塚友三郎氏より多大なるご協力をいただきました。ここに感謝の意を表します。

武蔵野美術大学造形学部彫刻学科を卒業し、修士課程に進学した二〇〇六年五月に、一橋大学での講演会に訪れ、地球環境問題や環境教育に関心を抱いたことが学校園研究のはじまりでした。それまで木彫制作しかしてこなかった筆者の意欲を汲み取り、研究することを受け入れてくださったのが高橋陽一先生と関啓子先生です。

運良く受講者が筆者ひとりであった、高橋陽一先生の講義「教育学研究」にて、手厚いご指導を受けながら、環境教育の実践を調べ、はじめてまとめた報告書が二〇〇六年の『学校ビオトープと教育的価値―東京都内の学校ビオトープ実態調査報告―』です。教職課程研究室の大坪圭輔先生、伊東毅先生、三澤一実先生、赤羽麻希氏、ゼミ生の小澤啓氏には、様々な場面でサポートしていただきました。

　一橋大学での講演会に携わっていた関啓子先生は、ゼミへの参加を許可してくださり、博士論文提出までの約六年もの間、他のゼミ生と変わらず接してくださいました。当時同じ学年であった三浦綾希子氏、布川あゆみ氏は、最も長い期間、筆者の拙い研究をフォローし続けてくださいました。呉永鎬氏には、本著の刊行のための校正にご尽力いただきました。武蔵野美術大学の同級生であった近藤薫氏にも、校正等の多くのご協力をいただきました。研究を通じて出会った友人は、なににもかえがたい存在です。

　教育史研究にあたって多くのご助言とご協力を下さったのは教育と歴史研究会の皆様です。特に宮澤康人先生、米田俊彦先生、上智大学の湯川嘉津美先生は、学校園の歴史研究の意味をはやくから認めて下さり、応援し続けて下さいました。米田先生には一年間のゼミの聴講を許可していただき、教育史研究の厳しさを教えていただきました。一橋大学の木村元先生とゼミの皆様にも一年間に渡ってお世話になりました。特に神代健彦氏には、多岐にわたるご協力をいただきました。

　建築設計、デザインの立場から学校園を考察する視点を与えて下さったのは、副査である立花直美先生と長尾重武先生でした。特に立花先生からは、様々な実践者の方々との出会いをいただき、住環境を取り巻く現実的な課題や、多様な考え方を学ぶことができました。

　また、博士課程在籍中に非常勤講師として奉職した、日本美容専門学校の教職員の皆様には大変お世話になりました。とりわけ武蔵野美術大学元理事長の小池晴二先生には、多様な教養を身につけさせていただきました。また博士号を授与されたのちに助教として奉職した東京家政大学家政学部造形表現学科の先生方、助手の皆様、学生、地域の皆様からは多くの応援をいただきました。深く感謝を申しあげます。

そして本書の刊行にあたって親身にご協力くださった風間書房の風間敬子氏、出版社をご紹介下さった愛国学園短期大学の河田敦子先生に深くお礼申し上げます。

本書は、学校と自然の関わりを考察するための歴史研究をおこなったものですが、現在の学校や地域で盛んにおこなわれている環境教育、野外教育等の実践の基礎論として、少しでも寄与することができれば幸いです。本研究をおこなうなかで出会った、今まさに現場で活動されている人々の視点や、現実的な課題に取り組む姿勢を忘れずに、今後も研究を続けていきたいと思います。

最後に、精神的に支えて下さった多くの友人、兄弟、長らくの経済的支援をしてくれた父と亡き母に、深く感謝申し上げます。本書の刊行を喜んで下さる方への心からの感謝をこめて、謝辞にかえさせていただきます。

二〇一五年八月

田中　千賀子

著者略歴

田中　千賀子（たなか　ちかこ）

1983年　山梨県生まれ
2006年　武蔵野美術大学造形学部卒業
2008年　武蔵野美術大学造形研究科修士課程修了　修士（造形学）
2011年　武蔵野美術大学大学院博士後期課程修了　博士（造形学）

2010年～2013年　日本美容専門学校非常勤講師
2011年　成城大学非常勤講師
2012年　武蔵野美術大学造形研究センターリサーチフェロー

現　在　東京家政大学家政学部助教、武蔵野美術大学非常勤講師

著書・論文
『造形ワークショップ入門』（共著、武蔵野美術大学出版局、2015年）、「学校園概念の成立」『日本の教育史学』第52集、「東京市の公立小学校における学校園の展開」『日本の教育史学』第55集、「明治後期の教育課程論における学校園の造形と道徳教育」『成城大学共通教育論集』第4号など。

近代日本における学校園の成立と展開

二〇一五年八月三〇日　初版第一刷発行

著　者　田　中　千　賀　子
発行者　風　間　敬　子
発行所　株式会社　風　間　書　房
101-0051　東京都千代田区神田神保町一―三四
電　話　〇三―三二九一―五七二九
FAX　〇三―三二九一―五七五七
振　替　〇〇一一〇―五―一八五三

印刷　藤原印刷
製本　高地製本所

NDC 分類：372
ISBN978-4-7599-2091-8